法 の 性 別

近代法公私二元論を超えて

フランシス・オルセン［著］ 寺尾美子［編訳］

東京大学出版会

原ひろ子先生に捧ぐ

The Sex of Law:
How the Public/Private Dichotomy
Reinforces Gender Inequality
Frances E. Olsen
Edited and Translated by Yoshiko TERAO
University of Tokyo Press, 2009
ISBN 978-4-13-031182-3

法の性別・目　次

[I] 法の性別

第1章　法の性別 …………………………………………………3
1　二元論と法についての伝統的な認識　3
2　フェミニストの諸戦略　6
3　フェミニストによる法批判　11
4　結　論　19

第2章　家族と市場──公私区分の二元論的理解 ………………25
1　家族／市場の二元的理解の発展　26
2　レッセ・フェールと家族不介入主義に対する標準的な批判　33
3　家族と市場との関係　36
4　結　語　46

第3章　アメリカ法の変容とフェミニズム法学 …………………57
1　フェミニズム法学とポストモダン的理解　57
2　反資本主義，脱植民地主義，脱近代主義　59
3　1955年─95年のアメリカ法の変容の概観　61
4　ブラウン対教育委員会判決──社会改革の道具としての法　63
5　ブラウン対教育委員会判決がロー・スクールに及ぼした影響　65
6　フェミニスト的反本質主義と両性間の平等のための法の起源　66
7　セクシャル・ハラスメント法──平等の拡大　68
8　ロー・スクールにおけるフェミニズムの影響　70
9　ロー・スクールと法理論　72
10　法理論と政治的運動　73
11　結　語　74

[II] 連続講義 近代法公私二元論を超えて

第1講 「公私」の区別：法が抱く社会のイメージ
―― 公私二元論批判総論 …………………………………83

1 法の役割と法のイメージ　83
2 法における公私の区別序説　86
3 「公私」の区別と法と政治の区別　90
4 「公私」の区別と家族法　94
5 まとめと結語　101

[第1講へのコメント] 公私二元論批判と日本の文脈（中山道子）…………108

第2講 市場と女性――女性の法的平等と労働保護立法 …………115

1 労働市場への女性の進出がもたらしたもの　115
2 女性の権利と性別特定的な立法　120
3 「権利」をめぐる論争　128
4 政治　128

[第2講へのコメント]「性の平等」をめぐって
―― 女性労働者保護のゆくえ（浅倉むつ子）……………137

第3講 家族と女性
―― 自由主義的家族法改革の効用と限界 ………………147

1 この講のもつ政治的意味　148
2 欧米家族法の変遷　151
3 欧米の家族法改革がもたらしたもの　155
4 家庭の内と外で働く女たち　158
5 女性の平等実現のための諸戦略　160
6 これらの戦略の欠点　162
7 離婚　164
8 子どもと子育て　166
9 結語　167

[第3講へのコメント] 実質的な平等と改革に向けて（棚村政行）…………176

第4講　国際人権法と女性——「MEN」に女性が含まれるために ……………181

1　国際公法と国際私法の区別　181
2　国際公法における法の実現　182
3　国際公法の私的部分としての国際人権法　186
4　人権としての女性の権利をめぐる論争　190
5　権利論批判　194
6　ヴェールと国際的フェミニズム運動　195
7　女性器縫合と国際フェミニズム運動　198

［第4講へのコメント］エッセンシャリズムと国際水準（神長百合子）…210

第5講　性に関する権利，生殖に関する権利，そして性的暴力からの自由 ……………215

1　性と暴力の相互関係　215
2　性と生殖に関する権利：「プライヴァシーの権利」がもたらした恩恵と限界　219
3　ドメスティック・ヴァイオレンス：「プライヴァシーの権利」の危険性　223
4　性的暴力とこれに対する社会の認識　226
5　法と政治と性的暴力　232
6　セックスと暴力の関係と人工妊娠中絶　236

［第5講へのコメント］性に関する権利は法の世界でどのように扱われてきたか——日本の状況と今後の課題（角田由紀子）………254

［連続講義に寄せて］法学とジェンダー研究の邂逅（舘かおる）……………261

編訳者あとがき　265

索　引　273
執筆者紹介　276

[I]
法の性別

第1章　法の性別

1　二元主義と法についての伝統的な認識

　古典的な自由主義思想が勃興して以来，あるいはプラトン以来というべきかもしれないが，我われのほとんどの思考の構造は，一連の複雑な二元主義（dualism），あるいは対立的対概念を中心として形作られてきた。〈合理的（rational）／不合理的（irrational）〉〈能動的（active）／受動的（passive）〉〈思考（thought）／感情（feeling）〉〈理性（reason）／感性（emotion）〉〈文明（culture）／自然（nature）〉〈力（power）／繊細さ（sensitibity）〉〈客観的（objective）／主観的（subjective）〉〈抽象的（abstract）／具体的（contextualized）〉〈原理原則により規律化された（principled）／個別個人化された（personalized）〉といった二元主義である。二元主義におけるこれらの対は，ものごとを，対照的な領域，あるいは相対立する二つの要素に基づいて捉えるための対である[1]。

　こうした二元主義には，本章の主題との関係で重要な3つの特徴がある。第1に，これらの二元主義世界は性的に構築されている。すなわち，それぞれの二元主義各要素の一方は男性的，他方は女性的であると認識されている。第2に，それぞれの二元主義の各要素は互いに対等ではなく，上下の関係にある。すなわち，それぞれの対において，男性的と考えられている方の要素は望ましく優れたものとされるのに対し，もう一方の方の要素は，劣った，だめな要素として否定的に捉えられるのである。そして第3に，法は，この二元主義の，男性の側とされる諸要素からなるものと捉えられている。

二元主義の性別化（sexualization）

　この二元主義的思想体系にあっては，男性と女性の区別は極めて重要であった。男たちは，この二元主義構造の一方の側，すなわち，「合理的，能動的，思考，理性，文明，力，客観的，抽象的，原理原則化された」の側に自分たち

を同一化してきた。そして彼らは，もう一方の側，すなわち，「不合理的，受動的，感情，感性，自然，繊細さ，主観的，具体的，個別個人化された」の側を女たちに投影してきた。

二元主義的世界の，性別に従ったしきり分けは，記述的要素と規範的要素を共に備えている。ある時には，男たちは，「合理的，能動的，……」であると言われ，別な時には，男たちは，「合理的，能動的，……」で・あ・る・べ・き・であると言われる。同じように，女というものは「不合理的，受動的，……」で・あ・るのだという，女たちについて記述的な形での性格づけがなされてきた。かつて多くの人びとにとって，このことは，避けがたい不変の事実であり，女たちは「合理的，能動的，……」になることはできない，と信じられていた。こうした主張は規範的な形をとることもあった。女は「非合理的，受動的，……」で・あ・る・べ・きである，少なくとも，「合理的，能動的，……」になるべきではない，と。なぜなら女にとっては，男と違うということが重要なのだから，あるいは，「不合理的，受動的，……」といった特質は，女に関するかぎりは良い特質なのだから，という理由で。

階層化（hierarchization）

この二元主義体系は階層化されている。この二元主義は，単に世界を2つに分けて捉えるわけではない。これらの対概念は，上下に階層化されているのである。ちょうど，古くから男たちが女たちを支配し，女たちを定義してきたように，この二元主義の一方の側が，他方を支配し，他方を定義してきた。不合理は理性の欠如であり，受動性は能動性の欠如を意味する。思考は感情より重要であり，理性は感性に優るのである。こうした上下関係の存在は，女たちと女性性に対する，入り組んだ，しばしばうわべだけの賛美によって，いくぶん曖昧にされてきた。男たちは，現実の世界においてどれだけ女たちを抑圧し，利用しても，幻想の世界においては女たちを偶像化し，大切なものとしてきた。そして男たちは，女たちを賞賛すると同時に貶めたのとちょうど同じように，この二元主義体系の「女性」側を賞賛すると同時に貶めてきた。たとえば，「自然」は，一方で畏れの対象であり，その征服者は英雄としてたたえられるほど価値ある存在として賞賛され，他方において，人間〈男〉（men）によって利用されるためそこにあるだけの存在として軽んじられてもきた。不合理な

主観性や感受性もまた同じように，尊重される一方で，軽視されてきた。女性的特質がどれほど夢想的に理想化されようとも，大部分の人びとは，不合理よりは合理が，主観性よりは客観性が，具体性や個別性よりは抽象性や原理性が優っていると信じてきた。否，ことはもっと複雑である。なぜなら，だれも，「不合理，受動性，……」を，この世から抹消してしまいたいとは思わないからである。通常男たちは，自らは，これらの特質から距離を置こうとする。そして，女たちに，「不合理的，受動的，……」であることを求めるのである。ゆえに，女たちにとっては，この二元主義構造の「女性的な」側の賞賛は，偽りの賞賛に聞こえるのである。

男としての法

　法は，こうした二元主義構造にあって階層的に上位に立っている「男性的な」側と同一化されている。たしかに「正義の女神」は女の神であるが，支配的な理念によれば，法は男性であって，女性ではない。法は，合理的，客観的，抽象的であり，原理原則性を備えていると仮定される。ちょうど男たちが自らをそうであると主張するように。法は，不合理的，主観的，具体的，個別個人化されたものであってはならない。ちょうど女たちがそうであると男たちが主張するように。

　長い年月のあいだ，「法」というものを構成してきた社会的，政治的，知的営為は，ほとんど例外なく，男たちによって独占されてきた。女たちがこうした法の営みから長い間排除されてきたことを考えれば，女性に関係づけられた諸特質が法の世界において高い価値を与えられないことは驚くにあたらない。そのうえ，ある時は，法は高く評価されるがゆえに合理的であり客観的であるとされ，またある時は，法は合理的，客観的であるがゆえに，高く評価されるという，循環論法が存在してきたのである。

　この支配的な思考体系に対してなされた挑戦のうち，最も興味深くまた有望なそれは，フェミニストたちによる挑戦である。法に対するフェミニストの諸批判は，男性の支配一般に対するフェミニストの諸批判と多くの共通点を含んでおり，さまざまなフェミニストたちが法に向けた相互に矛盾する態度は，こうしたより広い文脈において見ることによって，最もよく理解することができると思われる。

2　フェミニストの諸戦略

　支配的な二元主義思考体系に対するフェミニストの攻撃戦略は，大きく分けて3つのカテゴリーに分類される。最初のカテゴリーは，二元主義の性別化に抵抗し，従来好まれてきた側，すなわち「合理的，能動的，……」という側に女たちを同一化しようとする。2番目のカテゴリーに分類される戦略は，二元主義の両サイドにつき男たちが打ち立ててきた階層化を拒否する。この第2分類の戦略は，女たちを，「非合理，受動性，……」と同一化することを受け入れて，これらの特質の価値の高さを公言するのである。これらの特質は，「合理性や能動性，……」と同じだけ良い，あるいはそれより優れていると。そして，第3のカテゴリーは，二元主義の性別化と階層化をともに拒否する。この第3カテゴリーの戦略は，男性・女性間に存在すると主張される差異を問い直し，差異化を崩壊させるとともに，「合理性，能動性，……」の，「不合理性，受動性，……」に対する優位化を拒否する。〈合理と不合理〉〈能動と受動〉〈……〉は，物ごとの両極ではなく，これらが，この世を対照的な領域に区分するわけでもなく，また，区分することはできない，という主張である。

性別化の拒否
　二元主義の性別化を拒否する戦略は，不合理に対する合理の，受動性に対する能動性の，……優位を認める点において，支配的なそれと考え方を同じくしている。この分類に属する戦略が支配的な考え方と異なる点は，女性は「不合理的，受動的，……」であるべきであるという規範的主張を拒否し，そして，ほとんどの場合において，女性は「不合理的，受動的，……」であるという記述的な主張をも拒否する点にある。ここで最も強く拒否されるのは，女性は，「不合理的，受動的，……」でしかありえない，という考えである。
　この戦略は，ハリエット・テーラー・ミルが1851年に著した評論に示されている。彼女は，女性が，生まれながらにして，あまねく男性に劣るものであるという主張に異議を唱え，それぞれの個人は，彼または彼女自らの能力をその最大限まで伸ばす自由が与えられるべきであり，「彼または彼女の能力を……これを試す機会を与えられることで示す」自由が与えられるべきであると

論じた。ミルによれば「全ての人間にとって適正な領域とは，それぞれが到達することができる最大，最高次のそれ」[2]である。

　ミルは，二元主義の性別化を拒否したが，その階層的構造は受け入れた。彼女は「合理」を賞賛的，「非合理」を嘲笑的な用語として用い，「感情的であること」ではなく「理性と原理性」こそが，女性の解放にとって最も強い味方となるのだと主張した。彼女は女性が生まれながらにして「非合理的，受動的，……」であるということを否定し，女性に与えられる教育やその人生が置かれている状況がそうさせていると信じたのである。これは「個人にとって不正義であり，社会にとって不利益である」。女たちは，その潜在的能力を最大限発揮する機会を奪われており，女たちはそれゆえに，「合理的，能動的，……」になることができないでいる。「活用する機会が与えられていない資質は存在することができない」。こう唱えたミルは，何人かのフェミニストが試みようとした，〈合理／非合理〉〈能動／受動〉〈……〉の上下関係自体に対する挑戦を「ナンセンス」と退け，「女性が必要としているのは，平等な権利，全ての社会的特権の等しい享受であって，俗世から切り離された，センチメンタルな司祭職の地位のようなものではない」と主張したのであった[3]。

　女性の平等に関するこうした態度は，今日広く一般に受け入れられている。フェミニストの多く，そして自由主義者のほとんどは，性別役割は，個人的な選択の問題であると信じている。人が，合理的，理性的に行動したときは，それ相応に処遇されるべきであり，もし，「非合理的，受動的，……」であることを選ぶなら，女であれ男であれ，同じような厚遇を期待することはできない。そのうえ，もし女性が子どもを産み育てることを望まないのなら，そうすることを強制されるべきではないし，もし男性が子育てすることを欲するなら，そうした選択をする自由を与えられるべきである，というように考えている。

　この範疇の考え方には，単に「性別の無視」(sex blindness)以上の主張が含まれている。その1つは，女性は，非合理的で受動的であるように訓練されてきたのであり，この訓練は逆転される必要があるというものである。女性に対する積極的差別是正措置(affirmative action)は，「性別無視」原則には反するものの，女たちに「非合理的，受動的，……」であれと教え込んできた過去の影響を払拭する手段として，正当化しうるとする。あるいはこれとは別に，女たちはすでに「合理的，能動的，……」になっているが，そのように認

識されていないので，積極的差別是正措置は，女性は「非合理的，受動的，……」であるという，こうした偏見に満ちた不正確な認識に対抗するための手段としてなお正当化しうる，という主張もある。これらの主張のポイントは，性別(ジェンダー)は無視されるべきであるという点ではなくて，女性は合理的，能動的である，あるいはあるべきである，という点にある[4]。

以上のような戦略のもとでは，女性に対する平等な取り扱いがほとんど常に最終的な目標とされる。この女性の平等な取り扱いはまた，今日では一般的な規範ともなっており，性別(ジェンダー)を意識した諸政策は，この規範からの限定付きの逸脱――不平等を是正し，これに対抗するために正当化されうる例外――と見なされている。そして，その提唱者たちによれば，こうした性別(ジェンダー)意識的諸政策の結果，女たちは男たちが持っているのと同じような力や威信を獲得し，女たちは男たちが自分たちがそうであると主張するように（あるいは少なくとも，彼らが実際にそうであるだけは）「合理的，能動的，……」になり，あるいはそうであることを認めさせることができるはずであるというのである。

階層化の拒否

2つ目の戦略は，二元主義の性別化を受け入れ，階層化を拒否する。この立場は，一方でこれまでの支配的な考え方と同じように，男と女は異なっており，男は「合理的，能動的，……」であり，女は「非合理的，受動的，……」であるという見方を広く一般に受け入れる。しかし他方で，〈合理主義的な (rationalistic)／自生的な (spontaneous)〉〈攻撃的な (aggressive)／受容力のある (receptive)〉……といった具合に，二元主義の用語としてより価値中立的な，あるいは反対方向への価値判断を含んだ，従来の捉え方とは異なる形容詞を用いる傾向を示す。

19世紀から20世紀初頭にかけて展開された女性運動の中心となったのは，公的領域からの女性の排除と，女性に対する平等な機会の否定であった。これらの問題解決のために採用された戦略は，二元主義の階層化を拒否する第2番目のそれではなくて，主として第1番目のそれ，すなわち二元主義の性別化を拒否する戦略であった。しかしその大きな例外として，社会浄化運動や道徳的改革運動が存在した。

フェミニストたちによって展開された道徳的改革運動は，概して，二元主義

の階層化を否定し，その性別化は受け入れた。改革論者たちは，女性は道徳的に男性に優っており，それゆえに社会を向上させる特別な使命を帯びているのだと論じた。これらの改革論者の多くは，男たちが女たちの備えている徳——特に性的な自制——をより多く備えるようになることを望んだが，基本的には従来からの二元主義を受け入れ，女性は「非合理的，受動的，……」であることを受け入れ，そして男たちがそれほど変わってはくれないことを，一般にしかたのないこととあきらめていた。彼女たちの主眼は男たちを変えることや二元主義を消滅させることではなく，女性たちのものとされた特質を再評価することであった[5]。

20世紀初頭の女性の間に現実に広く見られた諸特質の多くに対して批判的であった早期フェミニスト，シャーロット・パーキン・ギルマンは，それにもかかわらず，従来の二元主義のもとで否定的に評価されてきた諸価値を肯定する説得力に満ちた作品を著した。彼女の空想小説 *Herland* は，戦争での殺し合いの末男たちが死に絶えた後，地理的に孤立化した地で建設された，女たちだけのユートピアを描いたものである。無性生殖への移行過程への著述を，ギルマンは非現実的，便宜的に片づけ，女性のみによって構成される社会がどのような社会であるかを描いた。ギルマンの描いた女たちは，当時の平均的な女性のステレオタイプよりは強く，有能であり，この小説にはそのほかにも両性具有論的色彩がみられるものの，この本の主たるメッセージは，非合理に対する合理の，受動に対する能動の，……優位を認める二元主義に対する基本的な挑戦であり，階層化の部分的な逆転であった[6]。

今日のフェミニストの間にも，この階層化に対する挑戦やその部分的逆転をその主張の基礎に置く諸種の議論がみられる。たとえば「女性の心理」，「女性の想像力」，女性に「共通な言語」についての議論が広く展開されるようになっている[7]。そうしたなかで，二元主義の性別化を受け入れつつ階層化を否定する立場と，二元主義全体を否定する，両性具有論的立場の違いは次第に不明確なものとなってきた。

女性の経験に焦点を当て，女性の文化，心理，想像力や言語を重視する立場は，従来の支配的な文化から排除され，あるいはその下で曖昧にされてきたものの存在を回復するうえでは効果的でありえた。しかし，それは二元主義の性別化を引きずらざるをえない。〈合理／非合理〉〈能動／受動〉〈……〉の逆転

の試みは、二元主義を強化し、結局は従来からの支配的な価値体系を維持するだけに終わりかねない[8]。さらに、著者がある目的で書いたものが、別の目的のために利用されるといった可能性もある。また、これらの主張のあるものは、明らかに性別役割の維持を肯定しつつこうした議論を展開するが[9]、二元主義の階層化を攻撃するそうではない議論は、二元主義の性別化を否定し、二元主義自体を否定することを意図している議論もあれば、そうでない場合もみられる。私の見解によれば、前者の立場は、第3の立場——両性具有論（androgyny）——として、別に分類することが適当である。

両性具有論

　二元主義の性別化と階層化を同時に攻撃することは可能である。すなわち、男性は女性よりも合理的、客観的で、原理原則により規律化されているわけではなく、少なくとも支配的な男性優位主義理念が定義するような意味で合理的、客観的、あるいは規律的であることは、特に望ましいわけでもないという主張である。男性支配の二元主義に対して、こうした批判的立場を採ろうとして努力を続けてきたフェミニストの数は少なくない。二元主義の性別化を拒否し、二元的諸要素の階層化を拒否する立場の多くは、二元主義そのものを否定し、伝統的な性別役割分担を崩壊させようとする立場と結びついてきた。

　19世紀の後半には、男性と女性に期待される性別役割のあり方を修正しようとする動きが登場してきた。ウイリアム・リーチは、その19世紀フェミニズム研究のなかで、「強く自立的で、しかし優しい、男性と女性の最良の美質を共に備えた男と女のみが、良き結婚をなし、良き親となりうるのであると、全てのフェミニストは信じていた」と述べている。すなわち、「両性の良き性格を共に備えた、相似的に成長した男女」のみが、「全き人間」とされたのであった[10]。

　[1960年代以降の]第2波の女性解放運動の高まりのなかで、こうした考え方をめぐる議論が再び盛んになった。女性は、合理的であると同時に非合理的であり、客観的であると同時に主観的であり、抽象的であると同じに具体的であり、原理原則的であると同時に個別個人的であるし、そうあるべきであるという議論をするフェミニストたちも現れた。最近では、ポストモダニズム、特に脱構築運動の影響を受けたフェミニストたちが、こうした議論の基礎にある二

元主義それ自体に疑問を投げかけるようになってきている。それぞれの二元主義的組みあわせにおいて、2つを分けている線に疑問を投げかけ、それらの要素が単純に対極に位置づけられるようなものではなく、明確に区別されるようなものではないと論じるのである。非合理的であることは合理的であり、客観性は必然的に主観的でしかありえないという具合に[11]。

3 フェミニストによる法批判

フェミニストによる法批判は、これまで見てきた男性支配一般に対するフェミニストの攻撃戦略それぞれに対応する3つのカテゴリーに大別することができる。支配的な考え方によれば、法は合理的、客観的、抽象的、原理的であり、合理性は非合理性に、客観性は主観性に、……優位する。フェミニストによる法批判の第1のカテゴリーは、合理性、客観性……は非合理性、主観性より優れていることを受け入れつつ、法が合理的、客観的、抽象的、原理的であるという主張を攻撃するという批判である。このアプローチをとるフェミニストたちは、法は合理的、客観的、原理的であるべきであると主張しながら、女性たちの地位の向上を、法が自らそうであると主張している通りにそれを実践し、実際にも合理的、客観的、原理的であれと求めていくプロセスを通じて実現しようとする。第2カテゴリーの法批判は、法が合理的、客観的、原理的であることを受け入れつつ、二元主義の階層化を拒否する。この視点に立つフェミニズムは、法は男性的で家父長的であり、女性抑圧的思想体系であると主張する。第3のカテゴリーの批判は、法が合理的、客観的、抽象的、原理的であることを否定するとともに、非合理に対する合理の、主観に対する客観の、……の階層化をも否定する。法は合理的、客観的、抽象的、原理的であるわけでもなく、そうでありえるものでもないし、またそうなろうとするべきでもないという主張である。繰り返しになるが、これらのフェミニストによれば、合理と非合理、能動と受動、……は正反対のものではなく、この世を対称的な2つの世界に分けるものでもなければ分けられるものでもない、ということになる。

法改革論者たち

第1のカテゴリーに分類される法批判は、法が合理的、客観的、原理的であ

るとする主張の正確さを問題にする。法は合理的，客観的，原理的であるべきであるという理念を受け入れ，そのうえで，法が女性に対するとき，いかに自らのそうした理念を実践することに失敗しているかを指摘する。この改革派フェミニストたちは，とりわけ，女性に権利を否定する法，あるいは女性の利益を害する法を，非合理であり，主観的で原理的ではないと非難する。このアプローチこそ，法の分野におけるフェミニストの重要な，かつ長い間唯一の戦略であり，女性の権利獲得運動全体の理論的基盤でもある。性別を全く無視するという立場から，真に中立的になるためには，法は女性が現在隷従的地位に置かれていることを考慮し，この不公平な不平等を修正し，克服することができるような法的諸ルールを生み出すべきであるといった主張まで，これまで改革に向けてなされてきた広い範囲にわたる諸議論が，このカテゴリーに含まれる。これらの議論は，さまざまな分野の法を取り上げて，それぞれが，合理的，客観的，原理的ではないと非難したのである。

形式的平等の否定を問題とする立場　長年にわたって，フェミニストたちは，法が男性と女性のあいだで，合理的といえない区別をしていると批判してきた。これらの批判は，法は真に合理的，客観的であるべきであるとの主張の上に立ってなされたが，それはとりもなおさず，法は男性と同じように女性を扱うべきであるということを意味していた。こうした主張はしばしば成功をおさめ，裁判所は，男性が女性よりも遺言執行者としての適性を備えていると推定する法や，娘に対する扶養義務年限を息子のそれより低く設定する法や，飲酒可能年齢を男女別々に設定する法を覆した[12]。

同じようなアプローチによって，フェミニストたちは，雇用主や，学校，その他の重要な私的行為主体が女性を差別することは法によって禁じられるべきであると論じ，そうさせることに成功した。法は，女性と男性を法形式上平等に取り扱うべきである——法は真に合理的，客観的，原理的となるべきである——というフェミニストたちの主張は，こうした法を形成し，その適用を拡大することに寄与したのであった。

実質的平等の否定を問題とする立場　結果の実質的平等を達成するためには，法が人びとの間に現に存在する不平等を考慮に入れ，結果として形式的法平等を否定することが必要であるかもしれない。そのため場合によっては，女性に対する形式的平等，すなわち「平等取扱（equal treatment）」を求めるフ

ェミニストと，場合によっては「特別取扱（special treatment）」を通じて実質的平等を求めるフェミニストの間に衝突が発生することになる。この「平等取扱」対「特別取扱」論争は，同じ法批判，すなわち第1カテゴリーの枠のなかで闘わされる論争である。どちらの側も，法が合理的，客観的，原理的であるべきだという点では一致しており，それらの特質が具体の状況において何を要求しているのかについて，議論が分かれているにすぎないのである。「特別取扱」を要求するフェミニストたちは，自分たちが求めているのは真に中立的な結果であり，一定の状況における形式的平等は「偽りの中立性」にすぎないことを顕にすることにあると主張している[13]。

「男」モデルまたは同化主義を問題とする立場　法が真に合理的，客観的，原理的ではないとするフェミニストたちの攻撃は，現在の平等判断が，女性を男性と比べることによってなされていることにも向けられている。これまで女性が救済を得るためには，男性であれば受けたであろうよりも悪い扱いを受けてきたと主張しなければならなかった。このことは，性差別禁止法が「男」をモデルとした一種の同化主義に従って機能していることを意味する[14]。性差別禁止法は，男と同じように行動することを選んだ女が，男が受けると同じ報償を獲得することに奉仕するにすぎない。フェミニストの第1の戦略，すなわち二元主義の性別化を否定する戦略の推進である。たとえ法がこれ以外のではなくこの戦略を支持することを選んでいるとしても，今のままでは，法は合理的であるとも客観的であるとも言いえない。なぜなら，性差別禁止法は，たとえば，労働者が賃金やキャリアに不利益を受けることなく，かなりの時間を育児に割くことを可能とするように職場のしくみを変更することを，あるいは，全ての仕事——自らの子どもの育児も含め——には，その技能と責任に対応した賃金が払われること，すなわち同等価値（comparable worth）原理を採用するというやり方を要求するものであってもよいはずだからである[15]。

家庭的領域からの法の排除を問題とする立場　フェミニストたちは，「法が明らかに家庭的領域には存在してこなかった」[16] こと，そしてそのことが女性の従属の原因となってきたことを指摘した。なぜならそれは，現実のレベルにおいて，夫の支配下に置かれた妻たちに法が救済を与えないことを意味し，形而上においては「女性と女性の役割の価値を貶める」ことを意味していたからである。我々社会の重要な諸活動は法によって規律されている。したがって，

法が何もせずなりゆきまかせの姿勢をとるとき,「女たちは法的な規律に値するだけの重要性を持たない」ことを暗に示しているといえる。女性の領域の隔離は次のような重要なメッセージを伝えているのである。「我われの社会において，法は，ビジネスその他の重要な事柄のためにある。法が一般に，女たちの日々の関心事にほとんど何の関係も持たないということは，女たちが重要ではないことを暗に陽に示している」。かくして法は，またもや真に合理的，客観的，抽象的，原理的であったというわけではないと批判されるのである。

なお，支配的な考え方の一部に対してのこうした描写は，実際にはもっと複雑な思想と現実のあり方と区別される必要がある。というのは，家族生活についての自由放任主義的政策の歴史は，上述の描写が暗示するよりはるかに複雑だからである。実際のところ，法は家族のあり方を，何世紀ものあいだ，直接間接に規律してきた。そのうえ法は，長いこと，「私的な」家族と「公的な」市場との間の二元主義に確固とした基盤を与えてきたのであり，おまけに女性たちにとってとりわけ有害なやり方でこれを行ってきたのである[17]から。

家父長制としての法

第2のカテゴリーに属するフェミニストによる法批判は，法が合理的，客観的，抽象的，原理的であるとする記述的主張を受け入れたうえで，合理の非合理に対する，客観の主観に対する，……の優位性を否定する。これらのフェミニストたちは，法を男性による支配構造の一部分であるとみなす。合理的，客観的，……であることは家父長的であり，それゆえに法は女性にとって抑圧的なイデオロギーであると主張するのである。法という制度は「圧倒的に男的」である。「法はその構造全てにおいて——すなわちその階層的な構造，その闘争的で対立的な形態，合理性を他の全ての価値にまがう方なく優位させるその偏り——根本的に家父長的な社会制度なのである」[18]と。

ジャネット・リフキンは，法は「男性性のパラダイム」であり，「家父長制的社会における男性的権威の究極のシンボル」[19]であると主張した。キャサリン・マッキノンもまた法は男性であるとする。客観性は法の自己イメージであるとともに，男性の規範である，それゆえ法は「男性が女性を支配する社会を映しているだけでなく，法は男性的やり方で支配するのである」[20]。

こうした法に対する理解は，当然のことながら，法的改革への期待を色あせ

たものにする。マッキノンによれば「法がその最も高次の公正さへの理想に最も強く執着するとき，法は最もよく既存の権力配分を補強するのである」。またダイアン・ポーランは，女たちが，「平等な権利」や「等しい機会」という用語を通して女たちの苦情を語り，訴訟活動やロビー活動にその闘いの道を限定することは，その限りにおいて，この社会の基本秩序に暗黙の承認を与え，社会に対するより革新的な変革のための「闘争の機会を放棄する」ことを意味するのである，と警告している。彼女は，訴訟その他による法創造は，「それがより広範な経済的，社会的，文化的コンテクストにおいて遂行され」てはじめて効果的なものとなりうる，と論じる。リフキンの立場はより徹底している。彼女によれば，訴訟は「社会的変革をもたらしえない。なぜならば法のパラダイムを支持し，これに依拠することで，家父長制のパラダイムは維持され，強化されるからである」。家父長制的支配を駆逐するためには，「法という男性権力のパラダイム」が「攻撃され，変革される」必要がある。

批判法学の理論

　第3のカテゴリーのフェミニズム法批判は，非合理に対する合理の，主観に対する客観の，……優位を否定するとともに，法が合理的，客観的，抽象的，原理的である，もしくはありうる，ということをも否定する。この第3のカテゴリー，すなわち批判法学（Critical Legal Theory）フェミニズム，を支持する人びとは，最初の2つのカテゴリーのフェミニズムの主張のある部分には同意し，ある部分には異議を唱える。

　これらのフェミニストたちは，女性の権利の名のもとに法改革によって獲得された利益を決して矮小化はしないものの，しかしこれらの利益を獲得するにあたって抽象的な法理論が果たした役割については懐疑の目を向ける。法的理由づけや法的闘争は，倫理的・政治的理由づけや倫理的・政治的闘争と明確に区別することはできないと考えるからである。

　同様に，批判法学のフェミニズムは，法がしばしばその思想体系において女性に抑圧的であるという意味で，「法は家父長的である」というフェミニズムの主張にも同意する。しかし，法は男であるという主張には異議を唱える。なぜならば，法に本質的で不変的な性質があるわけではないと考えるからである。法は人間活動のひとつの形式であり，人びとによって続けられている実践であ

る。この活動を担っている人びとの大半は男性であり，そしてそのうちの多くが，自分たちが行っていることについて，真実に反する，あるいは真実ではありえないようなことを主張するのである。たしかに法が男性によって支配されてきたのは事実であるが，女性と親和的な諸特徴がまったく排除されてきたわけではなく，それらは単に曖昧にされてきたにすぎない。法は男ではない。法は合理的でもなければ，客観的，抽象的，原理的でもないのである。それは合理的，客観的，抽象的，原理的であると同じだけ，非合理的，主観的，具体的，文脈的なのである。

　法は決して二元論構造の一方の側ではない。法は，現時点においてそうでないだけでなく，そもそも原理的，合理的，客観的になることはできないのである。ちょうど我々が信じていることがそうであるように。法が原理的であるという主張は，法が数少ないルールと原理から成っており，これらの一般的諸ルールが，個別具体の事件解決のための，原理に基づいた基盤を提供してくれているという思い込みにその基礎を置いている。しかし実際には，法は多くの個別特定的なルールといくつかの極めて一般的な基準から成る集塊岩のような存在なのである。

　これらのルールは諸原理と呼ばれるには，あまりに特定的，限定的で，特定の文脈に限界づけられている。これらの諸ルールの存在は，法が実際に備えている程度の予測可能性を与えてくれている。しかしながら，これらの諸ルールは，法を原理原則に基づくものとするにはあまりに詳細で，それぞれの射程はあまりに狭すぎるのである。たとえば，現在，［社会問題化している］10代の妊娠の増加を抑えるために，一定年齢以下の当事者との性交をレイプとみなす制定法（法定レイプ法（statutory rape law））において，性別による異なる扱いを認める法ルールが存在する。また別のルールによれば，親の子に対する扶養義務年限を決定することとの関係で，性別により異なる成年齢を設けることはできないとするルールもある。Michael M. v. Sonoma County 事件[21]において，合衆国最高裁判所は，カリフォルニア州最高裁判所が10代の妊娠件数を減少させることを目的とすると判断した，性別による異なる取り扱いを含む法定レイプ州法を支持した。しかし Stanton v. Stanton 事件[22]では，同最高裁判所は，親は息子については21歳まで，娘については18歳まで扶養義務を負うとしたユタ州法を違憲無効としたのである。ここで指摘したいことは，

この2つの判例が矛盾している，あるいは統一的に説明することができないということではない。ここでのポイントは，これらの判例によって示された2つの法的ルールが，そのまま適用される事例はごく限られるのであって，州がどのような場合に性別により異なった取り扱いをすることができるかについて，規則だった回答を与えてはくれないという点にある。

　他方，法の諸基準は，具体の事件の判断を決するには，曖昧で不確定的である。興味深い議論が闘わされた判例を検証してみると，通常必ずといってよいほど，当該事件に関係する，最低2つ以上の，別々の，広く一般的な基準が語られており，それらは異なった結論を導くものである。たとえば，家族不介入の基準は，一定の結論を支持するのに対し，児童保護の基準はこれと正反対の結論を支持するといった具合に。つまり，諸ルールが妥当する範囲は狭すぎるのに対し，諸基準が妥当する範囲は広くなりすぎるのである。このように法システムは，ルールと基準の間を行ったり来たりし，原理原則によってきちんと規律された存在でありたいという願望は，決して満たされることはない。法は，個別的で文脈的である以上に抽象的で原理原則的であるわけではないのである。

　法は合理的でもない。「人間についての平等な権利とは何か？」の合理的な探求を通じて，女性のための権利獲得を目指したフェミニストたちの努力は，成功してこなかったし，これからも成功するとは思われない。たとえば機会の平等対結果の平等，自然権対実定権，安定を保証するものとしての権利対自由を保障するものとしての権利といった，古典的な権利についての対立は，現実に何らかの対立が存在するかぎり，単に権利概念の論理的分析によって対立を解消することは不可能であることを教えてくれる[23]。もっと具体的に述べよう。ある一定の法的結論が原告の行動の自由を保護するとすれば，被告の安定を求める権利を保護するのはしばしばそれと正反対の結論である。また，もしある一定の法的帰結がある女性の平等取り扱いの権利を保護するとすれば，その女性の結果への実質的平等への権利は，これとは異なる帰結を必要とするものである。たとえば California Federal v. Guerra 事件[24]で，フェミニストが原告被告の両側に別れて争うといったことが生じるのは，こうした理由からくるのである。形式的平等主義から，妊娠は他の一時的労働障害と同じように扱われるべきだという議論がなされたのに対し，実質的平等主義の立場に立つフェミニストは，たとえそれ以外の休職は解雇理由とされていても，女性は仕

事を失うことなく子どもを生むことができるべきだと主張した。すなわちあるフェミニストたちは，形式的平等をこそ重視すべきであると主張し，出産休職のための一切の特別扱いを拒否したのに対し，別のフェミニストたちは，同じような休職の権利が男性や妊娠していない他の人びとに認められなくとも，働く女性たちには十分な出産休職が認められるべきだ，と論じたのであった。法は，具体の事例において，どの権利を認め保護すべきかについて，合理的な根拠を提供してはくれないのである。「権利」による分析はこうした対立を解消することはできないのであり，単にそれらを新たな——せいぜい良くても曖昧さを残した——形式に言いなおすだけなのである。

　最後に，法は客観的であるわけもない。法は客観的であるという理解は，［判例のなかで］政策の問題である論点がいたるところに見られるという事実が次第に広く認められるようになってきたことによって崩されてきた。常に選択はなされており，目に付きにくく争われなかったような法的決定でさえ，いずれも政策に基づいており，したがって客観的ではありえない。法が合理的，原理的，客観的である，またはそうでありうるとするのは間違っている。法は決して，二元主義の一方の側ではないのである。

　支配的な法理論は，時として，法が原理的，合理的，客観的ではないことを認めることもある。支配的な考え方は，一般に「女性的特質」と呼ばれるものを認めるし，実際賞揚したりすらする。しかしそれは，法の周辺的領域，あるいは法内部の「特別領域」に限ってのことである。たとえば，家族法は主観的，文脈的，個別的であることは許されるのに対し，商事取引法は原理的，合理的，客観的であると考えられている。同じように，小さな例外や下層レベルの理論のなかに，主観的，文脈的，個別的な要素が入りこむことはあっても，法の中核的な理論は，原理的，合理的，客観的であると考えられている。したがって，フェミニズムとって，こうした誤った認識を是正し，法内部におけるゲットーを解放し，法のどの部分からも，個人的，非合理的，主観的なものを排除することはできないということを示してみせることには重要な意味がある。

　支配的な考え方が，法を原理的，合理的，客観的に見せるひとつのやり方は，不規則的で，裁量的な色彩を帯びていると信じられている法分野，すなわち，家族法，信託法，あるいは受認者義務一般についての法といった法分野を，法の周辺部分に追いやるというやり方である。このようにして，法の中核的部分，

重要な法分野は，原理的，合理的，客観的であるとされるのである。しかしながら，これら周辺部に追いやられた，家族法，信託法，受認者法は，いわゆる男性的諸原理の砦とされているような分野を含め，他の分野の法のあり方に影響を与えつづけている。たとえば，自由市場に関する諸概念は家族制度に関する諸概念にその多くを依存しており，商取引に関する法は，家族に関する法との相互的関係を抜きにしては，その本質を十分理解することはできないといえる[25]。

　支配的考え方が，法を原理的，合理的，客観的に見せるために用いるもうひとつのやり方は，それぞれの法分野のなかで，原理的，合理的，客観的な基本的ルールの集まり，あるいはその法分野の「男性的」中核部分と，非合理的，主観的要素を含みうる周辺的部分とに分けるというやり方である。たとえば，契約法はしばしば，合理的で首尾一貫した個人主義的諸ルールと，約束的禁反言（promissory estoppel）のような，こうした諸ルールの行きすぎを緩和する，いく分主観的で，場当たり的「利他的（altruistic）」ないくつかの例外から構成されていると把握される。かくして，契約法の基本的中核的部分は，原理的，合理的，客観的であるとされるのである。フェミニズムは，あらゆる法的原理につき，個人主義的「ルール」と利他的「例外」の衝突が見られることを示すことで，こうした理解に挑戦する。あらゆる法的原理は，個人主義的衝動と利他主義的衝動のどちらかを選択した，あるいは両者を妥協させたものであると分析するのである。このフェミニズム的分析はまた，何が原則で何が例外かという認識について大きな疑問を投げかける。どのような法分野も，中核部分と周辺部分に泰然と区別できるわけではなく，女性的であるとされる諸特質を法から排除することはできないことを指摘するのである[26]。

4　結　論

　この章で私は，法理論に対するフェミニズムの批判と，男性支配を攻撃するフェミニズム一般の間に，方法論におけるパラレルな対応関係が見いだせることを指摘してきた。「二元主義の性別化否定」の立場は，法においては「法的改革志向派」に，「階層化否定」の立場は，「家父長制としての法」という主張に，そして「両性具有論」の立場は「批判法学」の主張に，論理的対応関係を

見てとることができる。しかし、私は、これらの論理的類似性、あるいは共鳴的関係を超えた関係が、それらの間に存在すると主張したいわけではない。それぞれのカテゴリーの対応関係は決して完全ではないし、それぞれの対において、一方において採用される改革戦略が他方において必然的に採用されるという関係になっているわけでもないからである。

第1に、二元主義の性別化一般に対してある人がどのような立場をとるかということと、その人が法は合理的、客観的、原理的とする理解に対しどのような立場をとるか、ということとの間に必然的な対応関係はないのである。そのうえ、二元主義的各種要素の階層化を、ある目的との関係で認め——たとえば、法は合理的、客観的、原理的である方が望ましいとしつつ——、一般的階層化は拒否するという立場もありうる。両性具有論の立場に立ちつつ、法は家父長的であるとの立場をとるフェミニストもいる。同じように、フェミニズム批判法学の立場を支持しつつ、女性は本質的に、あるいは倫理的に男性より優れているとする第2のフェミニズムの立場をとることも可能であれば、女性は合理的、能動的、……になるよう努めるべきであるとする、第1のフェミニズムの立場をとることも可能である。

これまでの議論から、私が、一般的男性支配を批判する戦略として両性具有論を、支配的法律理論を批判するためのそれとして批判法学を支持する傾向があることは明らかであろうが、私自身のなかでこれらの理論の優劣について序列化を行っているわけでは決してない。第1や第2のフェミニズム批判から学ぶべきことはたくさんあるし、第3の立場にもリスクや限界が存在する。西洋思想の基底をなしている二元主義を見直し、脱構築しようとするポストモダンの流れは、一般的にいえばフェミニズムの目標とするところと親和的であるが、ポストモダニズム一般にも、特に脱構築主義には、保守的側面も存在する。ちょうど社会主義がセクシズムを受容してきたのと同じように、ポストモダニズムもまた女性の従属と共存しうるのかもしれないのである。実際のところ、ポストモダニズムは、時として、フェミニズムがもたらした洞察を男性支配的な方向で応用しようとする様相を呈する場合もある。明らかなことは、どのようなアバンギャルド的運動も、前へ前へと進み続けなければならないのであって、そうしなければそれは硬直化し、悪い形で制度化されざるをえないということであろう。脱構築主義に対して敬意が払われるように（そしてそれを唱えるこ

とがお金になるように)なると,そのラディカルな潜在的可能性が失われ,革新主義的志向を持つ人びとのあいだで抱かれているその弊害に対する危惧が,より正当なものとなるのである。同じリスクはフェミニズム自身にも当てはまる。フェミニズムもまた,制度化され,そのラディカルさをそがれないよう,前進を続けなければならない。

両性具有論も,フェミニズム批判法学も,具体的な諸問題,たとえば「家族に対する国家による規制強化は実際のところ本当に女性の利益になるのか?」,あるいは「法定レイプ法の改正によって,若い女性たちを,抑圧したりその品位を損なうことなく,保護することが果たして可能なのか?」といった疑問に対し,簡単な答えを用意してはくれない。私が本章のような分析を通して望むのは,我われが依拠している諸理論を改良することによって,こうした具体の問題において,何が問題の本質なのかをよりよく理解できるようにすることである。単純な論理操作により安易に答えが得られないことを十分認識することで,我われの思考が解放され,想像力豊かに,建設的なやり方でこうした問題に取り組めるようになることである。法は,政治や倫理,そしてその他の人間活動と切り離すことはできない,人間社会という網の目の不可欠な一部なのである。

訳 注

* 本章の原文 "Sex of Law" は, THE POLITIC OF LAW : A PROGRESSIVE CRITIQUE 328 (David Kairys, ed., 3rd ed., 1998) に収められている。

1) Helene Cixous, *Sorties, in* NEW FRENCH FEMINISMS 90, 90-91 (E. Marks & I. Courtivron eds., 1981) ; JACQUES DERRIDA, DISSEMINATION (B. Johnson trans. 1981) ; CAROL P. CHRIST, DIVING DEEP AND SURFACING 25 (1980) ; JERRYS. CLEGG, THE STRUCTURE OF PLATO'S PHILOSOPHY 18, 100-1, 188-91 (1977) ; Frances Olsen, *The Family and the Market: A Study of Ideology and Legal Reform*, 96 HARV. L. REV. 1497, 1570-76 (1983) ; Gerald Frug, *The City as a Legal Concept*, 93 HARV. L. REV. 1057, 1057 (1980).

2) *See* HARRIET TAYLOR Mill, *Enfranchisement of Women, in* JOHN STUART MILL & HARRIET TAYLOR MILL, ESSAYS ON SEX EQUALITY 89, 100-01 (A. Rossi ed. 1970) ; MARY WOLLSTONECRAFT, A VINDICATION OF THE RIGHTS OF WOMAN 49-92 (1792).

3) H. T. MILL, *supra* note 2, at 101, 120 ; M. Wollstonecraft, *supra* note 2.

4) *See* Olsen, *supra* note 1, at 1549-50.

5) *See* Barbara Easton, *Feminism and the Contemporary Family, in* A HERITAGE OF

HER OWN 555–57 (N. Cott & E. Pleck eds., 1979); N. Cott & E. Pleck, *Introduction, in id.* at 11; KEITH MELDER, BEGINNINGS OF SISTERHOOD 53 (1977); Judith Walkowitz, *The Politics of Prostitution*, 6 SIGNS: JOURNAL OF WOMEN IN CULTURE AND SOCIETY 123 (1980), *reprinted in* WOMEN: SEX AND SEXUALITY 145 (C. Stimpson & E. Person eds., 1980).

6) *See* CHALOTTE PERKINS GILMAN, HERLAND (1979).

7) *See* CAROL GILLIGAN, IN A DIFFERENT VOICE (1982); PATRICIA ANN MEYER SPACKS, THE FEMALE IMAGINATION (1975); ADRIENNE RICH, *Origins and History of Consciousness, in* THE DREAM OF A COMMON LANGUAGE: POEMS, 1974–1977, at 7 (1978).

8) *See* Drucilla Cornell & Adam Thurschwell, *Femininity, Negativity, Intersubjectivity, in* SEYLA BENHABIB & DRUCILLA CORNELL, FEMINISM AS CRITIQUE (1987); CHRIST, *supra* note 1, at 26, 130.

9) *See, e.g.*, Jean Bethke Elshtain, *Against Androgyny*, 47 TELOS 5. (1981).

10) WILLIAM LEACH, TRUE LOVE AND PERFECT UNION 32 (1980).

11) *See* Olsen, *supra* note 1, at 1577–78; CAROLYN HEILBRUN, TOWARD A RECOGNITION OF ANDROGYNY (1973); ELLEN PIEL COOK, PSYCHOLOGICAL ANDROGYNY (1985); WENDY DONIGER O'FLAHERTY, WOMEN, ANDROGYNES, AND OTHER MYTHICAL BEASTS (1980).

12) *See* Reed v. Reed, 404 U.S. 71 (1971); Stanton v. Stanton, 421 U.S. 7 (1975); Craig v. Boren, 429 U.S. 190 (1976).

13) *See* Frances Olsen, *From False Paternalism to False Equality: Judicial Assaults on Feminist Community, Illinois 1869–1895*, 84 MICH. L. REV. 1518, 1518–20, 1541 (1986).

14) *See* CATHARINE MACKINNON, SEXUAL HARASSMENT OF WORKING WOMEN: A CASE OF SEX DISCRIMINATION 144–46 (1979).

15) *See* MARY JOE Frug, *Securing Job Equality for Women: Labor Market Hostility to Working Mothers*, 59 B. U. L. REV. 55 (1979).

16) *See* Nadine Taub & Elizabeth Schneider, *Women's Subordination and the Role of Law, in* THE POLITICS OF LAW: A PROGRESSIVE CRITIQUE 328 (David Kairys, ed., 3d ed., 1998); Kathryn Powers, *Sex, Segregation, and the Ambivalent Directions of Sex Discrimination Law*, 1979 WIS. L. REV. 55 (1979).

17) *See* Olsen, *supra* note 1, at 1501–07; Frances Olsen, *The Myth of State Intervention in the Family*, 18 U. MICH. J. L. REF. 835 (1985).

18) Diane Polan, *Toward a Theory of Law and Patriarchy, in* THE POLITICS OF LAW (D. Kairys ed., 1st ed., (1982), 294, 300, 302).

19) Janet Rifkin, *Toward a Theory of Law and Patriarchy*, 3 HARV. WOMEN'S L. J. 83, 84, 87, 88, 92 (1980).

20) *See* Catharine MacKinnon, *Feminism, Marxism, Method and the State: Toward Feminist Jurisprudence*, 8 SIGNS: JOURNAL OF WOMEN IN CULTURE AND SOCIETY 635 (1983), pp. 635, 645.

21) 450 U.S. 464 (1981).
22) 421 U.S. 7 (1975).
23) Frances Olsen, *Statutory Rape: A Feminist Critique of Rights Analysis*, 63 TEX. L. REV. 391 (1984) ; *See* Joseph Singer, *The Legal Rights Debate in Analytical Jurisprudence from Bentham to Hohfeld*, 1982 WIS. L. REV. 975 (1982) ; Duncan Kennedy, *The Structure of Blackstone's Commentaries*, 28 BUFF. L. REV. 205 (1979) ; Oliver Wendell Holmes, *Privilege, Malice, and Intent*, 8 HARV. L. REV. I (1894).
24) 107 S.Ct. 683 (1987).
25) *See* Olsen, *supra* note 1. *See also* Duncan Kennedy, *The Political Significance of the Structure of the Law School Curriculum*, 14 SECTON HALL L. REV. 1 (1983) ; Duncan Kennedy, *The Rise and Fall of Classical Legal Thought* (unpublished manuscript, 1975).
26) *See* Mary Joe Frug, *Rereading Contracts: A Feminist Analysis of a Contracts Casebook*, 34 AM. U. L. REV. 1065 (1985) ; Clare Dalton, *An Essay in the Deconstruction of Contract Doctrine*, 94 YALE L. J. 997 (1985) ; Duncan Kennedy, *Form and Substance in Private Law Adjudication*, 89 HARV. L. REV. 1685 (1976) ; Roberto Unger, *The Critical Legal Studies Movement*, 96 HARV. L. REV. 561, 618-48 (1983).

第2章　家族と市場
―― 公私区分の二元論的理解

　過去1, 2世紀のあいだ，女性の生活を向上させるために，さまざまな法的改革が試みられてきた。たとえば，女性が市場において活動することを可能にし，経済活動をする女性の平等を促進するための改革や，あるいは妻の地位を引き上げ，家族の福祉を増進し，家庭内における公正な扱いと調和とを促進するための改革などである。私がこれから展開しようとする議論は，欧米，特にアメリカ合衆国で模索され実行に移されたそれらの諸改革は，どちらかといえば狭いある世界観がもたらした，さまざまな制約のもとで行われたという議論である。その世界観とは，人びとの社会生活は，2つの，互いに依存的ではあっても別々の領域，すなわち市場（market）と家庭（家族）（family）という2つの領域に分けられるとする世界観のことである。この「市場」対「家族」という二元論（dichotomy）的な意識構造が，実施された法改革の効果を限定してしまっただけでなく，改革のための選択肢の範囲を著しく狭めてしまったことを明らかにすることが，この章の目的である。

　改革に向けて繰り返された数々の努力は，個人のレベルにおいて女性に新たな社会的役割の可能性を拓くとともに，女性の社会的地位一般の向上をもたらしはした。しかし，全体としての女性の従属はいまなお続いている。実際に採用された方策が，なぜ，どっちつかずの結果を，場合によっては逆説的な結果をさえもたらすことになったのであろうか。これについてはこれまで多くの議論がなされ，さまざまな要因が指摘されてきた。しかし，これらの諸改革がその基礎に置いていた理念そのものについては，十分に顧みられてきたわけではない。改革はその前提，すなわち人びとが疑いもなく当然のこととしてきたことがらによって限定されざるをえないという問題である。

　市場と家族の徹底した対比，すなわち，市場は我々の生産生活を構成し，家族は我々の愛情生活を構成しているのだという考えは，そうした諸前提のひとつである。19世紀には，家庭は，切り離された活動領域――女性に特に適した領域――であるとみなされるようになっていた。「女の領域」は，現代

では家と家族だけではなくなったかもしれないが，我われはいまだに，家族を市場とは明確に区別されるものと見なしつづけている。この市場と家族の二元的理解，すなわち，この社会は，2つの，相互依存的ではあっても別々の領域から成り立っているという認識は，我われの意識構造を構成しているといえよう。私がここでいう意識構造とは，皆が共有する，我われの社会や文化の基盤となっている社会観のことである。この社会観は，どのような社会的関係こそが「自然」であるかという人びとの見方を規定し，それゆえにまた，およそどのような社会改革が可能であるのかの見方をも規定することにもなる。

1 家族／市場の二元的理解の発展

男性と女性が，別々の，対等ではない領域に置かれているという状況は，女性に2つの正反対の影響を及ぼした。女の領域は，女性を閉じ込める一方，女性に機会を与えもした。19世紀初期のアメリカでは，女性の仕事が基本的に家に留まっていたのに対し，多くの男性の仕事の場は家から離れた工場へと移っていった。そしてそれにつれて，「家庭」("the home") と「(味気ない) 世の中」("the [workaday] world") という明確に区分され対比される領域が形成されていった[1]。この対立的領域は，多分に，神学世界の「天国」と「地上」の対比にも似た倫理的響きを帯びて理解された。しばしば家は「神聖な」ところとされ，家庭生活は，男性が地上の仕事の世界で苦しむに値する，すばらしい報償として喧伝された。また，家族と家庭は，取引や組織労働の世界から放逐されつつあると思われた，諸種の徳や感情の安全な貯蔵庫とみなされた。家は「近代社会がもたらす苦悩や不安から解放された天国——近代商業主義が破壊しようとしている倫理的精神的諸価値」[2] の避難場所として捉えられたのであった。

しかし，家はこのようにほめたたえられたと同時に，馬鹿にされもした。女の領域は，男たちにとっては「憧れはするものの，嘲りの対象」[3] でもあった。アメリカの男たちは，家族というものに感傷的になったり，家庭的なものをほめそやしたりする一方，他方において市場では，まるで「不浄」で世俗的な目標こそが，最大の善であることを信じていたかのようにふるまい続けたのである[4]。

さらにまた，市場は，一方で，利己的な，品性を卑しめる，搾取的な場であると批判されながら，他方また，賞賛され，高くも評価された。商業と工業の世界は，進歩的，近代的そして合理的であるとしてほめたたえられたのである。そのうえ，家庭的とされた諸価値は，市場的な諸価値や市場における富の追求がもたらす様々な徳を破壊する力を批判するために用いられはしたものの，［市場における冷酷な競争原理の跋扈に対する］「慰安と代償のための『別領域』を維持し，……それも家と愛の家族を守るためとの理解を育てることで，仕事世界における拝金主義の優越に対する人びとの抵抗を骨抜きにする」[5]ことに奉仕したのであった。

　家庭と市場双方が，評価されたと同時に批判されたということを考えに入れれば，2つの領域間の鋭い亀裂がもたらした影響が複雑なものであったことは驚くにあたらない。私が何年かまえに『ハーヴァード・ロー・レヴュー』に発表した論文は，これらの影響の跡をたどり，家族／市場の二元的理解が，いかにして，アメリカ合衆国における改革の試みの効果を限定的なものとしてきたかを分析したものである[6]。

「公」と「私」

　女の領域は「私（プライヴェイト）」であるとされ，「市場と政府からなる公（パブリック）の領域」[7]と対比されてきた。しかしこうした性格づけは，誤解を招く可能性がある。この対比には，下の図のように2組の二項対立が存在するからである。すなわち一方には，公（パブリック）と認識される市場と私（プライヴェイト）と認識される家族の二元的理解があり，他方には，公（パブリック）と認識される国家と私（プライヴェイト）と認識される市民社会という二元的理解が存在している。公（パブリック）である国家との関係では，市場・家族はともに私（プライヴェイト）とされる市民社会の構成部分をなしているのである。このように，市場も国家もともに公（パブリック）と呼ばれるため，この2組の二元的認識についての我わ

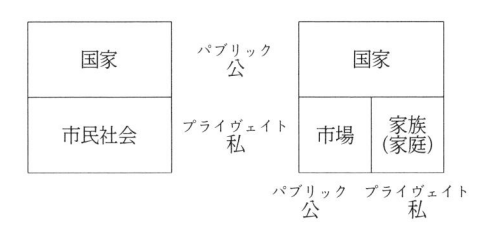

国家	パブリック 公	国家	
市民社会	プライヴェイト 私	市場	家族 (家庭)
		パブリック 公	プライヴェイト 私

れの考察が混乱する可能性があることに注意が必要である。

　国家／市民社会の二元的認識と市場／家族という二元的認識の区別は重要である。国家／市民社会の二元的認識は，市場に関するディスコースにおいては，国家の経済規制をめぐる論点となって立ち現れ，家族に関するディスコースにおいては，国家の家族への介入をめぐる論点として立ち現れる。国家による自由な市場の規制を非難する，古典的なレッセ・フェール（経済的自由放任主義）の立場からなされる議論[8]と，私的な存在としての家族への国家の介入を非難する議論[9]とのあいだには，驚くほどの共通性が見いだされるのである。この２組の議論と，それらの基礎にある理念型には，単なる政府に対する敵意などといったものをはるかに越えた，多くの共通性が存在している。この２つは，ともに同じような要素から構成されており，それゆえまた，同じような攻撃に弱くもある。一方についての理解は，他のもう一方の理解に決定的に重要なのである。

自由な市場

　国家の経済規制に対抗して展開されたレッセ・フェールの諸議論は，市場が，実際の供給と需要を反映するという意味で「自然（natural）」な存在であることをその大前提としてきた。レッセ・フェール理論は，市場に関して国家は中立的であることが可能であるという前提に立ち，また国家はそうあるべきだと主張する。近代国家体制，すなわち政治上の平等が保障された体制［身分ではなくて市民であることで参政権が認められるという体制］の成立以来，解消されたことのない経済的・社会的不平等は，自然なものと見なされ，しかるべき政府の政策の範囲の外にあると論じるのである。レッセ・フェールの理論家たちは，国家との関係において人びとは平等であるべきであるという点は認めながらも，市民社会における経済・社会的不平等は受け入れる。なぜならこの不平等に伴う支配と従属は，政治の主体としての国家とは無関係の，私的なことがらと見なされるからである[10]。このためレッセ・フェール政策からの逸脱は，国家とは無関係に存在する不平等を，国家が変更させようとする試みと理解されることになる。したがってこの理論のもとでは，法の果たすべき役割は，国家の中立性を損なったり危険にさらしたりすることなく，もっぱら市場における取引の円滑化を図ることにある，ということになる[11]。

レッセ・フェールに対する批判の1つは，レッセ・フェール政策が，自由で自律的な市場に対する国家の中立性を体現しているのだとしても，市場中立的な政策を拒否して，自由な市場がもたらす不平等の悪影響を多少とも減じるために，国家は経済を規制すべきであると論じた。このため，レッセ・フェール政策の提唱者たちは，国家の不介入はそもそも可能であるということのみならず，不介入こそがどのような国家による介入よりも望ましいのであるという主張もしなければならなくなった。

　そこで不介入を支持するために2つの古典的な議論が提供された。最初の議論は，自然の市場は効果的に機能するものの壊れやすいという理論に基づいたものである。ちょうど，オーストラリアに持ち込まれたウサギがこの大陸の自然の生態系を崩壊させたように，人間たちの苦しみを和らげようとして市場の一部分をいじくりまわすようなことをすれば，市場の他の部分に，全く予期しないような甚大な被害がもたらされるかもしれないというのである[12]。

　2番目の古典的議論は，逆に市場の強靭さと壊れにくさを強調する議論である。それは，自由市場というものは，国家が経済制御のためどのようなことを試みようとも，最も急進的な方策を別にすれば，結局はそれを凌駕し，無に帰させてしまうような強い自然の力を備えており，社会主義や，国家による自由市場の完全な廃止といった方策による以外は，所詮長続きするようなどのような効果をも期待できないのだ，という議論である。このような議論を展開する理論家は，たとえ裁判所が，「過酷な」あるいは「度の過ぎた」契約内容の実現を拒んでも，そうした試みは失敗する運命にあると論じる。なぜなら，1つの契約内容を禁止したところで，それは別のものに取って代わられるか，価格にそれが反映され，市場に拒否されることになるからである。需要と供給に関する基本的な条件が変化しないかぎり，契約当事者のバーゲニング・パワー（交渉に利用できる能力や資力）は不平等のままであり，当事者たちはその力関係を反映した契約を結び続けることになる，というのである[13]。

私的存在としての家族・家庭

　〈自由な市場〉と〈私的存在としての家族・家庭〉の間には，一見明白ではないかもしれないが，驚くほどの相似的関係が存在する。国家は家族のなかに立ち入るべきではないという考え方は，今日の大多数の人びとにとって，古典

的なレッセ・フェール経済学よりもはるかに強い説得力を備えている。実際，古典的なレッセ・フェール思想の崩壊と，国家の市場への「侵入」によって，家族を国家の介入から守る必要はより一層強くなったと考える人びともあろう[14]。ちょうどかつて家族が，市場において破壊されつつある諸価値の避難所であると見なされたように，[今日] 家族が，国家による統制を避けるために逃げ込むことのできるプライヴァシーの聖域であると見なされても不思議はない。市場との関係で，国家／市民社会の二元的なあり方が崩壊しつつある [私的自治の領域としての市民社会への国家による介入が強化され，公／私の区別が曖昧化しつつあること] と認識されれば，そのことのゆえに，多くの人びとが，国家／社会の区別を維持するために，家族との関係において，国家／社会という公／私の二元的ありかたを保全するための努力を倍加させようとするであろうことも十分理解できる[15]。

私的存在としての家族を擁護する諸議論は，自由市場を擁護する諸議論と同じような基本的前提，すなわちたとえば，家族というのは国家から離れて存在する自然の産物であり，家族のなかに存在する不平等は私事であって国家の責任ではない，といった前提に立脚している。

家族に関する国家の中立性の問題は，国家の市場に対する中立性の問題より複雑である。なぜなら，国家の市場に対する中立性は，経済活動に参加する人びとを法的に平等に扱うことを意味しているのに対して，家族に対する国家の中立性というのは，家族のなかにすでに存在している社会的役割を法的に承認することであるとされるからである[16]。

個々人の利己的な行動が全体として社会の向上をもたらすことが想定される市場という領域とは対照的に，家族の領域は，一般に，それほど個人主義的ではない諸原理に基づくものであると考えられてきた。家族全員の幸福は，家族の構成員がそれぞれの個人としての目標の実現を追求することによってではなく，家族のあいだの分かち合いと自己犠牲によって達成されるものであるという理解である。かつては，夫が妻を支配することが社会の共通善のために必要であると考えられていた。また子どもは，より良い社会のために両親に従うべきであるとされ，今なおある程度までそうである。また両親は，しばしば，子どものために，自らの個人的な利益を犠牲にすべきであるとされてきた[17]。市場において個人主義の倫理が広く浸透すべきとされたと同じように，家族に

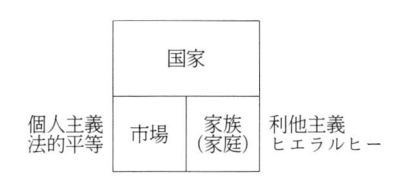

```
              ┌──────────┐
              │   国家   │
    ┌─────────┼────┬─────┼─────────┐
    個人主義  │市場│家族 │ 利他主義
    法的平等  │    │(家庭)│ ヒエラルヒー
              └────┴─────┘
```

おいては，この利他主義の倫理こそがこの領域に命を吹き込むものとされてきたのである。

このため伝統的に，国家は，家族のそれぞれの構成員に割りあてられた社会的役割を法的に承認することによって，家族の間の自己犠牲と分かち合いとを実現しやすくするべきであると考えられてきた。それゆえ，家族の構成員を法的に平等な人格として扱うことは，国家の家族への介入と見なされることになる。たとえば，かつて父親はその社会的役割ゆえに，子どもに対する支配権が与えられていた。母親が子どもを連れて夫のもとを離れた場合には，裁判所は，通常，母親に子どもを父親のもとへ返すよう強制することが期待された。なぜならば，裁判所がこれを拒否することは，国家の家族への介入であると見なされたからであった[18]。

今日いまだに，裁判所は，通常しつけの担い手としての両親の社会的役割を法的に承認するよう期待されている[19]。たとえば，もし裁判所が，罰として部屋に閉じ込めたことを理由に子どもが両親を訴えることを認めたとしたら，たとえ両親の行為が，第三者によってなされれば不法監禁（false imprisonment），すなわち裁判所が日常的に金銭賠償を認めている不法行為にあたる場合であったとしても，ほとんどの人がこれを，家族に対する重大な介入であると考えるに違いないのだから。

家族に対する不介入という考え方は，家族のメンバーそれぞれが果たすべき役割に関するある共通の理解に依拠しており，「中立性」は，そうした役割との関係においてのみ理解が可能である。国家の家族への「介入」とは，単に国家が何かをする，しないの問題ではなく，政府の政策を非難するための用語，たいていの場合は現状（status quo）を変更しようとする政府の政策を非難するための用語なのである。現状は自然なもの，国家の責任ではないものとされ，家族の間に実際に存在する不平等や支配関係は，ちょうど自由市場の場合と同じように，これを変化させる役割を国家が担いうるにもかかわらず，国家がもたらしたのではない私的な事柄（private matters）にすぎないとされるわけ

である。

　家庭内における不公正なあるいは非人間的な状況を，［国家を通して］個別的に改善しようとする具体的政策に対し，家族は私的存在であるとする理論は，自由市場擁護論がそうしたのとちょうど同じように，それは浅知恵にすぎないと非難する。不介入擁護論の1つの議論は，家族関係が壊れやすいデリケートな性質のものであることをその論拠にしている。そしてこの立場の主唱者は，法における一見微細な変更が，予期できないような悲惨な結果をもたらす可能性があるとの主張を展開するのである。この種の議論の典型的な例として，たとえば1838年にイギリスの貴族院でなされた議論が挙げられる。母親に，法的に別居した夫と暮らす子どもと面会することを認める法案に対して，ある議員は，この法案は「王国における家族の半数を崩壊させかねない」[20]と論じ，またある議員は，家族法の「デリケートな」諸法則に「干渉することは……危険」なことであると論じたのであった[21]。

　こうした議論とは全く逆の「壊れにくい市場」の理論に相当するのは，次のような議論である。家族の基礎を構成している強力な「現実の」家族間関係というものは，どんなことをしても結局のところ力を回復してしまうから，家族のなかの弱者を強者の横暴から守ろうとする国家の介入は，効果的でありえない，という議論である。家族制度そのものの解消には至らない，社会による家族への介入は，意味のないものにならざるをえないというのである。たとえば，妻に対する暴力をやめさせようとする試みは，しばしば無駄なことであるとされる。なぜなら，妻がその家族に留まろうとするかぎり，妻の地位は，不平等な契約関係に入ろうとする弱い当事者と同じだからというのである。ちょうど，弱い契約当事者が契約関係に入るという選択を行ったという事実が，彼がその契約から利益を受けると判断したということを示唆するように，妻がその婚姻関係に留まっているという事実は，彼女の判断において，失うものよりも得るものが多いということを示唆しているというのである。市場での交渉において，優位に立つ当事者の力の濫用を防ぐために，国家が当事者に代わって契約書を作成するということができないのと同じように，警察は，夫の妻に対する力の濫用を逐一監視することなどできはしない。弱者が契約関係に入ることを欲するかぎり，そして，妻が婚姻関係に留まることを欲するかぎり，国家がその関係の特定の部分を取り除こうとする努力は，無意味なものに終わらざるをえな

いのだ，という論理である．以上のように，これらの議論に従えば，国家による小さな改革は，そもそも全く効果を持ちえないか，さもなければ，家族制度というものをすべて廃止し，子どもは国家が養育することにしたほうがまだしもましであるような，途方もない結果を招くかの，いずれかであるということになるのである[22]．

2 レッセ・フェールと家族不介入主義に対する標準的な批判

自由市場

〈自由な市場〉という議論と〈私的な家族〉という議論に対して展開されたラディカルな批判についても，両者のあいだには驚くほどの相似性を見てとることができる．自由市場の自由放任のイメージの正確さと整合性に対する攻撃は，主要な2つの構成要素からなっていた．まず第1に，市場は私的であり，国家から独立して存在可能であるという認識に対して異議が唱えられた．批判者たちは，「レッセ・フェールの公然たる信奉者たちによって唱道されている社会システム」は，「現実には……いかなる形にせよ，『機会の平等』や『人びとの平等な諸権利の保護』といった原理を定式化」したものではありえない「個人の自由に対する強制的な諸制限で満ち溢れて」[23]いるのだという議論を展開した．国家の介入は本来的に不可避であり，国家が「所得分配と経済活動の方向性に影響を及ぼすことは避けられない」[24]と論じたのである．それはとどのつまり，国家の中立性というのはそもそも不可能なのであり，自由放任の経済というのは偽りの観念なのだという議論であった．

自由な市場論に対して展開された第2の攻撃は，政府は実際には中立的でなく，労働者の犠牲において企業家を利してきたのであるとする実証的な研究であった．すなわち，たとえ国家が中立的であることが可能であったとしても，事実においてそうではなかったのだという攻撃であり，レッセ・フェール政策は，一貫して整合的に展開されたものではなかったという議論である[25]．この種の議論のうち極端なものは，レッセ・フェールは，人びとによる企業活動制限の動きを封じるために，大企業の利益代表者たちによって利用された煙幕にすぎなかったと論じている．たしかに産業界は，現実には企業の利益のための規制に寄りかかっていたのであり，本当のところは，全面的な自由放任政策

など望みはしなかったであろうという議論は十分可能であろう[26]。

家　族

　国家による「介入」を拒否する私的存在としての家族という議論の基盤を切り崩すために用いられた諸議論は，レッセ・フェール攻撃のために展開されたそれと同種のものであった[27]。こうした議論の1つは，国家は，そもそも家族構成員の自由を制限することを回避できないのであって，国家は中立的な存在ではありえないことを示そうとする。たとえば，妻に対する夫の暴力を防ぐために国家は介入すべきでないとの不介入論者の議論に対して，裁判所（＝国家）は，夫の暴力に繰り返しさらされた妻（battered wife）が夫を殺害したといった事件を取り扱わなければならないことを取り上げる[28]。そして，単なる家族不干渉の原理からは，こうした事件において国家がどのような判断を示すべきかについての明確な指針を導き出すことはできないと指摘する。すなわち，このような妻たちに対し刑事責任を問うための訴追がなされるべきか否か，あるいは，虐待（abuse）が，殺人罪に対する部分的または全面的な正当防衛の抗弁として認められるべきか否かといった点につき，この原理は明確な答えを用意してはくれないのである。その上，これらの点に裁判所がどのような答えを与えるかは，当然のことながら，暴力的婚姻関係に置かれた両当事者の力関係に影響を及ぼし，さらには家族の社会的関係全体に影響を与えざるをえないと，国家不介入の批判者は論じるのである[29]。

　家族を私的なものと性格づけることに対する攻撃の第2弾は，国家は家族に対して中立的でありうる存在であるにもかかわらず，実際にはそうではないとする次のような主張である。「私的存在としての家族」という理論は，矛盾なく一貫して実践されているわけではない。家族に関することがらは私的なものであるべきだという主張は，女性や子どもが，国家の力を借りてその生活条件を改善しようすることを妨げるために，男性によって唱えられてきた[30]。家族は国家の規制の対象となるべきではないと主張することで，男性は過度の力を保持し続けることができたのである。そのうえ男性は，実際には，妻と子どもに対する権力を強化し統合するために，国家の強制力を利用しているという議論である。

　国家の不介入主義は，夫の妻と子どもに対する支配を可能とすべく機能して

きたのだというこの議論は，家族に対する国家の中立性を攻撃するうえで，特に有用性を発揮してきた。19世紀前半，国家の中立性は，明らかにヒエラルヒー構造にある家族のあいだで，分担された社会的役割を法的に承認しこれを強化することを意味していた。夫は妻を監督すべきであり，妻は夫に従うべきであるとされていたのである[31]。19世紀のフェミニストたちは，国家が家族内の主権を夫に与えていることを攻撃し，家族内の構成員に割り振られていた異なった社会的役割や，異なった活動領域に法的承認を与えることによって，国家自身が不平等を作り出しているのであると主張した[32]。フェミニストたちは，婚姻法は，「夫に，高潔な男性であれば決して用いることはないような法的権限を伴った，有害で不自然な優越的地位を与えているのであって，こうした地位は何人によっても保持されるべきではない」[33]と主張したのであった。

国家は中立的であるとの主張に対する，こうしたフェミニストたちの攻撃への1つの対応として，より中立的にみえる法が漸進的に制定されていった。この2世紀のあいだに，男性に法的な優位性を認めているような法の多くは，制定法や判例法によって，男女間の異なる取扱いを否定するような形に修正されていった[34]。こうした法的変更が，現実の女性の隷属にどのように作用したかについては種々議論されてきたが[35]，ここで興味深いことは，法の目からみて夫と妻が平等であれば国家は中立的であるという主張は，法の目から見て資本家と労働者とが平等であれば国家は中立的であるという主張と，同じ批判にさらされうるという点である。法の世界における平等に向けての動きは，女性が置かれた劣った地位を正当化したり，あるいはそんなものはもう存在しないというふりをしたりするやり方にも変化をもたらした[36]。この変化は，女性の隷属の直接的正当化から，間接的正当化への変化と捉えることもできる。神は女を男より劣ったものとして造られたのだという考え方に代えて，相異なる，比較不可能な別々な男女の領域という考え方が登場したように，今度は，別々の領域という考え方は，女性と男性はもはや実際にも平等になったという主張に置き換えられたのである。

3　家族と市場との関係

段階発展論――後追い理論

家族が一方ではけなされ,同時に他方においては賞賛されるという現象は,家族と市場の関係についての,相矛盾する2つの理論と対応している。仮に,それぞれを「後追い理論（lag theory）」と「相互対置理論（negation theory）」と呼ぶことにしよう。まず「後追い理論」であるが,これは,家族は市場よりも,封建制度から抜け出すのに時間がかかるという考え方に立脚している。すなわち,市場はより進歩的な機構であり,近代化への道をリードしてきたのに対し,家族はこれに遅れて同じ道をたどるという見方である。後追い理論によれば,家族にも,市場においてみられたような変化が同じように生じる,ただそれは市場に遅れて起きるだけであるということになる。ひとこと注意を喚起しておきたいのは,ここで我われが問題にしているのは,この2つの機構の実際の歴史ではなく,市場と家族の歴史的発展段階について人びとがどのように考えてきたかである。そこでここでは,市場と家族の歴史的発展について,我われが従来から抱いてきた,いくぶん単純すぎるかもしれないが,それにもかかわらず強力に信じてきた理解を跡づけてみることにしよう。

市場の発展段階　市場は,封建的市場,古典的なレッセ・フェールの市場,そして福祉国家的市場という,3つの発展段階を経てきた。封建段階では,国家と市民社会という2分割は存在しなかった[37]。社会は国家から切り離された何ものかであるという定義は存在せず,したがって国家による社会への干渉という見方そのものが存在しなかった。国家による介入は,国家が神によって選択されたヒエラルヒーを反映しているかぎり,何の問題も提起しなかった。法がこのヒエラルヒーを正確に反映しており,このヒエラルヒーが正当なものであると認識されているかぎり,法それ自体も正当なものであると見なされたのであった[38]。

こうした状況は自由な市場の出現とともに変化した。社会・経済的関係は,直接的には政治的な性格を喪失し,国家は市民社会に対峙する何かへと変容した。人びとをその上位者の恣意的な意思の行使から保護してきた,封建制度に関わる諸法は,「自由の桎梏」[39]と認識されるようになった。そこでこれらの桎梏は徐々に緩められ,国家は市場から撤退したかにみえた。かくして,法の

第 1 の役割は,個人の諸権利の保護,すべての人間に平等に分け与えられている諸権利の保護にある,と見なされるようになっていった[40]。

　もちろん,法の世界における平等は,社会的,あるいは経済的な平等をもたらしはしなかったし,実際に国家が市場から立ち去ったわけでもなかった。しかしながら,こうした変化は重要だった。人びとは生まれながらにして平等であるといわれるようになると,どうにかして,その後の不平等を説明しなければならなくなる。レッセ・フェールの思想は,この不平等を否定するか,もしくは,差異の原因を個別化し,それは私レベルの問題であるとした。ある者が他の者よりも裕福なのは,自分自身の努力や,または需要と供給の法則のためであると説明された。この説明には,その犠牲者たちに不平等の責任を負わせる傾きがあった。このようにして,広く行き渡ったヒエラルヒーを直截に認証するという様式から,法的には平等な者たちのあいだに存在する著しい不平等を間接的に正当化するという様式へと,不平等の正当化の様式も変化したのである。

　私が福祉国家段階と呼ぶ,市場の発展の第 3 段階は,賃金や労働時間の制定法による規制,独占規制,消費者保護立法,国家の金融管理制度の確立などを含む,国家による経済活動規制の正式承認によって特徴づけられる[41]。自由市場のシステムが,すべての人間は平等であって,国家に同じように扱われるべきであるという理念を基礎に置いているのに対して,19 世紀末以降に制定されるようになった福祉立法は,あるカテゴリーの人びとを選び出し彼らを特別扱いするものであった。たとえば,雇用主＝労働者関係は,雇用主側に労働者を保護するための,契約による以外の一定の諸義務を発生させるとされるようになったのである。

　以上のように,19 世紀においては,人は平等に取り扱われはしたものの,著しく不平等であることが許されていた。そして 20 世紀になると,実際の不平等の存在が認識されるようになり,不平等を減じるために法をデザインすることが可能となったわけである。そうした福祉国家においては,なお継続する不平等と抑圧の正当化のされ方は,レッセ・フェール理論によるそれとはいくぶんか異なっている。ほとんどのヨーロッパ諸国とアメリカ合衆国においては,国家はいまだに,個人に明確に対峙する存在として認識されている。しかしまた,国家は,富の再配分機能を担い,厳しい逆境にある個人を保護する存在で

あるとも認識されている。このため国家の正当性のある部分は，国家が必要なすべての保護を与え，害が益を上回らない範囲で，なしうるかぎりの富の再配分を行ってきたという信頼にかかっている。

　福祉国家の時代の国家は，自由市場の時代とは異なり，不干渉主義を退け，人びとの経済状況を考慮した救済的な立法をなす存在なのである。そしてまた福祉国家は，封建制度とは異なり，明示的なヒエラルヒーを拒否し，平等を促進するために社会を規制するという国家像をその内に抱くのである。

　家族の発展段階　　家族についても同じような3つの段階をたどることができる。封建時代の国家が市民社会と明確に区別されなかったと同じように，封建時代の家族は，その他の経済活動と切り離された存在であるとは捉えられてはいなかった。市場と家族という二分割は存在しなかったのである[42]。ヒエラルヒー構造の家族は，ヒエラルヒー構造の社会の不可欠な一部分であり，家族生活は複雑なルールや法のシステムによって強く規律されていた[43]。市民社会が国家から分離され，家族が市場から分離されていってもなお，それらの法やルールの多くは有効に機能し続けていた。その結果19世紀に入ってもなお，家族には公然と，そして法的にも，ヒエラルヒー構造が残存していたのである。

　家族の発展の第2段階で展開された，男性と女性のための別々の領域という考え方は，伝統的なヒエラルヒー構造から法的平等へ向かう変化の過程にあって，両者の中継地点として機能した。女性は劣っているのではなく，異なっているのだとされたのである。この段階において，女性は次第に多くの法的平等を獲得するようになっていった。女性の領域は徐々に拡大していき，場合によっては，それまで男性に割り振られていた家族の「外の世界」にまで及ぶ例もみられるようになっていった。

　家族の解放は，法的な平等と，国家の撤退へ向けての変化というかたちをとって示された。この傾向は，家族が自由市場の特徴とされるものをより多く備えるようになってきた今日においてもなお続いている。男性の女性に対する法的優位や，両親の子どもに対するそれは，着実に浸食されてきている。そのうえ，国家の家族からの撤退は，多くの分野にわたって続けられてきている。離婚についての諸制限は着々と減少し，裁判所は，国家が婚姻に伴う権利義務の内容を決定する代わりに，婚姻の当事者が契約によって自分たちの婚姻関係を

規律することをより広く受け入れるようになってきた[44]。出産に関する決定や，結婚した人びととの，相互あるいは第三者との性的関係についての規律においても，国家の役割は着実に減退してきている[45]。

　しかしながら，こうした家族解放が進む一方で，我われは第3の段階，すなわち規制された家族（regulated family）の時代に入ってきている。たとえば19世紀初期という早い時期から，裁判所は，子の監護権についての決定権や[46]，離婚を許可する権能[47]を，夫と妻の婚姻関係における行動を規律する手段として用いはじめている。最近の家族の発展段階においては，福祉国家の発展段階における市場の場合と同じように，国家が展開する諸政策は，通常，特定のグループの人びとを選び出し，特別扱いをするというものになっている。家族の規制は今日においても継続しており，最近では立法による妻や子どもの保護が試みられている[48]。たとえば，夫の暴力に繰り返しさらされてきた妻のための州立法の多くは，第三者に対しては認められないような諸種の救済の権利を，夫との関係において妻に与えている[49]。

家族の批判の基盤としての市場　　19世紀のフェミニストたちは，家族は封建的であるとの批判をするために，しばしば，自由市場の進歩的な諸特徴を引きあいに出した。平等な権利と機会という市場のイデオロギーは，女性に法的平等を否定し，限られた機会しか提供してこなかった社会構造や法的な規定を批判する際の，拠り所とされたのである。フェミニストたちは，夫が妻に対してまるで封建領主のように振る舞っていると糾弾した。まるで農奴が領主の恣意的な意思に服従させられたと全く同じように，妻は夫の恣意的な意思に服従させられているのだというのである。そして，妻のそうした抑圧からの解放を要求し，婚姻は，「すべてのほかの契約が服しているのと同じ法に服する」[50] 民事的な契約として扱われるべきであると主張していったのであった。

　近代のフェミニストたちは，より伝統的な「家族的」価値に対し個人的価値の重要性を説き続けてきた。フェミニストの解放に向けての要求は，自由市場を連想させる個人的権利の主張という形をとって展開されてきた。そして自由主義的改革が個人主義を重視し，女や子どもたちが自己利益を追求する権利を持つということを重視したため，家族のあり方は，ある意味で市場に似たものとなるという結果がもたらされた[51]。

　こうした改革は，一方において，夫たちによって主張されてきた家族内のヒ

エラルヒーの正当性や，その度を越した特権的な優越的地位の土台を揺るがし，婚姻関係における両性の平等を促進した。しかしそれにもかかわらず他方において，こうした改革の結果のいくつかは，女性の利益を損なうものであったこともまた明らかにされてきている。改革は［法の世界における形式的な］平等を促進しはしたものの，それらはまた利他主義的な家族の基盤をも揺るがし，女性を，市場関係の特徴である，個別化され固有化された支配にさらすことにもなったのである。

たとえば，婚姻女性財産法（married women's property acts）[*1]は，夫が家族の財産に対して持っている権力を妻にも分け与えることを夫に強制することはしないで，その代わりに，それぞれの配偶者は彼または彼女の特有財産を所有すると規定した。男性がほとんどの財産を所有し，ほとんどのお金を稼ぎ，女性は賃金の支払われない膨大な量の労働を担っていたという状況のもとにおいては，こうした立法は，大多数の女性の生活にほとんど何の影響も与えなかった。

たしかに女性は婚姻関係にあって自立するためのより多くの権利を獲得した。しかしこれらの権利は女性に力を与えるだけでなく，女性を孤立させることも可能にしたのであった。家族の氏と住所（ドミサイル）を定める夫の権力を妻にも分け与えることを強制する代わりに，改革諸法は，妻に婚姻前の氏を維持し，彼女自身の住所を取得する権利を認めただけであった。そのうえ父親には，慣習，ときには法によって，自らの氏を婚姻関係で生まれた子どもの氏とすることが認められてきた。母親の他の家族の構成員と異なった氏は，女性にとっての平等にきわめてしばしば伴うことになる，孤立化を象徴してきたのである。これらの自由主義的な諸改革によって増進された妻の独立性は，民主主義的で間主観的な（intersubjective）[*2]人間関係の形成を促すということのない，［原子のようにバラバラな］アトム的な個人を想定した個人主義でしかないことがあまりにも多いのである。そしてそれらは，あまりにしばしば，ヒエラルヒーを取り除くのでなくて，逆にそれを個別化し，正当化するという結果をもたらすだけなのである。

家族が封建主義の桎梏から解き放たれて，自由市場の特徴を多く備えるようになっていくにつれ，フェミニストたちは，自由主義的家族に対する自由放任主義的な態度を批判するために，今度は福祉国家における市場を参照するよう

になっていった[52]。支配と隷従の実際の状況を改善するには，法的な平等のみでは不十分であることが認識されるようになったからである。ちょうど，野放しの市場が，容認できない結果を導くように機能してしまうことが指摘されたように，野放しの家族は，支配と抑圧を導くように機能するのだということが指摘されるようになってきたのである[53]。国家の組織を利用して女性の状況を改善しようとする立法部の動きは，立法機関がこの現実の不平等を認知するようになったことを示しており，その中には，男と女に対する異なった取り扱いと呼びうるようなものが含まれている。ひとことで言えば，自由市場主義を福祉国家主義へと転換させたのと同じ種類の，国家による介入と救済的な特別立法が，近代的家族をフェミニストの立場から批判する人びとによって要求されるようになったのである。つまり，19世紀においては，自由な市場が，家族を「封建的」であると攻撃するための思想的基盤を提供し，20世紀になると今度は福祉国家の理念が，家族がその現実において不平等であり，あまりに個人主義的であるという攻撃を展開するための基盤を提供したのである。19世紀においては，家族のなかに個人主義と法的平等が浸透するのを支持することは進歩的であると受け止められた。そしてこれに対し，20世紀においては，50年以上もまえにレッセ・フェールの市場に対して行われたと同じような攻撃が，家族を福祉国家的機構に転換させる方向で展開されるようになったのである。いずれの場合においても，市場がモデルを提供し，改革のための努力の結果の一つとして，家族をより市場的なものにする傾向を持った国家の規制が行われたのである。

もう1つの見方──相互対置理論

市場と家族の根元的対置　相互対置理論は家族と市場との関係についてのもう1つの見方を提示する。市場と家族がともに私的な存在へと変化しつつあった19世紀において，両者は根本的に異なる対照的な存在であると認識された。市場は競争的であり，これに対して家族は協力的であるとされた。市場はまた，個々人が，自らの行動の他者への影響への責任を問われることなく，最も自由に自己の利益を追求することが認められるべき競技場であった。市場における自己利益追求行動は，単に許容されるに留まらず社会全体の利益にも叶うものであるというのが，まさに，経済的自由主義思想の重要な教義の1つであった。

市場は個人主義的な倫理によって活性化するのであり,非利己的な行動は,不必要であるとともに愚かなことと見なされたのである。

これとは対照的に,家族は利他主義の倫理に基礎づけられていた。結婚は,人生を分かち合うという決意であるとされ,家族生活の共同の諸目標は,家族の構成員個々人の自己中心的な目標に優越すべきであるとされた。夫も妻も,どちらも相手の利害を無視して自己本位の利益を追求するべきではないとされた。分かち合いと自己犠牲こそが,家族内における行動のあるべき姿だとされていたのである[54]。

市場は個人主義,家庭は利他主義という,それぞれにおける倫理規範の正反対なあり方は,それぞれの領域で国家が果たすべき役割のイメージをも正反対のものとした。人びとは,私的な市場を維持するためには,どのような契約であってもその望むところに従って個々人が契約関係に入ることができる機会を最大化するよう,国家は活動を抑制し,そうした方向を向いて行動することが必要であると信じていた。契約当事者の意思の表明が当事者の法的関係を決定すべきであり,国家はこうして定められた権利義務内容にみだりに干渉すべきではなく,それぞれの個人を,抽象的な平等人格として取り扱うべきだとされたのである。そして同時に,国家は個人が各々自分の判断に従って,自発的に決定した(はずの)法的関係に対し,その内容の妥当性を判断しないでこれに法的拘束力を与えることが期待されたのであった。この意味において,市場という競技場は完全に法化(legalize)されており,当事者の意思によって規定された関係は,裁判所を通じて国家権力によって強制されうるものであった[55]。そして国家組織が備えた強制力は,市場において行われた犯罪,不法行為,あるいは契約違反から,それぞれの個人を保護するために動員されることが可能であったのである。

しかし家族のなかにあっては,私化(privatization)は非法化を意味していた。国家は婚姻の当事者たちが,自分たちの婚姻関係における権利義務内容を自ら決定しようとする,どのような試みにも法的効果を与えることを拒否していた。いったん男と女が法律上の結婚をすると,契約を結んでも,その関係に法的拘束力は与えられなくなった。家族の領域の私化は,〔家族内で暴力が振るわれても〕他の構成員の有害な行動から家族構成員を保護することを国家が拒否するという,一種の「自然状態」を作り出したのである。そしてこれらの

国家の拒否こそが，家族は私的存在であり，国家は家族関係に介入すべきではないといわれたことの重要な部分を成していたといえる。なぜならこうした不介入の一方で，他方において国家が婚姻関係の内容を規定し，それぞれの家族の構成員が果たすべきと考える役割を押しつけることは，一般に，家族に対する介入であるとは認識されていなかったからである。家族が私的存在であるという理念は，その構成員が自分たちの役割を自ら定め，そうした役割の実現を国家に期待することができるということを意味しはしなかった。むしろ，私的存在としての家族においては，個人に許された唯一の選択は，誰と結婚するかだけであり，その後は，利他主義が個人主義に取って代わったのであった[56]。

このように，裁判所が盲目的に契約に強制力を付与し，当事者の交渉能力が対等であったかなどについて何らの独自の判断をしないことで，市場は干渉を受けない状態にあると言われ，これとは対照的に，家族は，裁判所が，その構成員間の契約に強制力を与えることを頭から拒否し，家族関係のありかたを権威的に規定することに固執することで，国家の干渉を受けない状態にあると言われたのであった。市場の法化と家族の非法化は，ともにそれぞれが，国家による微に入り細にわたる詮索やアド・ホックな再調整から免れることを可能にしたのであるが，両者は全く正反対のやり方でこれを行っていたのである。市場が「私的」な存在となるにつれ，国家はその領域における個人主義を制御する役割から手を引いた。そしてこれとは対照的に家族については，家族生活を活性化させると考えられた利他主義的諸原理を頼むことで，これを「私的」存在として扱ったのである。

根元的対置の限界　利他主義的な家族に対比された個人主義的な市場というイメージは，しかしもちろんのこと，現実の本当の姿を映すものではなかった。そしてその実際において，市場が全くの個人主義的存在ではなかったのとちょうど同じように，家族もまた，真に利他主義的な存在ではなかった。法は，長い間女性から自立の道を奪い，経済的に夫に依存する存在となることを強いてきた[57]。たしかに男性は妻と子どもを扶養することを義務づけられてきた。しかし，最低限の生活の糧を与える以上にどこまでのことをするかは，自由に決めることができたのである[58]。

そのうえ非法化された家族は，実のところは市場とよく似た存在でもあった。女性は経済的安定のため結婚しなければならず，したがって，新たな家族をつ

くるという行為それ自体が，市場でなされていた取引と同種のものだったのである[59]。また，家族と市場の関係は，相互依存的でもあった。それぞれの領域の存在は，もう一方の領域が存在していることに依存しており，それぞれが，相手方の領域の存在から自らの領域の正当化根拠を調達してきたのである。市場はある意味で，それが唯一の領域ではないからこそ，すなわち家族という領域も存在しているがゆえに，受容されてきたのである。いくつかの伝統的な人間的価値は，たとえ市場からは失われてしまったとしても，社会全体からなくなってしまうわけではないことを，私的存在としての家族という思想が請けあったからである。

これとは逆に，自由市場の存在が，家族生活の諸制約を，男性にも女性にも受け入れやすいものにしてきた。市場という領域は，自由と，そして危険のイメージを提供するものであった。危険のイメージは，市場を，女性には家庭と比べてあまりにおそろしい選択肢であると思わせ，女性が女の領域に閉じ込められることを受け入れやすくした。さらにまた，このイメージは，男性に，女性を男の領域から閉め出すことを，騎士道的精神によって正当化することを可能とした。そして同時に，市場における自由は──それが現実のものであったか幻想にすぎなかったかは別にして──男性が，家族生活からくる諸種の拘束を我慢することを容易にしていたのであった。

市場に対する批判における家族の利用

レッセ・フェール・システムのそもそもの可能性やその現実に異議を唱えることと並んで，市場の批判者たちは，市場的な諸価値を攻撃するために，家族における利他主義的諸価値を引きあいに出した[60]。競争に対するものとしては協調が，個人主義に対するものとしてはコミュニティ的価値が唱道された。利己的な個人は生き人間ではなく，まして理想ではありえない，と。そして公共善が市場において私的な収益のために無視されているとの指摘に呼応して，いく人かの人びとによって，国家の規制がなされなければ，市場は自由と権利を充実させるのではなく，人間的諸価値の基盤を危うくさせてしまうとのだとの議論も展開された。このように家族のイメージは，市場に対する直接的な批判の基礎を提供しただけでなく，非人間的な市場の状態を改善するために，あるいは少なくとも改善されたようにみえるようにするために，利用されたのであった。

ここで重要なことは，家族をモデルにして展開された，福祉国家による市場における諸改革が，不平等を個別化し特殊化することによって，社会のヒエラルヒーを強化し，不平等を正当化したり合法化したりする効果をもつということである。たとえば，市場における個人主義を和らげることによって女性の地位向上をめざす諸改革は，しばしば女性たちの状況を向上させもするが，同時に性に基づくステレオタイプを強化し，ヒエラルヒー構造を悪化させ，結果として女性の生活を危うくさせもしている。有給の産休の法制化は，雇用者側に，収益追求をある程度あきらめ，家族の必要性に対応することを強要することで，多くの女性労働者たちに直接的な利益を与える。しかしこうした改革は，市場の通常の機能のしかたにわずかな例外を創設するにとどまり，社会的に望ましい場合にはどのような場合であっても，労働者が休みをとることを可能とするというような，より広範な改革へ向けての圧力を消散させてしまう効果をも持っている。さらに，産休を利用する女性に対する偏見は，臆面もないものから微妙なものまで含めて存在し続ける結果になり，ステレオタイプ化とヒエラルヒーを強化してしまうことになるのである。

　改革をジェンダー中立的なものにすることで，ヒエラルヒー強化を避けることができるであろうか。たしかにそうすることで多少の違いはあるかもしれない。しかしそうした試みのほとんどは，単なる見せかけにすぎないものに終わるように思われる。なぜなら，こうした改革は明らかに女性にむけてなされているからである。有給の出産・育児休暇を両親に与えてはどうか，仕事場に保育施設の設置を義務づけることにしてはどうか，あるいは，幼い子どもを養育している時期に当たる人びとが長時間労働を余儀なくされないようにキャリア・パターンを変更してはどうか，希望しない労働者の転勤をさせにくくしてはどうか，あるいはまた，数年仕事を中断することを選択した人びとが被る不利益を減少させてはどうか，といった思い切った提案がアメリカ合衆国でも種々なされてきた。もしそうした政策が，例外のないかたちで，あるいは権利放棄の可能性を否定するかたちで，すべての人びとに適用されるとしたら，子どものいない人びとを中心に，こうした政策は核家族に対する援助の強制であるとの非難の声が上がることは容易に予想される。

　そこで市場改革のための立法にあたって，利益の享受を，受け手の自発的な決定に関わらせるという形にすると，2つの問題が生じてくる。まず，一般的

にいって男性はこれらの利益の享受を選択しないであろうし,もしかりに選択した場合には,そうした男性は女の役を引き受けた者たちと見なされることになるであろうという問題である。すなわちこうした改革法は,その実際の法適用の結果として,ヒエラルヒーやステレオタイプを強化してしまうことになりうるのである。その上,自発的選択方式を採用することによって,男性も女性もともに,プログラムに参加するという選択を行うことを理由として不利益を被るようになる可能性が生まれてくる。親が子どもの養育のために時間を割くことを可能とする意図で設けられた法規定が,子ども養育者というある社会階層(そしてそのほとんどが女性である社会階層),すなわち,市場に参加することはできるものの相対的にみてそこでは成功者にはなりえない人びとという階層を,生み出す結果となるだけかもしれないのである。市場においてなされる改革が,モデルを家族に置いているかぎり,利他主義をヒエラルヒーと切り離すことは不可能であるようにみえる。

　福祉国家においては,国家と市民社会が,互いに相手の領域に浸透しあうようになったようにみえるかもしれない。しかし両者の二項対立的理解は残存しており,それは,現状(status quo)の維持を正当化する上で不可欠の役割を担っている。自由市場のイデオロギーが,すべての個人の法的平等を主張することで現状を正当化したのと同じやり方で,福祉国家のイデオロギーは,社会全体の福祉と矛盾しないかぎりにおいて最大限の平等達成を図っていると主張することで,現状を正当化しているのである。福祉国家のイデオロギーの決定的要素は,国家の活動に設定されたその諸限界にある。しかし市民社会が国家に飲み込まれてしまったり,征服されてしまったりしたことなどなかったのであり,生産手段の公有化や,投資決定の公的コントロールといったところまで行く手前で,国家はつねに踏み留まってきたのである。

4　結　語

　封建制度の崩壊に伴って,国家と市民社会という二元論と,市場と家族という二元論が誕生した。自由である市場は,平等主義の思想を個人主義の倫理と結合させた。私的存在としての家族は,階層制の思考を利他主義の倫理と結合させた。そして,市場においても家族においても,国家の活動は,それらの特

徴を弱める方向で展開されてきた。福祉国家による市場における改革は，新たな種類のヒエラルヒーの構築を促進しつつ個人主義を後退させた。そして家族に対する国家の規制は，階層制の思考を弱体化させつつ同時に個人主義を促進した。

市場と家族は，国家と市民社会という二元論との関係では，相似的な発展の仕方を示した。自由市場と家族に関するそれぞれの思想はともに，国家に対する万民の平等を強調することで，現実における不平等を正当化してきた。不平等は人びとの私的な関係から発生するのであり，したがってそれは国家の責任とは関係のない，市民社会の当然の属性なのであるとされた。そして今日においては，国家は，市場においても家族においても，合理的になしうるかぎりの平等の実現をはかっており，現在残っている不平等は，私的な，もしくは特殊なことがらにすぎないと主張されるのである。

市場と家族はまた，互いに正反対のものとして対置されるという関係にも置かれてきた。市場の領域における諸価値は，家族を批判する基盤を提供する一方で，他方において，家族の領域における諸価値は，市場を批判するための基盤を提供してきた。国家は，市場には，それがもっと家族に似た存在にするよう介入し，家族には，それがもっと市場に似た存在になるように介入している。

民主主義的で間主観的な人びとの関係を重視するという観点にたってみた場合，こうした国家の介入が，2つの相異なる結果をもたらしているという視点こそが重要である。すなわち，市場への国家の介入は，それが利他主義を促進するかぎりにおいて望ましいものであるが，それが家族的ヒエラルヒーの形をとり，不平等をなくすのではなく，これを個別化したり正当化したりするかぎりにおいては望ましくないという視点である。同様に，家族への国家介入は，女性がより多くの力を得ようとする要求を力づけ，因襲的な家族内のヒエラルヒーを衰弱させるかぎりにおいては望ましいものであるが，個人主義を強化し，ヒエラルヒーをなくすのではなく，これを個別化したり正当化したりするかぎりにおいては，望ましくないのである。

訳 注
*1 英米法の伝統的法理のもとでは，女性は結婚によって，法の世界では独立した権利・義務の主体とは認められなくなり，その法的人格は夫のそれに合体統合されるとされた。

このため財産の所有主体となることもできなかった。婚姻女性財産法は，婚姻関係にある女性の財産所有無能力を解消するため，19世紀後半に制定された諸立法。

*2　主観主義や相対主義に陥ることなく，デカルト以来の近代の認識論における客観主義の限界を乗りこえようとする哲学者らによって用いられはじめた概念。主観的ではあるとしても，複数の人びととのあいだで共有される認識を指す。

1) *See* Nancy Cott, The Bonds of Womanhood 64-70 (1977).
2) Walter Houghton, The Victorian Frame of Mind 1830-1870, 343 (1957) (emphasis omitted).
3) *See* Cott, *supra* note 1, at 62.
4) Ann Douglas, The Feminization of American Culture 12 (1977).
5) *Id.* at 69.
6) Frances Olsen, *The Family and the Market: A Study of Ideology and Legal Reform*, 96 Harv. L. Rev. 1497 (1983).
7) Nadine Taub & Elizabeth Schneider, *Perspectives on Women's Subordination and the Role of Law, in* The Politics of Law 118 (D. Kairys ed. 1982). Powers, *Sex Segregation and the Ambivalent Directions of Sex Discrimination Law*, 1979 Wis. L. Rev. 55, 71.
8) 本章28ページ以下参照。
9) 本章29ページ以下参照。
10) レッセ・フェール・イデオロギーについての，参考になる批判的研究として，たとえば，Morton J. Horwitz, The Transformation of American Law 1780-1860, at xv-xvii, 101-08, 253-66 (1977) (レッセ・フェール政策における裁判所の役割について)；Kennedy, *Form and Substance in Private Law Adjudication*, 89 Harv. L. Rev. 1685, 1746-48 (1976) (レッセ・フェール理論の描写と批判) がある。アダム・スミス『国富論』(Adam Smith, An Inquiry into the Nature and Courses of The Wealth of Nations (London 1776)) は，レッセ・フェール理論の古典であり，この考え方を再表現したより最近のものとしては，Milton Friedman, Capitalism and Freedom (1962) がある。
11) *See* Frances Olsen, *The Myth of State Intervention in the Family*, 18 U. Mich. J. L. Ref. 835 (1985).
12) この主張は最近再び，法や経済学の分野でみられるようになった。*See, e. g.*, Richard Posner, Economic Analysis of Law (2d ed. 1977).
13) この「不平等な交渉のための立場」の議論の描写とその極めて有力でラディカルな批判として，Duncan Kennedy, *Distributive and Paternalist Motives in Contract and Tort Law, With Special Reference to Compulsory Terms and Unequal Bargaining Power*, 41 Md. L. Rev. 563, 614-24 (1982) 参照。
14) *Cf.* Chizuko Ueno, *The Domestic Labor Debate*, Women in a Changing Society: The Japanese Scene 71 (National Women's Education Center ed., 1990).

15)　*See, e. g.* Christopher Lasch, Heaven in a Heartless World 36 (1977).
16)　Olsen, *supra* note 11, at 835.
17)　*See* John Locke, *An Essay Concerning the True Origin, Extent and End of Civil Government, in* Social Contract 33 (E. Baker ed. 1960)（両親の子の養育義務について）; *id.* at 35-36（子が自らを自らで守ることができるようになるまでの子の親への服従について）; *id.* at 37（親による子の支配の目的は、子を「自分たち自身とその他の人びとに最も役に立つようにする」ことにあるとの見解を示唆）（傍点追加）; *id.* at 47-48（夫が婚姻関係における意思の齟齬の最終的な調停者であることの必要性について）.
18)　*See* People *ex rel.* Olmestead v. Olmestead, 27 Barb. 9, 31 (N. Y. Sup. Ct. 1857)（「至上の法的権利である父親の子供に対する監護権と教育権は、別居につき彼に責任があった場合にのみ、エクイティの裁判所の介入を受けうる」という理由にもとづき、子の身柄の引渡しのために母親と義理の母親に対して人身保護令状（habeas coorpus）の救済を認めた判決）; People *ex rel.* Nickerson v. [*sic*], 19 Wend. 16, 19 (N. Y. Sup. Ct. 1837)（「裁判所による父親と子どもの関係への介入は、微妙でかつ強力な手段であり、最も健全で強固な理由がある場合のほかは決して用いられるべきではない」と述べ、子どもの身柄引き渡しのために妻に対する人身保護令状の発給を認めた判決）.
19)　近代の裁判所には、親の子どもに対する懲戒によって重大な人身損害が引き起こされた場合には、不法行為法上の救済を与える可能性はあった。しかしそうした場合でも、被告が親であるという理由で、異なった基準が適用されることになる。*See* Model Penal Code § 3. 08 (1) (a) (Proposed Official Draft 1962)（「未成年者の福祉を保護または増進する目的」のためになされる親による子どもに対する物理的力の行使を認めている）; Restatement (Second) of Torts § 147 and others). *See also* Holodook v. Spencer, 36 N. Y. 2d 35, 324 N. E. 2d 338, 364 N. Y. S. 2d 859 (1974)（両親の監督指導が適切ではなかったため、両親はその結果としての損害につき責任があるという子どもの議論を認めなかった判例）; 子どもを殴打したことに関する親の法的責任についての伝統的見解として、State v. Jones, 95 N. C. 588 (1886)（懲罰のための殴打につき親の刑事責任を否定した判決）.
20)　44 Parl. Deb. (3rd ser.) 772, 789 (1838)（Wynford 卿の発言）。
21)　*Id.* at 783（Brougham 卿の発言）。
22)　実際最近になるまで、警察官は、家庭内のごたごたに巻き込まれることを避けるよう訓練されてきた。なぜなら、こうしたことに巻き込まれることは、警察が変えることができないと思われていた「私的」な関係への介入となってしまうからである。*See* Bruno v, Codd, 90 Misc. 2d 1047, 396 N. Y. S. 2d 974 (Sup. Ct. 1977), *rev'd*, 64 A. D. 2d 582, 407 N. Y. S. 2d 165 (1978), *aff'd*, 47 N. Y. 2d 582, 393 N. E. 2d 976, 419 N. Y. S. 2d 901 (1979); Raymond I. Parnas, *The Police Response to Domestic Disturbance*, 1967 Wisc. L. Rev. 914, 916-30; Elizabeth Truninger, *Marital Violence : The Legal Solutions*, 23 Hastings L. J. 259, 264, 272 (1971).
23)　Robert Hale, *Coercion and Distribution in a Supposedly Non-Coercive State*, 38 Pol. Sci. Q. 470, 470 (1923).

24) *Id.*
25) *See* Morris Cohen, *The Basis of Contract*, HARV. L. REV. 553, 561 (1933).
26) *See id.* at 562 (「害をなしえないほど権力を制限された政府など無用の長物であろう．なんとなれば，それは益をなすこともできないのだから」).
27) 夫から繰り返し暴力を受け続けた妻についての考察で指摘したように（たとえば本章32ページ以下参照）不介入主義者の議論は，妻の虐待を，国家にはなんらの責任のない，私的な不幸な出来事にすぎないとする．国家は，その権力的装置を利用して，夫婦間で行使される暴力に対する法的結果を変更することによって，そうした暴力の発生を減少させることが可能であるにもかかわらず，不介入主義者によれば，そうすることは，私的家族のもつ評価されるべき諸価値を脅かす危険を冒すことであり，避けるべきであるとされる．
28) *See* Elizabeth Schneider, *Equal Rights to Trial for Women : Sex Bias in the Law of Self-Defense*, 15 HARV. C. R. -C. L. L. REV. 623 (1980). また異なる見解として，*See* Note, *Defense Strategies for Battered Women Who Assault Their Mates : State v. Curry,* 4 HARV. WOMEN'S L. J. 161 (1981) (暴力を振るう夫に対する妻の脅迫 (assault) について論じている).
29) 妻に対する暴力を，他の暴力と同じように扱うことにし，妻の自力救済に対しては，正当防衛や責任能力の低下について一般の場合と同じ法を適用することにすれば，国家は家族との関係で中立性を維持することができるといった考え方もありえよう．しかしここで重要なことは，婚姻関係にある者のあいだの事件が，それ以外の事件と全く同一な扱いを受けるか否かなのではなく，そうした扱いのより具体的な内容こそが，家族内における力関係に影響を与えるという点である．夫は一般的にいって，肉体的に妻よりも強く，また暴力の行使に対する社会的抑制もより弱いというのが現実である．したがって，素手による喧嘩においては，夫が通常勝利者となる．妻が銃を，あるいは単なるナイフでさえも手にしていれば，こうした夫の優位は変化する．統計的には，夫が妻を殺害する件数は逆の場合のそれを上回っており (*see* Schneider, *supra* note 28)，おそらく，正当防衛が認められる場合を大きく拡大することは，一般的にいえば，暴力的虐待を受けている妻たちの利益に叶うと考えられる．現在よりも暴行についての法的責任を強化し，殺人についての法的責任を緩和することにより，大多数の家庭において，夫から妻への力の移転をもたらすことができるであろう．また同様に，同棲関係が破綻した場合に，財産分与が行われるか否か，行われるとしたらどのようにそれがなされるか，準契約 (quasi-contract) 法理の適用場面において，妻の家事労働の価値がどのように評価されるかも，ほとんどの家族における力関係に影響を与えるであろう．*See* Carol Bruch, *Property Rights of De Facto Spouses Including Thoughts on the Value of Homemakers' Service*, 10 FAM. L. Q. 101 (1976). 別の言い方をすれば，国家が規制によって家族に影響を及ぼすか否かは，国家が，婚姻関係にある人びとを括り出して何らかの特別扱いをするか否かにかかっているわけではないのである．国家は，人びとの結びつきのための法的な基礎的準則を提供しているのであって，これらのルールは，個々人の社会的力や人びとの関わりあいのあり方に影響を与えているのである．婚姻制度の廃止や，婚姻関係の法的認知の役割から国家を解放することを提唱する人びとは存在するが，最も強力に子どもたちの諸権利を唱導する人

びとでさえ，親子関係に法が関わることを廃止する提案をしたことはない。家族に関わるすべての法的関係の廃止がなされないかぎり，たとえば子の監護権に関する法が，両親の力関係に影響を及ぼすように，国家は，家族の生活のあり方を左右するその構成員間の力と愛情の諸関係に影響を及ぼし続けるであろう。

30) 伝統的には，妻を殴打することは夫の大権 (prerogative) であるとされた。*See* Bruno v. Codd, 90 Misc. 2d 1047, 396 N. Y. S. 2d 974 (Sup. Ct. 1977), *rev'd*, 64 A. D. 2 d 582, 407 N. Y. S. 2d 165 (1978), *aff'd*, 47N. Y. 2d 582, 393 N. E. 2d 976, 419 N. Y. S. 2 d 901 (1979); 1 WILLIAM BLACKSTONE, COMMENTARIES *432–33; TERRY DAVIDSON, CONJUGAL CRIME 100-13 (1978); Sue E. Eisenberg & Patricia L. Micklow, *The Assaulted Wife: "Catch 22" Revisited*, 3 WOMEN'S RTS. L. REP. 138, 138-39 (1977); Wendy Williams, *The Equality Crisi: Some Reflections on Culture, Courts and Feminism*, 7 WOMEN'S RTS L. REP. 175, 177 & n. 9 (1982). 今日妻を殴打することは，明示的には法によって許されなくなった。しかしその禁止を法的に実行することを怠るというポリシー，すなわち，国家の黙認によってそうした夫に力を与えるというポリシーを通じて，種々のレベルの官吏が，積極的にそうした行為を奨励するということがなされうる。実際，警察が夫の暴力を訴える電話にきちんと対応しなかったり，検察官が宥恕の姿勢で臨んだり，あるいは，裁判官が有罪判決を拒否するか，刑を極めて軽くするということがしばしばみられるのである。

31) 子どもたちもまた，その両親に服従するべきであるとされていた。ごく最近まで，この義務の違反が，非行少年を少年院送りにする理由となりえた。*See* Al Katz & Lee E. Teitelbaum, *PINS Jurisdiction, the Vagueness Doctorine, and the Rule of Law*, 53 IND. L. J. 1 (1977-78).

32) 日本における，尊属殺人を通常の殺人より重く罰する規定もまた，1995年の刑法改正までは，親子間において同じような効果を持っていたといえる。刑法205条（その有効性を支持した判決として，最判昭和25年10月11日，刑集4巻10号2037頁），刑法200条（同条の加罰規定が憲法第14条の法の下の平等に反し違憲であるとした判決として，最判昭和48年4月4日，刑集27巻3号265頁）参照。*See* Hidenori Tomatsu, *Equal Protection of the Law*, 187, 188-91, *in* JAPANESE CONSTITUTIONAL LAW (Luney & Takahashi eds. 1993).

1848年，ニュー・ヨーク州セネカ・フォールズおける女性の権利のための会議で採択された一般に Seneca Falls Declaration of 1948 と呼ばれる宣言は，次のように告発した。「男は，神自身が有する大権を横領し」，女の活動領域を定める権利が男にあるという偽りの主張を続けてきた。しかしその権利は，本当は「女の良心と彼女の神にこそ属して」いる。DECLARATION OF SENTIMENTS AND RESOLUTIONS, Seneca Falls (July 19, 1848), *reprinted in* FEMINISM: THE ESSENTIAL HISTORICAL WRITINGS 76, 80 (M. Schneir ed. 1972) [hereinafter cited as FEMINISM].

33) LUCY STONE & HENRY BLACKWELL, MARRIAGE OF LUCY STONE UNDER PROTEST (1855), *reprinted in* FEMINISM, *supra* note 32, at 104 (Lucy Stone と Henry Blackwell が，その結婚に際して読み上げ，署名した宣言）。

34) *See*, e. g., 1 JAMES SCHOULER, A TREATISE ON THE LAW OF MARRIAGE, DIVORCE, SEPARATION AND DOMESTIC RELATIONS §4 (6th ed. 1921). Schoulerによれば「この国そして英国において、19世紀後半に、夫との関係のすべての面において、妻に平等の権利を与えるためのめざましい運動が展開され、これまでのところは多くの成功を収めた。その結果、近代における妻は、朝家を出て仕事に行き、自らの賃金を領収しそれを自らの手元にとどめ、夫に家事と育児を押しつける権利——ただしわれわれ全てにとって幸福なことに、実際には行使されていない諸権利ではあるが——を手にしたも同然といえるまでになった」。*Id.* at 5.

35) See e. g., Kathryn Powers, *Sex Segregation and the Ambivalent Directions of Sex Discrimination Law*, 1979 WIS. L. REV. 55, 88-102.

36) 女性の置かれた劣った地位は、神や自然が、実際に女性を劣ったものとして創造したのであるという主張によって、直截に正当化されている。*See, e. g.*, 1 Corinthians 11:3-11:6; 1 Timothy 2:8-2:15. 女性はその能力においては等しいものを持っており、その劣位は、女性自身の行動形態に起因するのであるとする間接的正当化も存在する。女性に劣った地位を受け入れさせるように働く条件づけについて論じたものとして、*see* Sandra L. Bem & Daryl J. Bem, *Homogenizing the American Woman: The Power of an Unconscious Ideology, in* FEMINIST FRAMEWORKS 6-23 (Allison Jagger & Paula Rosenberg Struhl eds, 1978). また人種差別について、*See* Freeman, *Legitimizing Racial Discrimination Through Antidiscrimination Law: A Critical Review of Supreme Court Doctrine*, 62 MINN. L. REV. 1049 (1978) (人種差別主義と反差別法が、人種的少数者の劣位を正当化することを論じている). 女性劣位の間接的正当化にはまた、女性の不成功を、個々人の個別化された能力の欠如によって説明し、そのことにより、成功できなかった女性が、社会的変化を求めるよりも、自らの内にその原因を見いだすようにしむけるやり方もある。

37) *See* RICHARD SOUTHERN, THE MAKING OF THE MIDDLE AGES 98-117 (1953) (封建社会における階層構造を描いている).

38) *See* Kennedy, *supra* note 10, at 1725.

39) *See* SOUTHERN, *supra* note 37, at 108 (社会の「おそろしく複雑な階層分化と細々したルールが」「あまりに多い自由の桎梏」と見なされるようになる前の時代を描いている).

40) 奴隷、女、子ども、そして時としては財産のない男はこの「すべて」の範疇から除外されていた。しばしば、彼らの除外は、当然のこととされたり、無視されたりしたが、中にはそれを正当化、あるいは否定、糾弾しようと苦労した著者もいた。*See, e. g.*, JOHN LOCKE, THE SECOND TREATISE OF GOVERNMENT 13-14 (J. Gough ed. 1952) (1st ed. London 1690) (奴隷についての正当化); *id.* at 30-44 (子どもについての正当化); JAMES FITZ-JAMES STEPHEN, LIBERTY, EQUALITY, FRATERNITY 188-210 (2d ed. 1874, 1967 printing) (女についての正当化) 参照。

41) 私は、この「福祉国家」という言葉をその狭い意味、すなわち、政府から福祉に欠ける人びとに、複雑で官僚的なプログラムを通して金銭を流すシステムを指す意味で用いて

いるのではない。ここでの福祉国家は，19世紀の自由市場に取って代わったマーケット・システムを指している。KARL POLANYI, THE GREAT TRANSFORMATION 223-36 (1944) 参照。

42) JEAN FLANDRIN, FAMILIES IN FORMER TIME 1-2 (1979) 参照。

43) 我々は，家族についての規制の多くを，国家というよりも教会が産み出したものであると考えがちである。確かにたとえばイギリスにおいては，19世紀まで，家族に関わるほとんどのことがらが教会裁判所において扱われてきた。そうは言っても，国家と教会が統合されていたため，封建社会においては，そうした区別はほとんど意味のないものであったろう。しかしながら，そうした区別が意味をなす範囲でいえることは，教会にではなく国家に由来する制限が，かなりの量に達していたということである。See EDWARD SHORTER, THE MAKING OF THE MODERN FAMILY 44-53 (1975).

44) See Majorie Schultz, *Contractual Ordering of Marriage: A New Model for State Policy*, 70 CALF. L. REV. 204, 280-86 (1982).

45) *See, e.g.*, Carey v. Population Servs. Int'l, 432 U. S. 678 (1977) (薬剤師以外の者による避妊具・避妊薬の頒布および避妊具・避妊薬の宣伝の禁止を無効と判示); Planned Parenthood v. Danforth, 428 U. S. 52 (1976) (妊娠中絶を規制する州の権限を制限); Roe v. Wade, 410 U. S. 113 (1973) (州による妊娠中絶禁止を無効と判示); Eisenstadt v. Baird, 405 U. S. 438 (1972) (州による非婚者に対する避妊具・避妊薬頒布禁止を無効と判示); Griswold v. Connecticut, 381 U. S. 479 (1965) (既婚者の避妊具・避妊薬の使用を禁止した州法を無効と判示). その他として，*see Developments in the Law—The Constitution and the Family*, 93 HARV. L. REV. 1156, 1296-1308 (1980) (生殖に関係する諸判例の概観); Note, *On Privacy: Constitutional Protection for Personal Liberty*, 48 N. Y. U. L. REV. 670, 719-31 (私的な性行動の州による介入の効力を争った判例の概観).

46) *See* Commonwealth v. Briggs, 33 Mass. 203 (法によって認められたのではない妻の別居を「法が擁護する」ことを避けるために，子どもの身柄を妻から夫に移すことを命じた); People ed rel. Brooks v. Brooks, 35 Barb. 85 (N. Y. App. Div. 1861) (妻が正当な理由なく別居したことを理由に，両親に子の後見人として平等の権利を定めた法律の適用を否定); Commonwealth *ex rel*. Myers v. Meyers, 18 Pa. C. 385 (1896) (裁判所の子の監護権に関する決定権を通じて妻の婚姻関係に関係する行動を制御する権限を奪ったとして，両親に子の後見人として平等の権利を認めた制定法を批判). ただし，子の監護権に関する法が，同居の継続を望まない夫婦の同居を継続させるために用いられてはならないとした判例もある (Allen v. Affleck, 10 Day 509 (N. Y. Ct. Common Pleas 1882)).

47) この間接的な規制は思想的な意味と実際上の効果をともに含んでいた。実際上の効果としては，一定の行動をした相手方に対して離婚請求を認めることによって，そうした種類の行動を抑制することが可能であった。このことは特に女性には重要な意味を持った。なぜならば，妻に対する離婚請求が認められた場合，離婚後扶養 (alimony) が認められない可能性があったからである。また，結婚の解消を望んでいる相手方を，どのような理由によるにせよ，婚姻関係に縛り付けておくことを望む配偶者にとっても同様であった。思想的には，ある種類の行動を離婚請求原因として認めることは，その行動に対する社会

的非難の表明としての意味を持った。たとえば虐待（cruelty）を離婚原因に加えたことは，夫の妻に対する懲戒権の明示的承認の取消という段階を越える，重要な1歩であった。

48) *See* Note, *Domestic Violence: Legislative and Judicial Remedies*, 2 HARV. WOMEN'S L. J. 167, 169–73 (1979). そうした立法の例として，see MASS. GEN. LAWS ANN. ch. 209 A (West Supp. 1983).

49) *See* People v. Cameron, 53 Cal. App. 3 d 786, 790–97, 126 Cal. Rptr. 44, 46–51 (1975).

50) Elizabeth Cady Stanton によるニュー・ヨーク州議会（1869）における演説（*Reprinted in* Feminism, *supra* note 32 at 113.）。

51) *See* 資本主義的な市場の「経済的合理性」が家族関係に侵入してきたことに対する批判として，CHRISTOPHER LASCH, HAVEN IN A HEARTLESS WORLD 36 (1977).

52) *See, e.g.*, Easton, *Feminism and the Contemporary Family*, 8 SOCIALIST REV., 11 (1978), *reprinted in* A HERITAGE OF HER OWN 555 (N. Cott & E. Peck eds. 1979); Taub & Schneider, *supra* note 7.

53) *See* Eadson, *supra* note 52, at 29–34, *reprinted in* Heritage, *supra* note 52, at 571–75.

54) こうしたタイプの家族の古典的な理解について，*see* LOUISA MAY ALCOTT, LITTLE WOMEN (1868).

55) *See* Roscoe Pound, *The End of Law as Developed in Juristic Thought* (pt. 2), 30 HARV. L. REV. 201, 203, 210 (1917)（法は，個人の自発的な行為から，権利，義務，責任を発生させる個人的自由のシステムへ向けて，漸進的に進歩しているとする理論を取り上げている）.

56) *See* Olsen, *supra* note 11.

57) *See* Nancy Scott, *supra* note 1, at 20–21.〔婚姻により〕妻の財産に対する権原（title）を夫へ移転させる標準的なコモン・ローのルールは，エクイティの裁判所によって修正され，その結果裕福な家系は，女の構成員に，継承的財産処分（settlement）〔（家産が世代を越えて家系内に留まり継承されることを目的とする財産の処分のこと）〕をすることが可能となった。しかしこの修正は，夫が妻の労務（service）を所有し，その賃金等の所得を所有するというルールには及ばなかった。*See* HOME CLARK, THE LAW OF DOMESTIC RELATIONS IN THE UNITED STATES §7. 1, at 219–21 (2d ed. 1988).

58) E.g., McGuire v. McGuire, 157 Neb. 226, 238, 59 N. W. 2d 336 (1953)（「家が維持され，当事者達が夫と妻として暮らしているということができれば，夫は法的に妻を扶養していると言うことは可能である。」）.

59) Lucy Stone は，女達の経済的依存性のゆえに，「あまりにもひどすぎる結婚関係の濫用」が蔓延していることを告発した。National Woman's Rights Convention (1855)で原稿の準備なく行われた Lucy Sone による演説, *reprinted in* FEMINISM, *supra* note 32, at 108.

　Jane Austen の小説は，結婚についての市場が存在することを踏まえた上で，その市場が愛と愛情の理念を堕落させることを防止するための倫理の確立を目指したものであっ

第 2 章　家族と市場　　55

た。(PRIDE AND PREJUDICE における Elizabeth Bennet と Jane Bennet や, EMMA の Jane Fairfax のように) 結婚によって社会的に前進した女達にはその資格があったのであり, (MANSFIELD PARK の Marcia Bertram や PRIDE AND PREJUDICE の Charlotte Lucas のように) 愛情のないまま財産のために結婚した女達は, 非難されたり, 哀れな存在として描かれている。*See* JANE AUSTEN, EMMA (London 1816); JANE AUSTEN, MANSFIELD PARK (London 1814); JANE AUSTEN, PRIDE AND PREJUDICE (London 1613).

60) 後追い理論が市場を家族のモデルと見なすのに対し, 相互対置理論は, 市場と家族が互いにモデルを提供しあっているとみる。家族が市場を批判する基盤を提供してきたというかぎりにおいて, 後追い理論それ自身は, 市場と家族の関係についてのわれわれの理解を不十分にしか把握していないといえる。

第3章 アメリカ法の変容とフェミニズム法学

　フェミニズム法学は，ポスト・コロニアル社会［政治的に植民地支配から脱したものの文化的にその影をひきずっている社会］一般のみならず，日本の社会が置かれている状況を理解するうえでも有意義でありうるような，西洋［近代］法に対する数々の批判（クリティーク）を提示してきた。このような比較類推が，単に大雑把な思考実験以上のものでありうることを理解するためには，我われが思考を伝達する際に用いている諸種のカテゴリーが，偶然性と暫定性に支配されたものであるという，ポストモダニズム的認識をもつことが有益である。ここでは，まず初めに，日本のポストモダン的理解へのフェミニズム法学の寄与可能性について，簡単に述べたい。その上で，1955年から95年（この時代のくくり方は，おおよそのものであるが）にかけて，アメリカ法に生じた諸種の変容のいくつかについて，語ることにしたい。これらの変容のある部分はフェミニズム法学によってもたらされたものであるとともに，またこれらの変容こそが，アメリカにおけるフェミニズム法学の，今日の姿に至る発展を可能にもしたと言える。私はこの物語のなかで，これらの変容をもたらした諸要因のなかにあって，思いもかけないできごとや，全くの偶然といったものが重要な役割を果たしてきたということを指摘したい。この物語のなかで重要な位置を占めているフェミニズム法学とその生成発展においても，偶然性や偶発的なできごととといったものが重要な役割を演じたことを，明らかにしたいと思う。

1　フェミニズム法学とポストモダン的理解

　西洋の近代自由主義は，族長支配体制や予定調和的世界観に基礎づけられた社会の共通目的の存在を拒否し，各市民間の平等と差異［個性］を尊重することを要求している。たとえば，全ての人間は倫理的に等しい地位を占めるというカント的道徳律に基づき，社会契約理念を再構築したことで注目されているジョン・ロールズは，法の普遍的適用を説き，法は，その権利と自由の保護を

全ての人に公平に及ぼすべきであると主張している[1]。またハリエット・テイラーやジョン・スチュワート・ミル[2]に始まり，合衆国最高裁判所陪席裁判官ルース・ベイダー・ギンズバーグ[3]に至る自由主義的フェミニスト (Liberal Feminist) たちは，さまざまな封建的ヒエラルヒーのほとんどが死滅した後も，長きにわたって性に基づくヒエラルヒーが残存してきたことを明らかにし，女性たちに平等な権利を与えるべきであるという議論を展開するうえで，近代自由主義の基礎にある諸前提を用いてきた。このような諸議論は，確かに，フェミニズムの展開のなかで大きな役割を果たしてきたといえる。しかしここで重要なのはフェミニズム法学が，こうしたリベラル・フェミニズムを越えたものであることであり，伝統的な諸価値の維持を願う保守派と，これに対する女性の諸権利の伸張を論じる自由主義者たちのあいだで闘わされてきた議論をはるかに越えた広がりをもったものであることである。

　キャロル・ペイトマン[4]やニコラ・レイシィ[5]ら数多くのフェミニストたちが，政治的コミュニティを支配する自由主義そのものや，個人権概念そのものに対して疑問を投げかけはじめている。「全ての諸個人に平等に与えられた諸権利」とか，うわべだけの均等な機会といった普遍主義者たちの諸原則は，その実際において，女性たち，あるいは人種その他の少数派の人びとを構造的に不利な状況に置く場合がある。たとえば，私が執筆したいくつかの論文で示したことであるが，家族制度と家庭内労働の構造のゆえに，女性たちは，経済的な諸資源や政治的な力に対して，男性たちとは決定的に異なった関係に置かれている[6]。また，キャサリン・マッキノンらによっても，女性たちの不平等，搾取，そして排除の歴史が，女性たちに対して同じ様な影響をもたらしたことが示されている[7]。形式的に平等な取扱いは，平等をもたらしはしないのである。リベラル・フェミニズムが，自由主義法体系の普遍主義の主張にもかかわらず，個々の法が，形式的な意味においてすら，女性たちを平等に扱っていないということを強調したのに対し，よりラディカルなフェミニストたちは，たとえそれが女性と男性の異なった扱いを意味することになり，実際にも扱いに差異が生じることになっても，実質的な平等こそが重要だと主張したのである。

　法以外の分野から法の分野に大きな影響を与えた理論家のひとりにキャロル・ギリガンがいる。彼女の研究が示したのは，倫理的推論に関する教育心理学の従来の研究においては，男性を対象とする研究が先行し，次にその成果を

女性研究に適用するというパターンが典型的であったために,女性は男性ほど成熟した倫理性を獲得できないと判断されてきたことであった[8]。彼女は女性を対象とする一連の研究を通して,倫理的推論についての「異なる声」という見解を導入することによって,しばしば女性たちに帰属させられ,価値的に低くみられてきた諸特性を,価値あるものとして再認識することを求めた。中でも,権利の倫理に対置された配慮の倫理,個人的諸権利の意識に対置された責任や共同体の意識の重要性を主張したのである。

ギリガンの理論に依拠しつつ,アメリカのフェミニストたちは,法と権利のあり方に対して日本の人びとのあいだで見られる批判のうちのいくつかと共鳴するような批判を展開してきた。形式的な法の諸準則と個人の諸権利の主張は,配慮,共同体,文脈,あるいは責任といった諸価値の重要性を看過してきたという批判である。こうした諸価値は,個人の権利を中心とした諸価値と同じように重要なものでありながら,アメリカの法はこれらを軽くあしらってきたことが明らかにされた[9]。憲法学者のケニス・カーストとともに,多くのフェミニストたちは,憲法や非公式的紛争解決といった法分野,「人びとの生活のさまざまな相違に盲目的である正義観念の限界」[10] を越えることのできるかもしれない法分野において,女性たちには独自の貢献が可能であると論じている。

2 反本質主義,脱植民地主義,脱近代主義

アンジェラ・ハリス[11] やキンバリ・クレンショウ[12] に代表される,有色の肌の女性たちは,こうした議論の多くが,全ての女性たちのあいだの同一性を暗黙の前提としており,その意味で,まさに白人フェミニストたち自身が批判してきたのと同種の普遍主義的諸前提に立ったものであることを指摘した。これと同じような議論が,第3世界のフェミニストたちから第1世界のフェミニストたちに向けて,また,アジアの日本ほど豊かでない国のフェミニストたちから日本のフェミニストたちに向けてなされもした[13]。まさにシモーヌ・ド・ボーボワールが『第二の性』[14] で摘示したように,人は女に生まれるのではなく女になるのであり,社会的構築物である女性のアイデンティティーは,それぞれの経済的,人種的,あるいは民族的背景に起因する異なった経験に基礎づけられて構築される,それぞれに相異なったものなのである。単に女性で

あるという理由で，全ての女性によって共有される，単一の，または本質的な経験といったものは存在しないのである。

　こうした洞察は，植民地主義時代の帝国主義が，西洋世界の法の優位を維持するために，他の法文化を一列に序列化して観念したことを指摘するポスト・コロニアリズムの理論の理解に有益である15)。この理論は，進歩した西洋的な法観念に対する，原始的，あるいは東洋的な法観念という図式の存在を摘示している。すなわち，アメリカ人たちは，彼らの既存概念やステレオタイプに当てはまる日本の部分を，「日本的」と見，日本人たちもまたその既存概念やステレオタイプに当てはまるアメリカの部分を「アメリカ的」なものとみてしまいがちなものである。しかしながら，植民地支配に対する抵抗の戦いは，その国民文化の「独自性」を別なものに規定しなおそうとすることに対して絶えず異議を唱え続けてきた，脱植民地主義 (decolonization) の営みに根ざしたものであるべきだと思われる。なぜなら，そうでなければ，東洋の声を否定することによって西洋に特権的地位を与えた，近代の権威主義的語り口 (master narrative) を復活させるという危険を冒すことになるからである。

　この反本質主義はポストモダニズム的理解に深く関係している。個人のアイデンティティーは所与のものではなく歴史的に規定されたものであり，社会の諸種の力の産物であるとともに，独立の行為主体たる個人の内面の営みの産物でもあるのである。個々人のアイデンティティーに貼られたラベルは，押しつけられるものであると同時に反発されるものであり，部分的に拒否されると同時に部分的に内面化される。個々人のアイデンティティーは，交渉されるもの，すなわち他の諸個人や人間集団とのやりとりを通じて，そのかたちを変化させていくものなのである。法の主体というものは，それ自体が常に再定義と抵抗と変容の可能性にさらされている，不断の区別化の過程で営まれる，多面的な同視化作業を通して形成されるのである。

　日本は，高度に発達した経済と文化をもつ東洋の国として，1つのヒエラルヒーの頂点に立つと同時に別のヒエラルヒーの底辺にいるという意味で，いわばアメリカ合衆国における白人女性に類似する，ハイブリッド的位置に置かれているといえるかもしれない16)。日本の歴史と経験は，その人びとにユニークな感性と文化を育ててきたと思われる。しかし，「経験に由来する［ところの語る］資格」は，日本人であることの本質は何かという，本質主義的な考えに

基礎づけられる必要はないのである。日本人であることに何らかの本質的な要素があるはずだという考えを否定することと，西洋に対する抵抗と適応の経験を通して，固有なものとして日本人のアイデンティティーが形成されてきたという認識をもつこととは矛盾しない。本質主義の批判を経由してもなお，文化的諸状況の多様性を肯定することはできるのである。そうでないとしたら，すなわちもしこうした多様性が無視されるとしたら，日本人は，単なる愛国主義者か欧米追随主義者か，あるいは保守主義者か自由主義者かといった単なる2つのカテゴリーのいずれかに分類されざるをえなくなってしまうであろう。

3 1955年—95年のアメリカ法の変容の概観

1955年から95年にかけて，アメリカ法は，現存秩序の既得権益（status quo）を支持する，あまり重要ではない存在から，社会改革への努力や既得権益の削減への動きの入り交じった，複雑な複合物，言いかえれば，確立された既存の営みを揺さぶる要素と，そうした営みを安定化させようとする要素，あるいはより急進的な変化を促進しようとする要素とこれを押さえ込もうとする要素から構成される，複雑な存在へと変化した。そして実体法レベルのそうした変化とともに，アメリカ法学もまた，相当程度に退屈であった中道派の自由主義的法リアリズムから，活気に満ちた知的な闘争の場へと変化していった。このような変化のなかで展開された，最も評価されるべき社会改革運動のいくつかは，女性の役割とその地位に関わるものであり，こうした変容に関わった知的な貢献のなかで私が最も興味を覚えるのは，本章の最終的なテーマであるフェミニズム法学である。

アメリカ法の変容は，多くの次元において展開された。第1に，司法積極主義のあり方において重要な変化が生じた。1950年代までは一般的に保守的役割を演じていた裁判所が，個々人の人権，とりわけ貧しい人びとや少数派の人びとの人権を実質化するうえで指導的役割を演じる主体として，理解されはじめるようになっていった。

第2に，法はいくつかの分野において実体的にも重大な変容を遂げた。法に直接的基礎をおいた人種に基づく分離は，1950年代半ばから消滅に向かった。私人による差別についても，ホテルやレストランといった公衆に開かれた施設

における差別や，雇用，教育における差別は，多かれ少なかれ，1965年以降違法なものとなった[17]。1970年代中頃から80年代後半にかけて，セクシャル・ハラスメントは，女性たち個々人の私的な問題から，差別を禁止した制定法に違反する違法な行為として理解されるようになり，訴訟を通して損害賠償その他の法的救済が与えられるようになった。婚姻関係の存在を理由に強姦罪の適用を否定する法理は，1980年代から90年代にかけて廃止され[18]，また同じ時期に，州は次々に，レイプ事件の被害者に対して，当該被害者が他の人びととどのような性的関係をもったことがあるかについて，法廷で反対尋問をすることを禁止する立法を制定した[19]。また，ドメスティック・ヴァイオレンスについても，1970年代までは単に離婚原因でしかなかったものが，防止することが法的に可能な犯罪として理解されるようになり，肉体的虐待を受けたり，そうした危険に脅かされている犠牲者たちに，差止命令による救済が与えられる機会が増大した[20]。こうした実定法レベルの変化は，人びとによる政治的活動，法理論，そしてそれ以外のさまざまな営みが複雑に作用しあった結果生じたものである。

このような法改革が進むにしたがって，法に対する態度も変化していった。まず初めに，法は現状を維持するための力であるという理解に代わって，法は社会改革のための手段であるという理解が生まれた。そしてより最近では，多くの理論家たちが，法を，単に社会をいじくり回すための道具としてよりも，社会そのものの正体を明らかにするうえで有意義な研究対象であるところの，複雑な社会的営みとして捉えるようになってきた。

過去40余年のあいだ，アメリカにおける法学研究と法律専門家集団の構成は多くの変化を経験した。法分野への名目的な数値を越えた数の女性たちの参入と，そしてとりわけこれらの女性たちによって担われたフェミニズム法学の発展は，そうした諸変化をもたらした重要な要因のひとつである。現在，アメリカのほとんど全てのロー・スクールで，もちろん主流のロー・スクールも含め，「女性と法」もしくはフェミニズム法学を主題とする授業科目が，最低でも必ず1つは開講されている。毎年複数の関係科目が教授されているロー・スクールも少なくない。こうした発展の諸要因を明らかするとともに，この発展がもたらした成果を見てゆくことが，ここでの私の話の主題である。

4 ブラウン対教育委員会判決——社会改革の道具としての法

1955年という年は，アメリカ合衆国において，有名な黒白別学を違憲と判示した合衆国最高裁判所判決，ブラウン対教育委員会判決[21]の影響を受けた学生たちが，ロー・スクールに入学しはじめた年である。この判決が世に放った強力なメッセージのひとつは，法による社会改革の実現の可能性だった。特に私たちの世代，すなわち，ブラウン判決が下されたときは小学生であり，その後市民的権利獲得運動（Civil Rights Movement）やベトナム反戦運動が，大きな社会運動としての盛り上がりをみせた時代に，高校生活や大学生活を送った私たちの世代は，この判決によってロー・スクールに惹きつけられたのであった。

ブラウン判決の影響力の大きさを理解するためには，1950年代初頭という時代が，アメリカにおいて超保守主義が跋扈した時代であったことを想起することが必要である。この時代はマッカーシズムが猛威を振るっていた時代であり，反共産主義が時を支配していた。多くの進歩的なアメリカ人はどのようなテーマについてであれ，その発言を控え，そうした発言をした人びとの多くは，冷戦時代の赤狩りによって，その社会的生命を破滅させられた。それは人びとが，その信条のゆえに，職を解かれたり，ブラックリストに載せられたりするという時代であり，社会の大多数の人びとは，飼い慣らされ，従順であり，そうでない人びとはしばしば高い対価を支払わされた[22]。

日本でも広く紹介されてきたように，合衆国最高裁判所は，1896年のプレッシー対ファーガソン判決[23]で人種分離政策の合憲性を確認した。同判決は，人種別に異なった設備を設けたとしても憲法上問題がないこと，そして，黒人たちがこうした人種分離をその置かれた地位の劣等性のしるしであると捉えたとしても，それら彼らの問題にすぎないと判示したのである。そのうえ裁判所は，白人たちに提供されている設備にあらゆる面において明らかに劣っている黒人向けの設備が，白人のそれと「等しい」ものであるという主張を受け入れたのであった。こうして，「分離すれども平等（separate but equal）」原則の下に，憲法上の正当性を付与された人種分離政策は，その後も長きにわたって，アメリカ，特に南部において，学校教育をはじめ，全ての公共的施設において，黒人を白人から隔離しつづけることになった。この「分離すれども平等」原則

を覆したブラウン対教育委員会判決は，有色人種地位向上全国協会（National Association for Advancement of Colored People, NAACP）が，アメリカ法史上稀にみる，長期展望と周到に準備された巧みな訴訟戦略に基づいて展開した，一連の訴訟事件における勝利の蓄積のうえに獲得されたものであった[24]。彼らは，ブラウン判決の前に，たとえば，ロー・スクール入学能力を備えた黒人学生のために，州立ロー・スクールへの入学を求めて訴訟を提起した。州立ロー・スクールがその他に存在しない以上，プレッシー対ファーガソン判決の「分離すれども平等」原則の下でも，州が入学拒否を正当化することは困難であろうと考えられたからである。このように，NAACP は，最も裁判所の同情を引きやすい，勝利することが最も容易と思われる事件から始めて，勝利判決を１つひとつ積み重ね，漸次より困難なケースに迫るという手法，すなわち，裁判所に１歩ずつ前に踏み出すことを要求していくという戦略をとったのである。こうした訴訟を通じた社会改革戦略の勝利は，保守的・反動的空気が社会全体を支配するマッカーシズム時代のまっただ中にあって獲得されたものであっただけに，政治的に進歩的な人びとやそうした社会グループに，社会的改革を実現するための諸努力の一環として，裁判所を活用することの可能性を強く印象づけたのであった。

　このことは，多くの意味において，過去からの大いなる訣別であった。なぜならば，それまで裁判所は一般に，社会的変化の敵対者であり，立法による社会改革の潜在的障害物であると見なされてきたからである。フランクリン D. ルーズベルト大統領が，最高裁の裁判官の数を９人から 15 人に増やし，彼の社会・経済政策に同調的な裁判官を増やすという，いわゆるコート・パッキングを実行するぞとの脅かしをかけるまで，最高裁が，ルーズベルトが大恐慌に対処するために打ち出したニュー・ディール政策諸立法の重要部分につき，違憲判決を重ねたことは，日本でもよく知られているところであろう。実際，これに遡る何十年かのあいだ，多くの裁判所がデュー・プロセス条項を用いて，持てる層の諸利益を保護し，立法を通じて試みられた経済改革の諸努力のうちの，最も重要な部分を無にさせてきた。この時代にみられた「司法積極主義」は，社会の富裕層を守るものであった。すなわち，財産所有者たちにその社会的義務を引き受けさせることを要求する，あるいは，財産の所有を通して彼らが行使していた，労働者に対する支配力に一定の制限を設けることになる，福

祉国家的手段やその他の民主主義的改革を，彼らほど富裕ではない人びとが，立法により採用するのを阻止するための司法積極主義だったのである[25]。

ブラウン判決は，新たなかたちの「司法積極主義」の始まりを告げる判決であった。当時の首席裁判官アール・ウォーレンにちなんでウォーレン・コートの名で呼ばれるこの時代の合衆国最高裁判所は，人種のうえでの少数者，貧困者，その他相対的に社会的に力の弱い市民たちの人権を保護する方向での憲法解釈を展開していった。司法部におけるこうした変化は，社会改革に積極的な人びとが，法というものに真剣に取り組むことを促すことになった。またこの変化は，アイデンティティー・ポリティクスの興隆と，マルクス主義の衰退，および，法は上部構造に過ぎず相対的にその重要度は低いとするマルクス主義的法理解の衰退といった変化とも，相互に関係している。

5　ブラウン対教育委員会判決がロー・スクールに及ぼした影響

法が社会改革に役立つ手段として人びとに理解されるようになると，社会改革に関心をもつ人びとがより多くロー・スクールへ入学するようになった。こうした傾向は，この時代にその数を増しはじめた，ロー・スクールへの女性入学者たちのあいだで特に顕著であった。

ほとんどのヨーロッパの国々と異なり，そしてその他の世界中の多くの国々と異なって，アメリカにおける法学教育は，学部レベルの教育ではなくて大学院レベルの教育である。したがってアメリカの法学生は一般に，4年間の学部レベルの教育を終了しており，法学教育が学部レベルで行われる国々の学生たちより数歳年上である。このため，自分が将来どのような生き方をしたいかということについて，よりはっきりとした考えをもっているといえるかもしれない。また，アメリカではロー・スクールで教育を受けた学生のほとんどが，いく通りかの種類はあるにせよ，法曹となるということもあるだろう。

もちろん，ブラウン判決と同判決が法という分野に約束したその革新的役割の可能性に影響されて，ロー・スクールへ入学した男子生徒の数は，そうした女子学生の数に劣ることはなかった。しかし，女子生徒全体に占めるそうした学生の割合，すなわち社会改革を人生の主題と考える学生の割合は，男子生徒全体に占めるそうした男子生徒の割合よりはるかに高かった。1960年代にお

いて，女性たちの多くは，女性であることに関する諸問題よりも，黒人たちの市民的権利の獲得や，平和運動をその主たる関心事としていた。

女子学生の数が極めて少なかった1960年代，彼女たちは可能なかぎりロー・スクールに適合しようとするほかなかった。私がロー・スクールに入学したのは1968年であったが，在籍の女子学生はまだほんの少数派にすぎず，男性たちの多くは女子学生たちを，歓迎されない侵入者として見ていた。こうした男たちは，女は知性の面では法学教育に不適であり，感性の面では法実務に不適であると主張したり，あるいは，女性たちは金持ちの夫を見つけるためにロー・スクールに来ているのだとか，法実務に就く代わりにどのみち結婚してしまうのだとか，どうせ女性たちは良い仕事には就けないのだから，高等教育は所詮無駄なことだとか言ったりしていたのであった。

こうした状況下にあっては，ほとんどの女子学生たちが，自分たちと男子学生との差異を重視しなかったことは驚くに値しない。そのうえ，実際，女子学生たちが否定しようとしていた男女の差異のほとんどは，単なる統計学的な差異にすぎないような，全ての女性に当てはまるわけでない差異，あるいは実際には存在しない差異だった。男たちのなかには，女たちは劣性であるという特異な考えを抱いている者もいた。また，多くの男たちが，女はみな本質的に同じであると信じているようでもあった。確かに女たちのなかには女性らしさに欠ける女が少しはいるものの，女性には女性的本質があるのだという理解が，多くの男たちのこうした考え方を支えていた。ロー・スクールの女性たちは，しばしば自分たちはその例外であるということを示すことによって，本質的に女性的なるものがあるという考えに挑戦したのであった。

6　フェミニスト的反本質主義と両性間の平等のための法の起源

女性は女に生まれるのではなく女になるのであるとのシモーヌ・ド・ボーボワールの主張にはすでに触れた[26]。女性らしさは，自然によるのでも，生物学的なものでのないという事実は，アメリカのフェミニズムにおいて重要な役割を演じた。アメリカにも存在した，女に家庭的であることを強いてきた抑圧のゆえに，1970年代に展開した女性解放運動は，女性としての役割の拒絶や，女性らしさとされてきた多くの特性，――他者の感情や幸福への配慮，［特定の

成果の達成よりも] 他者との関わりにおける人間関係を重視する性向, 個人的権利や抽象的推論への関心の少なさといった諸特性——は, 女性に対する洗脳や抑圧の結果であると主張する方向へと向かっていった。女は男たちと同じように自己利益中心的になれるし, またそうなるべきだという主張である[27]。また, 男は多くの相手と性を謳歌することが許され, 女は貞淑であらねばならないとする, 性道徳のダブルスタンダードからの抑圧と, セクシュアリティ（性的特性）は, 単に自然なものではなく, 社会的につくられたものであるという認識は, 男性は性交によって何かを獲得し, 女性は反対に何かを喪うという考え方を否定するために, 女性たちをして,「性革命（sex revolution）」を支持させるに至った。女たちは男たちと同じように性を楽しむことができるべきだというわけである[28]。こうした運動は, 後に, 女が「男になろうとしただけ」と見なす人びとが現れはしたが, 初期の女子学生たちがロー・スクールの男性的規範に同化しようと努めたことがそうであったように, 前進に向けての貴重な1歩であった。

　市民的諸権利獲得運動の高まりのなかで, 1964年から65年にかけて, 雇用や公共的施設, 学校などにおける人種に基づく差別を禁止するためのCivil Rights Act（市民的権利に関する法律）が起草され, 法律案が練られていく過程において, この法案の支持者たちのほとんどは, 性による差別を立法の対象とすることを望んではいなかったことを想起されたい。「人種, 皮膚の色, 宗教, または出身国」に基づく差別を禁じた当初の法律案には, 性やジェンダーへの言及はなく, 委員会レベルの公聴会の後, 2日以内に本会議での議決がまさになされんとしていた時, この立法に強く反対する議員が,「人種, 皮膚の色, 宗教, 出身国」のリストに「性（sex）」を追加する修正案を提出したのであった。この修正案提出の真意は, 同立法の成立を阻むことにあった, と思われる。すなわち, 反対派は, この法案の支持者たちの多くは, 性による差別の営みをあきらめるぐらいなら, 人種差別を禁ずる立法の成立をあきらめるであろうと踏んでいたために, こうしたことが起こったと推察される[29]。この推察が正しいものだとすれば, この計画はまさに裏目にでたといえる。法案は性差別の禁止を盛り込む修正を経て議会を通過し, 性差別を禁止したこれらの規定は, やがて現実に強制されるようになり, アメリカ合衆国におけるセクシャル・ハラスメント法の基礎を提供することにもなったからである[30]。

性差別を禁止する法が実際に適用されるようになるには，5, 6 年の歳月が必要であった[31]。しかしひとたび変化が始まると，それは早く進んでいった。人びとの意識が変化することに貢献したのは，フェミニズム法学の分野での最初の重要な理論家のひとりであり，合衆国最高裁判所裁判官に任命された最初のフェミニストでもある，ルース・ベイダー・ギンズバーグであった[32]。彼女は，人種隔離を消滅させるためにNAACPが採用したのと同じようなかたちで，訴訟による社会改革作戦を実行しようとした。彼女の最初の，そして最も成功した一連の訴訟事件は，男性たちを代表するかたちの訴訟事件であった。彼女は，女性たちを男性たちとは異なった扱いをしている法分野を選び，この異なった取扱いによって不利益を被っている男性を探した[33]。裁判官たちは，男性と自分たちを同一化するため，女性たちが被害を受けているときより男性たちが被害を受けている場合に，被害の存在に気づくことが多いからである。ギンズバーグの展開した訴訟は，形式的平等（formal equality）についての法理論の発展に大いに寄与した。彼女のやり方に対しては，こうしたアプローチは，その第1次的利益を男たちに与えるものかもしれないというフェミニストたちからの批判もなされた。確かに，たとえばオランダでなされたある研究では，男たちは社会福祉制度から常に女たちよりより多くの利益を得てきたが，この制度に形式的平等を取り入れた結果，男たちはより多くのシェアを獲得したことが示されている[34]。

1975 年になると，女性が提起する差別訴訟が一般に広く見かけられるようになった[35]。多くの雇用者が，女性たちを雇用し，昇進させるようにもなった。そして雇用者側は，女性の就職や昇進を阻む際，それは彼女の性別と関係があるということを認めなくなっていった。

7 セクシャル・ハラスメント法——平等の拡大

セクシャル・ハラスメントについての法の発展も，形式的平等論の観点から興味ある疑問を提起した。セクシャル・ハラスメントの典型的なケースは，女性が上司の性的な誘いをはねつけたために解雇されるというものである。ほとんどの女性たちの目には，男の上司が女の部下に性的な誘いをかけ，その拒絶に対して解雇で応酬するという上司の行為は，明らかに彼女に対してなされた

性に基づく差別であると映った。[なぜなら，彼女が男性であったら起きえない解雇であったからである。]しかしながら，1970年代から80年代までの時期，連邦地方裁判所の驚くほど多くの裁判官たちにとって，セクシャル・ハラスメントが性に基づく差別の一形態に当たるということは，それほど明白なことではなかった。裁判官たちは，こうしたケースでの上司の行為を，まずいやり方であるとは思ったものの，彼らは肘鉄を食らった不運な上司の狼狽の方に，自分たちを同一化したのだった。裁判官たちはこれは私的なできごとであって，違法な差別ではないと判示した[36]。しかし数年のうちに，ほとんどの連邦控訴裁判所が，こうした地方裁判所の判断を覆して，原告側の訴えを認めるようになっていった。1980年代半ばになって，合衆国最高裁がこの問題に対する判断を引き受けた時，フェミニストたちの多くは固唾をのんでその成り行きを注視し，最高裁が，セクシャル・ハラスメントについて下級審が発展させた法への支持を表明した時，ほっとその胸をなで下ろしたのであった[37]。

　キャサリン・マッキノンは，法以外のフェミニズムの世界に，フェミニスト法理論への興味と知識を広げるうえで最も影響力のあった理論家であるが，彼女の展開した形式平等論批判は，セクシャル・ハラスメントを訴訟原因として認知させる［そういう訴えが訴えとしてそもそも成立しうるものであることを認めさせる］ことに大いに貢献した。形式的平等論に代わるものとして彼女が提示したのは，一般に「支配フェミニズム（dominance feminism）」［構造的支配を問題とするフェミニズム］と呼ばれる理論で，女性の実質的平等を要求する主張である。この意味において，彼女の提唱する理論は，形式的平等論者たちの単純な反本質主義（anti-essentialism）［女性は本質的に男性と異なるという本質主義を否定する考え方］を，これは［不平等の現実を無視して］「女は男と平等であるというふりをしよう」[38]と唱えることと同じであるとして拒否する考え方である。彼女はまた，女性のセクシュアリティこそが，女性たちの隷属の基盤となっていると論じ，セクシュアリティそのものに関する批判を展開した[39]。彼女はまたこの議論からの派生として，ポルノグラフィーは女性を隷属させるものであると論じ，これに対する攻撃を展開するに至った[40]。彼女の見解は，性道徳に関するダブルスタンダードは，そう強く願いさえすれば消滅すると信じていたかに見える，性革命の支持者たちの行き過ぎた楽天主義に対する重要な解毒剤として作用したといえよう。果たして性の解放が本当に女たちに自由

をもたらすものなのか,それとも単に男たちによる女たちの搾取の自由を増大させるにすぎないものなのかをめぐって,フェミニストたちの議論は続いている。

確かに本質主義的な理解の否定は,前進のための貴重な第1歩であった。しかしこれに続く次の1歩は,性差についての再度の主張,すなわちある種の本質論を基礎とするものであった。マッキノンの仕事が,いわば,性革命の「荒削りの非本質主義」に対する解毒剤であったように,キャロル・ギリガンの仕事は,ウーマンリブの反家庭主義や反女性主義の「荒削りの非本質主義」に対する解毒剤として作用したのである[41]。男たちが家庭の仕事にもっと興味を示してくれるように願い,あるいは女にとって重要であるとされてきた諸価値に無頓着であるかのように振る舞うといったことだけでは,諸価値の体系を再構築することはできなかったのである。[以上のような意味で]ギリガンとマッキノンは,2人とも本質主義に立っているといえよう。

8 ロー・スクールにおけるフェミニズムの影響

1970年代に入りロー・スクールにおける女子学生の数が増加するにしたがって,女たちは,ロー・スクールにおける教育が,彼女たちが特に重要であると考える法的諸問題の多くを無視していることを意識化することができるだけの力を得るようになった。強姦罪は刑法の授業でかなり不十分な扱いしか受けておらず,憲法の授業では,基本的人権に関する教育は少なく,差別を受けないという女性の権利については一般にほとんど何も教えられていなかった。家族法の授業では,ドメスティック・ヴァイオレンスの問題は無視され,女性というグループ全体にとって不利益となるような契約法上の法理が教授される場合でも,その有効性は当然のこととされ,これに対する分析や批判が扱われることはなかった[42]。

前に述べたように,ブラウン対教育委員会判決に触発されてロー・スクールに入学するようになった初期の頃の女性たちは,黒人たちの市民的権利獲得運動や平和運動関係の事柄をその主たる関心事としていた。しかし1970年代に入ると,女性たちのために,両性間の平等を実現するために法律家になりたいと志してロー・スクールに入学してくる女子学生の数は年々増加していった。

ロー・スクールにおける女生徒の数が増加の一途をたどるなかで，女性たちは，彼女たちが志している仕事に必要と思われる教育を，ロー・スクールが提供してくれていないと感じた時，これに異議申し立てをすることができる立場を［その数と——ロー・スクールは実践的教育を目的とする専門家養成期間であるので——その志のゆえに］獲得していた。そして実際にもそうしたのであった。そのうえ，女性たちのロー・スクールへの入学が一般受けするようになる以前にロー・スクールへの入学を選択したこれらの女性たちは，とてもモティベーションが高く，政治的意識も高い傾向にあった。そして，自分たちの希望がはねつけられた時，彼女たちは伝統的に分類された各専門分野を横断する，「女性と法」といった，非公式の授業や勉強会を自分らで組織した。このようにして，女子学生たちは，はじめはあの学校で，次にこの学校でというように，こうした内容の授業が，ロー・スクールの正規の科目に取り入れられることを実現していった。女子学生たちに同情的な教授が，形式上その科目の教授となることを承知し，実質上は女子学生たちが相互に教えあっていたというのが，多くの場合の実態であった。

　ほとんどの男性の教授たちはこうした授業を教えることを躊躇したので，こうした新たな講座の開講は，学校側に，女性の教授を雇う方向への圧力となって作用した。女性たちはここでも，アメリカにおける法学教育のあり方という幸運な偶然に助けられたのであった。

　先に触れたように，アメリカの法学教育は大学院レベルであり，そのほとんどが大学の一部である専門家養成機関（professional school）で教えられている。アメリカの主要なロー・スクールは，そのうえのレベルの学位，すなわち法学修士（LL. M.），法学博士（S. J. D.）の学位取得のためのプログラムをもっているが，こうした学位は，アメリカで法を教えるために必要とはされていない。法実務家になるために必要とされる，ロー・スクール3年の課程の終了者に与えられる学位である法学士（J. D., 1970 年代までは LL. B.）があれば，法を教えるための資格を充たすことができる。このことはつまり，法を教授するために必要な形式的要件を備えた女性の数も多いことを意味したわけで，教鞭を執るにたる資格を備えた女性を見つけることができないという言いわけは通用しがたかったのである。

　アメリカでは，ロー・スクールの教授たちは，卒業後5年ほどしてからこの

仕事に就くのが平均的である。したがって，ロー・スクールへ入学する女子学生数の増加は，相当な速度で，ロー・スクールの教授たちが選任される母体となる社会集団の数の変化につながっている。ロー・スクールの女子学生の割合が30％に達した時点で，教鞭を執る資格をもった集団における女性たちの割合は20～25％になっていた。現在では，ほとんどのロー・スクールの女子学生の割合は約50％に達しており，教授予備軍の女性の割合は30～40％にのぼっている。ここで同じように大事なことは，ほとんどのロー・スクールの教員がリクルートされるところのエリート・ロー・スクールの女子学生数もまた，そうでないロー・スクールでの数と同じような早さで増加したということである。

9 ロー・スクールと法理論

これとは対照的に，ドイツでは，女子学生の数は30％，場合によっては50％近くの数字に達するになって久しいにもかかわらず，女性教員が全くいない大学が数多くあり，男性教員たちは，別に女性を差別しているわけではないと言い続けることができる。なぜなら，法学教育の教職に就く資格を充たした女性たちの数が少ないからである。ドイツでは，一般に，有資格者とは，法学の最初の学位に加えて，2つの学位，すなわち博士号と教授資格を備えていることを意味する。ここで要求される知的訓練は，法学部で法を教える以外にはほとんど役に立たないような性格のものなので，女性がこの道に入るために要求されるのは，自分が準備作業をしている職を得る機会はあると信じることができるようになる何年も前に，そうした長期間の知的訓練に身を委ねることを決意するということなのである。女性たちは，教授たちが大学院生を受け入れる際，2段階にわたって，ふるいにかけられてしまうことが可能であり，実際にそうなってもいる。なぜなら，この段階で教授たちが行使することが可能な裁量権の幅は広く，その際に偏見に基づいた決定がなされても，これに対して不服を申し立てる機会も，この決定が再審査を受ける可能性もないからである。博士課程に進学が認められる女子学生の数は男子学生の数よりはるかに少なく，教授資格請求論文（Habilitation）を書くことが許される女性の数はそれよりさらに少ないのである（これまでのところフェミニズム法学について論

文を書いた女性は存在しない[43]）。ドイツにおけるフェミニストの仕事のほとんどは社会学の教授たちによってなされており，法律実務家でこうした主題につき書いている人もいるが，そうした仕事には，ほとんど専門的評価は与えられていない[44]）。

　アメリカ合衆国におけるフェミニズム法学理論のほとんどは，ロー・スクール教授たちによって書かれたものである[45]）。確かにルース・ベイダー・ギンズバーグやキャサリン・マッキノンは，弁護士実務に就いているあいだに，彼女たちの最良の仕事のうちのいくつかを発表したが，アメリカのフェミニズム法学のほとんどの諸理論は，それ以外の分野の理論と同じように，研究者たちによって発展させられてきた。各種の法律雑誌は，当初はフェミニストの論文を掲載することに消極的であったが，いったん掲載が始まると，変化は急速に進展した。

　1983年に『ハーヴァード・ロー・レビュー』は，初めてフェミニズムの論文をその主要論文のひとつとして掲載した。この論文は，実は私の手になるものであったが，公と私の二分論の丹念な批判的研究を通して，フェミニズム法学の法哲学的意義は，一般に思われているよりはるかに広範であることを示そうとするものであった[46]）。この論文はまた，家族法の法哲学的意味を示し，この分野を重要な研究分野と変化させるとともに，この分野をフェミニズム法理論の中心部分としようと試みるものであった。この論文は，フェミニズム法学の分野を越えた多くの法分野の研究で引用される最初のフェミニズム法学の論文になり，「最も頻繁に引用される」文献リスト[47]）に載った最初のフェミニズム法学的研究ともなった。アメリカ法に存在するヒエラルヒー状況のゆえ，ひとたびハーヴァードがフェミニストの論文を掲載するや，他の法律雑誌がフェミニズム関係の論文掲載に好意的になったことは自然なことであった[48]）。

10　法理論と政治的運動

　1983年に私は，CLS（Critical Legal Studies，批判派法学）のなかに，Fem-Critsと呼ばれるフェミニズムの分科会を発足させた。このことは，CLSのなかにおけるフェミニストの存在感と影響力を高めるうえで効果があった。このやり方は，Critical Race Theorist（批判的人種理論の論者）たちを刺激し，

彼らもまた1987年にCLSの分派を形成するようになった。その年に開催されたCLS総会では，人種が中心テーマとして取り上げられ，批判派法学の視点から人種問題を扱う学者たちが一堂に会する初めての機会が提供され，この会議の際，CLSの総会に合わせて批判派人種理論の会合を定期的に開催する計画が立てられたのであった。1995年3月にワシントンD.C.で開催された最近のCLSの総会は，「批判法学会議の諸ネットワークのための会議……」と題され，社会階層，人種，ジェンダー，性的志向（sex orientation）それぞれのテーマに焦点が当てられた。

　フェミニズム法学は進化を続けている。たとえば，最初の少数派人種のフェミニズム法学の研究を著したキンバリ・クレンショウは，市民的諸権利獲得運動における性差別を，そしてフェミニスト運動における人種差別を，有効に批判する交差の理論を展開している。クレンショウによれば，黒人の女性は，人種と性の交差地点に立つことによって，人種的，そして性的隷属を終わらせるために，特異な地位を占めている。

　メアリ・ジョー・フルーグとドゥルーシラ・コーネルは，ポストモダニズムをフェミニズム法学に導入した[49]。コーネルはまた，「倫理的フェミニズム（ethical feminism）」という観念を展開している。これらの仕事は，法学以外の分野から法分野に大きな影響を与えたもうひとりの理論家ジューディス・バトラーにその多くを負っている。彼女は，性とジェンダーの区別によって，性は自然で生物学的なものであるという観念がいかに強化されてしまっているかを示し，ジェンダーがそうであるように，性もまた社会的に構築されたものであると論じ，ジェンダー概念を再びラディカルなものにした[50]。また，性的志向や本質主義に焦点を当てた研究が，最新の重要な法理論研究として登場してきてもいる。

11　結　語

　これからのアメリカの法理論は，次にどこへ向うのであろうか。このことを考えるに際して，ブラウン対教育委員会判決についての話に立ち戻ってみることが大切である。本章の前半でブラウン対教育委員会判決について述べたとき，私はNAACPの巧妙な訴訟作戦の重要性や，この判決が与えた革新的な影響

の重要性を強調した。しかしながら，この判決は，冷戦下のアメリカの利益に資するものでもあったということも，これらと同じく確かなことである。なぜなら，人種分離の存在は，世界のなかでのアメリカの評判を傷つけることによって，ソビエトとの競争を不利にしたからである。

いまや冷戦も終わり，人種差別はアメリカに舞い戻りつつある。それは「色盲（color-blind）」[51] の憲法や積極的差別是正措置（affirmative action）への反対といった名のもとに，社会的に容認されやすくなってきている。ここで皆さんにお伝えしたかったのは，知的レベルの思考と政治的変化は密接に関係しあっているのであり，この関係は，しばしば理解されているよりもっと複雑で，さまざまな次元への広がりをもったものだ，ということなのである。

訳 注
＊本章のもとになったのは，1997年7月3日に東京大学大学院法学政治学研究科附属比較法政国際センターで開催されたセミナーにおける講演である。翻訳にあたっては，学習院大学法学部の紙谷雅子教授にご助言を頂いたほか，注で引用された著書の翻訳書についてもご教示を受けた。なお同教授の論考「ジェンダーと法理論」『法とジェンダー』（高橋和之編，1997年，岩波書店）では，アメリカ合衆国におけるフェミニズム法学について広く紹介がされている。

1) *See* JOHN RAWLS, POLITICAL LIBERALISM 133-58 (1993); *see also* JOHN RAWLS, A THEORY OF JUSTICE 195-257 (1971). ［同書の翻訳として，矢島鈞次監訳『正義論』(1979) がある。］
2) *See in particular*, HARRIET TAYLOR & JOHN STUART MILL, THE SUBJECT OF WOMEN (1969). ［同書の翻訳としては大内兵衛・大内節子訳『女性の解放』(1957, 岩波書店) がある。］
3) ギンズバーグ裁判官とその業績については後述する。
4) Carol Pateman は政治理論の研究者であり，イギリス人であるが，長いあいだオーストラリアで研究教育に従事。現在は，UCLA の政治学教授。フェミニズム法学との関係でよく知られている彼女の著作は，THE DISORDER OF WOMEN (1989) および THE SEXUAL CONTRACT (1988) である。
5) Nicola Lacey 教授は長年オックスフォード大学で教鞭を執っていたが，現在は London School of Economics の法学部教授である。彼女の代表的著作としては，STATE PUNISHMENT: POLITICAL PRINCIPLES AND COMMUNITY VALUES (1988); THE POLITICS OF COMMUNITY: A FEMINIST CRITIQUE OF THE LIBERAL-COMMUNITARIAN DEBATE (with Elizabeth Frazer, 1993) がある。
6) *See, e.g.*, Olsen, *The Myth of State Intervention in the Family, in* 2 FEMINIST LEGAL

THEORY 185-214 (Olsen, ed. 1995) *reprinted from* 18 U. MICH. J. L. REF. 835-864 (1985); FRANCES OLSEN, CASES AND MATERIALS ON FAMILY LAW : LEGAL CONCEPTS AND CHANGING HUMAN RELATIONSHIPS (with others, 1994); Olsen, *Family Law*, 1 ENCYCLOPEDIA OF THE AMERICAN JUDICIAL SYSTEM 304-320 (Robert J. Janosik, ed. 1987); Olsen, The Politics of Family Law, 2 J. L. & INEQUALITY 1-19 (1984); Olsen, *The Family and the Market : A Study of Ideology and Legal Reform*, 96 HARV. L. REV. 1497-1578 (1983).

7) *See, e.g.*, CATHARINE MACKINNON, TOWARD A FEMINIST THEORY OF THE STATE (1989); CATEARINE MACKINNON, FEMINISM UNMODIFIED (1987) [同書については，奥田暁子・加藤春恵子・鈴木みどり・山崎美佳子訳『フェミニズムと表現の自由』(1993) がある。]; CATHERINE MACKINNON, SEXUAL HARASSMENT OF WORKING WOMEN : A CASE OF SEX DISCRIMINATION (1979); DEBORAH RHODE, JUSTICE AND GENDER (1989); DRUCILLA CORNELL, BEYOND ACCOMMODATION : ETHICAL FEMINISM, DECONSTRUCTION, AND THE LAW (1991); MARY JOE FRUG, POSTMODERN LEGAL FEMINISM (1992); Olsen, *Unraveling Compromise*, 103 HARV. L. REV. 105 (1989); Frances Olsen, *Statutory Rape : A Feminist Critique of Rights Analysis*, 63 TEX. L. REV. 387 (1984).

8) *See* CAROL GILLIGAN, IN A DIFFERENT VOICE : PSYCHOLOGICAL THEORY AND WOMEN'S DEVELOPMENT (1982). [同書については，岩男寿美子監訳／生田久美子・並木美智子訳『もうひとつの声』(1986) がある。]

9) *See, e. g.*, Menkel-Meadow, *Mainstreaming Feminist Legal Theory*, 23 PAC. L. J. 1493 (1992); Menkel-Meadow, *Portia in a Different Voice: Speculations on a Women's Lawyering Process*, 1 BERKELEY WOMEN'S L. J. 39 (1985); Sherry, *Civic Virtue and the Feminine Voice in Constitutional Adjudication*, 72 VA. L. REV. (1986); West, *Jurisprudence and Gender*, 55 U. CHI. L. REV. (1988). *See also*, Dubois, Dunlap, Gilligan, MacKinnon & Menkel-Meadow, *Feminist Discourse, Moral Values and the Law—a Conversation*, *in* 1 FEMINIST LEGAL THEORY I 143, (Olsen, ed. 1995) *reprinted from* 34 BUFFALO L. REV. 11-87 (1985).

10) *See* Karst, *Woman's Constitution*, 1984 Duke L. J. 447, 495.

11) Harris, *Race and Essentialism in Feminist Legal Theory*, 42 STAN. L. REV. 581 (1990).

12) Kimberie Crenshaw は Critical Race Theory（批判人種理論）の創始者であり，論文集 CRITICAL RACE THEORY (Crenshaw et al., eds. 1995) の編者のひとりでもある。彼女の代表的な著作としては以下のものがある。*Mapping the Margins : Intersectionality, Identity Politics, and Violence Against Women of Color*, 43 STAN. L. REV. (1991); *Demarginalizing the Intersection of Race and Sex : A Black Feminist Critique of Antidiscrimination Doctrine, Feminist Theory and Antiracist, Politics*, *in* 1 FEMINIST LEGAL THEORY 443 (Olsen ed. 1995) *reprinted from* 1989 U. CHI. L. FORUM 139; *Race, Reform and Retrechment : Transformation and Legitimation in Anti-discrimination Law*, 101 HARV. L. REV. 1331 (1988).

13) *See* Chandra Talpade Mohanty, *Under Western Eyes, in* THIRD WORLD WOMEN AND THE POLITICS OF FEMINISM 51 (Chandra Talpade Mohanty et al. eds., 1991) ; *see also*, Olsen, *Feminism in Central and Eastern Europe: Risks and Possibilities of American Engagement*, 106 YALE L. J. 2215 (1997).

14) SIMONE DE BEAUVOIR, THE SECOND SEX (1949). [同書の翻訳として，井上たか子・木村信子監訳『第二の性（決定版）I, II』(1997) がある。]

15) いまや世界的に広く引用されるようになった Edward Said の名著 ORIENTALISM (1978) は，研究者たちが極めてしばしば，帝国主義を強化する役割を演じていることに対する，クラシックともいえる批判を提示している。[同書の翻訳として，板垣雄三・杉田英明監訳／今沢紀子訳『オリエンタリズム』(1986) がある。]

16) 私は，Olsen, *supra* note 13, at 2229 で，このハイブリッドという観念につき，さらに考察を進めている。

17) *See generally* Civil Rights Act of 1964, 42 U. S. C. § 2000.

18) アメリカ合衆国では，刑事法の分野は連邦法ではなく州法によって規律されているため，配偶者間レイプに関する法改革も州ごとになされた。これらの法源については，People v. Liverta, 474 N. E. 2d 567 (N. Y. 1984) 並びに，Olsen, *Myth of State Intervention in the Family, cited in supra* note 6, at 840 n. 9 参照。

19) 一般に "rape shield" laws（レイプ事件被害者保護法）の呼び名で知られているこれらの立法は，第1に，第一審裁判所裁判官が，レイプ事件の公判廷に，当該事件に関連性のない証拠の提出を認容することを制限するとともに，第2に，被告人側の弁護士が，[被害者のこれまでの異性関係についての行状を糺すなどの方法により] 審理過程において被害者を当惑させる，あるいはその実質において被害者を裁きにかけるような防御方法を展開することを制限し，こうしたことが被害者がレイプ事件の被害を届け出ることの妨げとなることを防ごうとするものである。そうした立法の典型は，レイプ事件においては，被告人以外との性的関係についての証拠の提出を禁止している。

20) こうした法的救済は，個人レベルでは多くの女性たちの助けとなったが，不幸なことに，一般にアメリカ合衆国中に蔓延している夫の妻に対する暴力を防止する効果はあげられていない。

21) Brown v. Board of Education, 347 U. S. 483 (1954).

22) *See generally* HOWARD ZINN, PEOPLE'S HISTORY OF THE UNITED STATES (1980) ; ELLEN W. SCHRECKER, NO IVORY TOWER: MCCARTHYISM AND THE UNIVERSITIES (1986) [同書の翻訳として，猿谷要監訳／富田・平野・油井訳『民衆のアメリカ史』(1982) がある。]

23) Plessy v. Ferguson, 163 U. S. 537 (1896).

24) *See* MARK TUSHNET, THE NAACP'S LEGAL STRATEGY AGAINST SEGREGATED EDUCATION 1925-1950 (1987). ブラウン判決のために採られた戦略をフェミニストのそれと関係づけたものとして，*See* Frances Olsen, *Legal Responses to Gender Discrimination in Europe and the USA, in* COLLECTED COURSES OF THE ACADEMY OF EUROPEAN LAW (Vol. II Book 2) 199-268 (The Netherlands, 1993) ; Frances Olsen, *Employment Dis-*

crimination in the New Europe: A Comparative Approach, in FEMINIST THEORY AND LEGAL STRATEGY 131-144 (Joanne Conaghan & Anne Bottomley, eds., Blackwell, Oxford, England 1993), *also published in* special issue, 30 J. L. & SOCY 131 (1993).

25) 社会改革的諸立法を覆した諸裁判所のあり方について，*see* Frances Olsen, *From False Paternalism to False Equality: Judicial Assaults on Feminist Community, Illinois 1869-1895, in* 2 FEMINIST LEGAL THEORY 415-38 (Olsen, ed. 1995) *reprinted from* 84 MICH. L. REV. 1518-1541 (1986).

26) Beauvoir, *supra* note 14.

27) 詳しくは，*see* Frances Olsen, *The Sex of Power, in* LAW AND POWER: CRITICAL AND SOCIO-LEGAL ESSAYS 185, 190-92 (Kaarlo Tuori, Zenon Bankowski & Jyrki Uusitalo, eds. 1997).

28) *See id.* at 192-94.

29) *See* Olsen, *Legal Response to Gender Discrimination in Europe and the USA, supra* note 24, at 220-21.

30) *Id.* at 221.

31) 1971年に私がロー・スクールを卒業する時，私を面接した会社法関係の法律事務所は，「オルセンさんの成績や能力には強く印象づけられましたが，我われの顧客は女性弁護士によって代理されることに納得してくれないでしょうから，雇いたいのはやまやまですが雇うことはできません」とロー・スクールの先生たちに告げた。この事務所は小さな事務所だったので，依頼人と直接関わらなくてもすむ弁護士を抱えるほどの余裕はなかっのだ。今日では，これは明らかに訴訟で勝訴しうる性に基づく差別に当たるだろう（もっとも，今日ではこのように正直に言う事務所はなくなった。しかし，このようなことがなくなったわけではない）。しかしこの時点では，この事務所の弁護士たちには，彼らの行為が法に抵触する差別であるとは映らず，単に慎重で，理に適った事務所経営をしているにすぎないと受け取られていたのだった。

この時私の印象に残ったのは，この法律事務所がこれを合法なことだと理解していたことではなく，ロー・スクールの（男性の）教授たちがこのことに対して示した怒りであった。先生方のいく人かは，この事務所の行為は明らかに市民的権利に関する法律に違反していると判断した。私が実際にこの事務所を相手取り訴訟を提起するとしたら，それは愚かなことだと思われたであったろうが……。なぜなら，たとえ私が勝訴したとしても，オルセンはもめごとを起こす人間であるとの評判が私の勝利をかき消し，他の法律事務所の目にも全く信頼にたらぬ人間に映ることになっただろうからである。会社法関係の弁護士事務所に就職する代わりに，私は，コロラド地区連邦地方裁判所首席裁判所の初めてのロー・クラークとなり，その後，自分で公益のために活動する法律事務所（public interest law firm）を設立した。

32) 1993年8月10日，ビル・クリントン大統領に指名され，ギンズバーグは合衆国最高裁判所裁判官に就任した2人目の女性となった。*See* BARBARA BABCOCK ET AL., SEX DISCRIMINATION AND THE LAW: HISTORY, PRACTICE, AND THEORY 72 (1996).

33) 「ルース・ベイダー・ギンズバーグは，……訴訟代理人もしくは「裁判所の友」の意見

書（amicus curiae brief）の執筆者として，1970年代に合衆国最高裁判所に係属した実質上全ての性差別事件に登場した。」*id.* at 167.
34) オランダのフェミニストたちは，労働市場における性別分業によって女性が不当に不利に扱われることを防ぐために法制化された諸種の「親女性」的保護手段が，EUの反差別法によって削除された結果，オランダにおいては反差別法による利益は主として男性たちによって享受されたと主張している。たとえば女性たちの就業形態の特徴を考慮に入れていた年金法の諸規定は，無効とされるか，男性にも等しく適用されるようになった結果，男性たちについて年金受給の要件が緩和される結果となり，ほとんどの女性たちは行ってきたところの，賃金が支払われることのない家庭内労働をしてこなかった大多数の男性たちはこれによって利益を受けた。*See also* Baer, *Women's Rights and the Limits of Constitutional Doctorine*, 44 WESTERN POL. Q. 821, 822-33 (1991).
35) こうした訴訟の原告たちは，たとえ勝訴した場合においても，私の先生方が予期したような（注31参照）社会的烙印に苦しめられることが多かった。彼女たちの職歴を破綻させるまでのことはなかったにしても。
36) *See, e. g.*, Corne v. Bausch & Lomb, Inc., 390 F. Supp. 161 (D. Ariz. 1975), *vacated without op.*, 562 F. 2d 55 (9th Cir. 1977); Tomkins v. Public Service Elec. & Gas Co., 422 F. Supp. 553 (D. N. J. 1976), *rev'd*, 568 F. 2d 1044 (3d Cir. 1977).
37) Meritor Savings Bank v. Vinson, 477 U. S. 57 (1986).
38) *See* MacKinnon, Sexual Harassment of Working Women, *supra* note 7.
39) *See* MacKinnon, Feminism Unmodified, *supra* note 7; MacKinnon, Toward A Feminist Theory of the State, *supra* note 7.
40) *Id.*.
41) *See* Olsen, *supra* note 27 at 190-95, 199-201.
42) たとえば，契約法の多くのケース・ブックは，夫と妻の間でなされた契約には，裁判所による法的拘束力は認められないという法理を示すために，イギリスの判例 Balfour v. Balfour〔1919〕2K. B. 571 を載せていたが，この法理が実際に与えた効果は男女間で異なっており，女性達に不利に作用していたことへの言及はなされていなかった。Balfour判決の時代，結婚によって妻の有する財産の権原（title）は夫に移り，婚姻中妻が稼いだり得たりする全ての金銭や財産に対する権原も夫に帰属した。したがって，夫婦間契約に法的効果が認められたとしたら，これによって保護されえたのは，夫の方であるよりも妻の方であった。夫婦間契約の裁判所による実現の拒否は，さらには，家族を「私」的領域」とすることで，家父長の権力行使をほとんど法の制御の埒外に置いていた，当時の法制度全体の一部分を構成するものであったのである。
43) *See* Olsen, *Employment Discrimination in the New Europe, supra* note 24, at 141.
44) フランクフルト大学の Ute Gerhart 社会学教授は，フェミニズム法理論関係のドイツにおける最も重要な著作のいくつかを著している。
45) 本文でも述べたように，1980年代にロー・スクール教授となった女性たちの多くは，市民的権利獲得運動，ベトナム反戦運動や女性運動の強い影響を受けていた。そのうちの何人かは，学生時代に創生期の「女性と法」の授業を率いていた人びとであり，彼女たち

はこのようにして，ロー・スクールの学生たちが一般に経験することのできない，教育を授ける経験をもったのであった。このようにしてロー・スクール教授となった彼女たちは，ロー・スクールへの入学が異常なことではなくむしろ望ましいと一般に受け取られるようになった今日ロー・スクールへ入学するようになった，社会全体をより広く代表するようになった女子学生たちより，一般に，社会問題により深くコミットしており，またよりフェミニストでもある。

　これらの女性教員たちが，アメリカ合衆国におけるフェミニズム法学理論発展のための知的基盤を提供したのである。彼女たちはまた，実務に影響を与えるさまざまな仕事にも携わってきた。

46) Olsen, *The Family and the Market: A Study of Ideology and Legal Reform*, supra note 6.
47) *See* Fred R. Shapiro, *The Most-Cited Law Review Articles Revisited*, 71 CHI. -KENT L. REV. 751, 757 (1996).
48) 最近の 10 年間，いくつかの主要法律雑誌は，フェミニズム法学を主題とするシンポジウムの特集を掲載している。ほとんど全ての法律雑誌がいままでに，主要論文としていくつかのフェミニズム法学関係の論文を出版しているとともに，多くの研究ノートや書評などを掲載している。またこれらのほかに，フェミニズム法学関係の著作物をその主たる掲載対象に限定している法律雑誌が 14 誌存在する。
49) *See* Mary Joe Frug, *supra* note 7; Drucilla Cornell, *supra* note 7.
50) *See* JUDITH BUTLER, GENDER TROUBLE: FEMINISM AND THE SUBVERSION OF IDENTITY (1989).
51) 「色盲の」憲法という考え方は，人種分権を是認した Plessy v. Ferguson 判決における反対意見で，ハーラン裁判官が人種差別主義に対する反撃として提示したものであった。*See* 163 U. S. 537, 559 (1896). 肌の色に対する「盲目性 (blindness)」の考え方は，政府が関与する意図的差別に対しては有効であるが，雇用主，家主，教育機関などの，いわゆる私人が行為主体である社会における差別を減少させるために，政府が効果的な措置をとろうとすれば，人種という要素に目をつぶっていることはできない。

［II］

連続講義
近代法公私二元論を超えて

第1講　「公私」の区別：法が抱く社会のイメージ
——公私二元論批判総論

　法の世界における公私の区別，そして，法というものが人間の社会をどのようなイメージで捉えているかに関し，この区別が私たちに教えてくれるもの，それがこの講のテーマである。この講における私のもくろみは，法について通常より広い理解の仕方を提示することにある。ここでは，まず，アメリカおよびヨーロッパ（特にイギリス，ドイツおよび北欧）についての資料に依拠して論を進め，そのうえで日本の状況と欧米のそれを関係づけることを試みてみたい。

1　法の役割と法のイメージ

　アメリカ人と日本人の間には，法というものをどのように見ているかにつき，大きな違いがあるというのが，一般に広く聞かれる標準的な主張である。こうした主張には，誇張されすぎのきらいはあるものの，それなりの真実が含まれていると思われる。アメリカ合衆国の法曹人口が極めて多いということは事実である。その数は89万4000人にのぼり，アメリカの6つの州（ヴァモント，ノース・ダコタ，サウス・ダコタ，アイダホ，ワイオミング，アラスカ）と，アメリカの首都のワシントンD. C.の人口を全部合わせた数より多い[1]。東京に引きなおしていえば，文京区，新宿区，千代田区，中央区，港区，そして台東区の人口を合わせても，アメリカの法律家の数には及ばないのである[2]。アメリカでは，テレビ番組や映画のなかで，法律家が魅力的で重要な役を演じているのを目にすることもしばしばである。これらの役はほとんどフィクションであるが，ニュース番組や情報提供的な番組が最近とみに娯楽性を強めるようになってきており，そうした番組でも，必ずしも博識であることや誠実であることによってではなく，人びとの注視を浴びるようなもの言いや，興味を引きつけるようなものの言い方を身につけた法律家の姿をしばしば見かけるようになってきている。

(1) 裁判の人気と社会的価値

　アメリカの文化において法は重要な役割を担っている。たとえば，アメリカには，スポーツ番組と競いあうほど人びとの関心を集める，一連の裁判事件，終わることを知らないようにすらみえる事件がいくつもある。どうみても裁判に憑かれているとしか形容しようのないアメリカ人のそうした様子を伝えるために，世界中の注目を集めたいくつかの事件に言及しておくことにしたい。

　まずは，「ボビット事件」である。明らかに妻を殴打し冷酷無惨なやり方で妻をレイプしたジョン・ウエイン・ボビットは，裁判にかけられ，そして無罪放免された。その後，こうしたレイプに対して夫の性器を切り取る挙にでたその妻ロリーナ・ボビットの裁判が行われ，彼女もまた無罪放免されるに至っている[3]。次は，黒人（アフリカ系アメリカ人）を集団で殴打した白人警官たち──ロサンジェルスではこうした警官による人種差別的暴力はあまりにも普通に見られるのであるが──がカリフォルニア州の裁判所で無罪とされた事件がある[4]。また，O. J. シンプソンがそれ以前に度たび暴力を振るっていたその元妻ニコール・ブラウンと，ロナルド・ゴールドマンという若い男性の2人を殺した罪で裁判にかけられ，無罪とされた裁判は，世界中の注目を集めたといってもよいほどである[5]。その後，被害者たちの家族によってシンプソンに対して提起された民事訴訟においては，証拠の優越でよいという，民事事件において要求される立証責任の刑事事件との違いもあって，シンプソンの法的責任が認められたばかりでなく，巨額の懲罰的損害賠償責任が認められるに至っている[6]。

　アメリカ文化において，法や裁判は大きな役割を演じている。上述したような状況は，確かに法や裁判というものが一種の国家的娯楽になっている観を呈する状況であるといえよう。しかしまた，裁判や法は，アメリカという社会において，社会に対して［自らが信じる］価値を表明したり，そうした価値をそれを通じて試し，社会の審査を求める媒体として機能しているのだとも言うことができよう。公衆の一般的な態度からは，決定的重要性をもつのは裁判の結果であるとの印象を受けがちであるが，思慮のある学者たちは，結果のみならず，そこで繰り広げられる審理のあり方の重要性を指摘する。なぜなら裁判の審理過程の観察を通じて，社会について多くを学ぶことができるばかりでなく，夫の妻に対する暴力や，元夫による元妻のレイプといった事柄をどう扱うべき

か，またどれほど真剣に扱うべきかといったことをめぐって，社会が繰り返し繰り返し意見を交換し，社会としての合意を形成しようと努力するさまを学ぶことができるからである。

(2) 変化を支援する媒体としての法・変化を押し戻そうとする媒体としての法

社会において法が果たす役割に関して，アメリカ合衆国は特別であろうと考えるのは，おそらく誤りではないかと思われる。公共的討論と注視のフォーラムとして法や裁判がどのくらい重要な場を提供するかという点に関して，ヨーロッパはおそらくアメリカと日本の中間ぐらいに位置しているものと思われる。確かにそのように程度においてそうした相異は認められるものの，しかし法や裁判というものが，その性質上こうした機能を営むものであるというその本質においては，各国間に多くの類似性を認めることができよう。アメリカ社会において法が果たしている役割について私が示唆したいのは，それがアメリカ人の法に対するオブセッションに由来する特殊な現象であるとの理解ではなくて，法はその本質において上述したようなさまざまな機能を果たすものであって，アメリカの例はそれが非常に端的な形で可視化され目に付きやすくなっているにすぎないという理解である。法はヨーロッパにおいてもアメリカにおけるのと同様さまざまな役割を果たしており，そして日本においても，その点についてはかなりの程度似た状況ではないだろうかということが，ここで私が議論してみたい点である。アメリカ人は法が大好きであり，日本はそれと反対であり，ヨーロッパはその中間に位置する，というのがこれまで広く受け入れられてきた見方ではあるが……。

法が果たす役割にはさまざまなものがあるが，そのなかで，正当化する役割と理想を描く役割という，2つの相異なる役割の違いに着目してみよう[7]。ここで重要なポイントは，この2つの役割のそれぞれにおいて，法は望ましい変革を実現するうえで役立つ場合もあればこれを妨害する場合もあるということである。アメリカにおける女性解放運動において，法は重要な役割を果たしてきた。ちょうどアメリカの文化一般においてそうであるように。その役割は，しばしば改革にプラスのそれであったが，いつもそうであったわけではなかった。法がなぜ，いかにして，望ましい改革の実現に常にプラスに作用するとは限らず，逆にこれを損なう方向で作用してしまうことがあるのか。それが私が

以下の一連の講義を通して明らかにしたいと望んでいることである。

法は，単に社会を治めていくためのルールの集積や，紛争解決の手段には留まらない。既成体制を維持するためにも逆にこれを変更するためにも働きうる，1つの文化的実践なのである。法は，男と女の間にある不平等を正当化し，これを永続化させることもできれば，逆に女たちの隷属を終わらすことを助けることもできる。そして時には，その両方を同時にしたりもするのである。

2　法における「公私」の区別序説

最初の話題は「公私」の区別（public-private distimction），法が自ら構築し社会のイメージとして抱いている公私（パブリックプライヴェイト）の区別である。自由主義によって立つ近代の政治理論および実践にとってその機軸を構成しているのが，私的領域と公的領域の区別であり，それらは対置される関係に立っているということに，おそらくほぼ異論は存在しないと思われる[8]。少なくともそれは近代立憲自由主義体制の法にとって基本的前提である。この公私の基本的区別は，アメリカおよび多くのヨーロッパ諸国の法体系にとってその中心的な柱を構成している。多くの国において，法は，公法と私法に綺麗に分類されている。たとえば，ノルウェーのオスロ大学では，法学部は2棟の建物に収容されており，1つが私法学科の，もう1つが公法学科の建物になっている[9]。この建物に表れた物理的状況は，2つの法分野の間に横たわる大きな溝を象徴するとともに，その2つの間の生産的なやりとりを抑制するような効果をもたらしている。ノルウェーの女性たちが，この公法・私法の壁を突き破る「女性の法」という学科を創設したとき，どうにか妥協点を見いだすことができ，幸い公法学科の建物に入ることができた[10]。もしそうでなかったとしたら，どちらの建物からも収容を拒否され，危うく厳しいノルウェーの冬を，2つの建物の間にある庭のどこかで過ごさなければならなくなるところであった。

(1)「公私」区別の用例

アメリカ法のもとで，公私（パブリックプライヴェイト）の区別がどのようなかたちで作用するか，若干の例を挙げてみよう。

アメリカ憲法には「州［国家］の行為（state action）」理論と呼ばれる理論

があり，これは，政府や政府の代理人によるのではなくて，私人や，政府とは関係のない団体による行為は，憲法による制限を受けないとする理論である。すなわち，憲法による諸種の人権保障規定は，ほとんどの場合，公的行為に対する保障としてのみ機能するのであって，私人による権利侵害には及ばないとされる[11]。たとえば，合衆国憲法第14修正は「いかなる州も……何人に対しても，法の平等な保護（equal protection of the laws）を奪ってはならない」と規定している[12]。このため，南部におけるランチ・カウンターにおける人種差別（アフリカ系アメリカ人には食事を提供しないという差別）を終わらせようとして，ランチ・カウンターに座り込みをした人種差別撤廃運動家たちが警官に逮捕された事件において，裁判所は，アフリカ系アメリカ人に食事を提供しないとした決定も，これらの人びとの退去を求めた行為も，いずれも食堂の所有者の個人的な私的決定であるから，それは州が法の平等な保護を奪ったことにはならないと判示している[13]。逮捕およびそれに続く刑事訴追はもちろん州の行為であったが，逮捕それ自身は法の平等保護を否定するものとは認められなかったのである[14]。そこで用いられた論理は，これらの運動家たちが不法占有によって逮捕されたのは，彼（女）らがアフリカ系アメリカ人であったからではなく，そこの所有者が退去を求めたという私的な決定に従わなかったからにすぎないという論理である[15]。このため，そうした「私人」による差別を禁止し，「犯罪を権利に転換する」1964年のCivil Rights Act（市民的権利に関する法律）が制定される必要があったのである[16]。

アメリカ合衆国においては，このほかにも，不公正な労働法や，あるいは妻や子どもの行動の自由を奪い，暴力を振るうことを許容する不名誉な法が，私的自由の領域——国家が立ち入るべきではない領域，あるいは市民的自由の抑圧なくしては規制することができない領域——の保護という名のもとに，長いあいだ正当化され，温存されてきた[17]。

1世紀前には，過酷な労働環境から労働者を守り，男たちや女たちの労働条件を改善するために労働組合が行おうとする諸活動に対して，裁判所がさまざまな障害を設けることを正当化するうえで，憲法分野および労働法分野において公私を峻別する法的概念が大いに活用された。労働組合の活動や，労働組合の結成そのものを，共同謀議（conspiracy）という犯罪行為に該当するとした裁判例が見られたほか，多くの裁判所が，ストライキは使用者の財産権を侵

害する不法行為に当たるとして，これに対する差し止め命令を出したのである[18]。今日においてさえ，アメリカ合衆国では，問題となった差別行為を私的差別と性格づけることで，人種差別に対する憲法上の保障を限定するために「州の行為」理論が用いられる。差別は単に私的な存在である人びとの行為にすぎないのであるから，これに対して州は何の責任も負わない，と[19]。

(2) 「公私」の区別に対する一般的批判

保守派が　公（パブリック）　と　私（プライヴェイト）　の区別をその立場を擁護するために活用したため，リベラル派や革新主義の立場に立つ人びとは，公私の区別に対して全般的な批判を発展させていった。1920年代から40年代にかけて展開されたアメリカ・リアリズム法学（American Legal Realism）運動は，労働契約は私的存在であるという理解は，そうした契約の履行が公的に担保されていることを見すごしにするものであることを指摘し，レッセ・フェール主義経済は基本的に誤りであり，おそらく首尾一貫性にも欠けるものであると論じた[20]。

1976年に始まった，アメリカ批判法学運動（Critical Legal Studies: CLS）もまた，公と私の区別に対する批判を展開した[21]。ここでもまた，なぜ公私の区別が主たる攻撃対象とされたかといえば，その区別が，保守派の利益を擁護するために用いられたからである。かくして，この公と私の区別は，ほぼ25年のあいだ批判法学学派の批判の対象とされたが，それはリアリズム法学によるより長い期間続いたことになる。私にとって重要に思われるのは，こうした革新主義的な公私区別批判の展開に，フェミニズムによるそれが加わったことである。

(3) 「公私」の区別に対するフェミニストの批判

公（パブリック）　と　私（プライヴェイト）　は別々の領域であるという考え方，および，一般に家庭のプライヴァシーと呼ばれる考え方を批判することは，アメリカの女性運動の要のひとつであった。ここで私が焦点を当てて論じてみたいのは，フェミニストたちの公私の区別に対する批判によって前面に押し出されることになった難問の所在に対して，法がどのような役割を果たしてきたかを明らかにするとともに，この難問の性質や複雑さをよりよく理解するうえで，そして問題解決の道を探るうえで，法がどのようなかたちで役立ちうるかについてである。

フェミニストの法理論家たちは，その初期の段階において，まず，女性の領域は主として家庭にあるのだとする考え方やそれに基づく諸制度が，いかに女性を「市場」――家庭の外の経済活動が行われる世界――や，「国家」――政治や行政が行われる世界――その他，この世のなかにおける真に重要な諸活動が行われる公的領域から締め出してきたかを取り上げるところから始めた[22]。拙稿「家族と市場――思想と法改革に関する一考察（The Family and the Market : A Study of Ideology and Legal Reform）」は，公私の区別に対してなされてきた一般論的批判を理論化し，これに精緻な分析を加える作業を通じて，この区別が女性たちにどのような作用を及ぼしてきたかを明らかにした研究であった。私がそこで主たる分析の対象としたのは，法理論や法的議論の応酬であった[23]。それを通じて明らかにされたのは，法と文化の深い関係であった。私の研究は，法と文化がいかなる関係にあるかを示すひとつの事例となっており，法的理論や法的分析に不案内な読者にも理解可能なかたちで，それを示すことができるように思われる。

　公私の区別に対するフェミニストの批判を理解するために，図を用いてみよう。仮にこの四角が各種各分野を包含する法制度全体を表すとしよう（図1）。

　まずはじめに，この四角を，「政府」ないし「国家」という公的世界と，一般に「市民社会」と呼ばれている私的世界に分けることにしよう。

　この公私の区別（図2）は，伝統的な男性の法理論家たちの頭を占めているそれである。たとえば，アメリカ憲法の「州の行為」法理に関係しているのは，この公私の区別である。この区別は，アメリカだけでなく，すべての国の公法と私法の区別に関係している。

　しかし，これとは別の，重要な公私の区別がある。それはしばしばこの公私の区別と混同されたり，この公私の区別に解消されてしまったりするが，この区別とは別に扱うことが有用である。それは市民社会のなかにある「市場」――すなわち広い意味で職業に関わる，経済活動等などの領域――と，「家族」という区別である（図3）。なお，私は「家族」を広い意味で用いる。このため，当初は，用語の用法に一貫性を欠いているので

はないかとの印象を与えるかもしれない。というのも，私は，伝統的な狭い意味での，家父長制的家族制度に焦点を当てる場合もあるが，別の議論との関係では，人間の愛情や友情，恋愛などに基礎づけられた，人と人との間に繰り広げられる人間関係として，「家族」を幅広く捉えることも有益であると考えるためである。

国家／市民社会という公私二元論と，市場／家族という二元論を区別することの重要性は，私の考えによれば，国家／市民社会という二元論が市場／家族という二元論との類似性を見せつつも異なった機能の仕方をする点にある。これらの区別に関する私のアイデアの多くは，家族法に関する多数の判例――すなわち裁判所が自ら出した結論を正当化する目的で書かれた文書――を読み込むことで獲得された。こうして家族法の判例分析を通じて得られ検証された，法的イデオロギーと法的諸概念の機能について私の仮説の有効性は，商的取引法分野の判例を分析することによって，さらに確認されるところとなった。同じ構造をもった法的イデオロギーが家族法と取引法の分野から検出されたのである。この2つの分野は，ともに，通常暗黙裡に当然のことと受け入れられているいくつかの信仰によって形成された，ある思考システムを共有しているのである[24]。

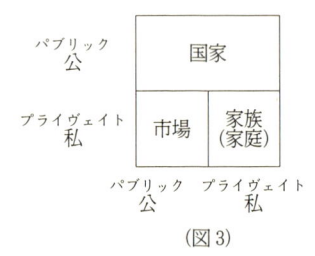

（図3）

3 「公私」の区別と法と政治の区別

私が上記論文の執筆作業を通じて発見したのは，市場への介入を否定する経済的自由放任という思考と，家族制度への国家の介入を否定する根拠として用いられるプライヴァシーという思考との間にみられる，興味深いパラレルな構造であった。20世紀初頭のリアリズム法学の旗手たちによるそれを含め，市場における自由放任主義に対する批判を眺めているうちに，経済的自由放任主義(レッセ・フェール)という思想の基礎となっている認識のなかに，詳細に検討されるに値するいくつかの認識が存在することを発見した。経済的自由放任主義(レッセ・フェール)という思想には，国家による家族への不介入という思想を理解するうえで有用な認識が隠されているのである。

(1) 法は政治から分離できるという主張

　経済的自由放任主義(レッセ・フェール)という思想は，この世には，自律的で自己完結的な市場といったものが存在するのだという大前提のうえに成り立っている[25]。経済的自由主義思想の基底に横たわっているのは，国家による介入から全く自由な市場というものが存在しうるという想定である。しかしこの想定を法のコンテクストに置いて考えてみると，国家の諸規制が全く存在しないところで市場が成立することはほとんど不可能であり，そしてそうした国家の諸規制を市場に対する国家の介入と区別することが，論理的に不可能であることは明らかであろう。どんなにバリバリの経済的自由主義者であっても，国家が財産権を保護し，契約の実現を担保し，不法行為から私人を保護する必要性を否定しはしないであろう[26]。市場の成立に必要なそうした国家による規制と「国家不介入」とを矛盾なく説明できる唯一の道は，いまやその信用性を失ってしまった一種の法形式主義（legal formalism）しかない[27]。この今日では信用性を失った法形式主義は，法は完全に非政治的でありうるということを前提にしていた[28]。すなわち，人びとの私権の保護は，非政治的に行うことが可能であるという前提である。法と政治は別個独立のものであるというこの考え方を支えているのは，政治に関わることなしに，あるいは政治的選択をすることなしに，法は，契約の不履行や，財産の窃盗や，あるいは過失または故意による加害から「市場の領域」の行為者を保護することが可能であるという主張である[29]。別の言い方をすれば，法が，個人の自由を保護することのみを内容とする財産法と，人びとの間で自由に交換された合意の実現を担保する契約法と，そして，行為者にもし落ち度があったとすれば，その行為によって生じた損害は賠償されなければならないという考え方を基礎にして，他者による不公正な加害から人びとを守る不法行為法のみを提供するという役割に自らの役割を限定することによってのみ，自由で自律的な市場が成立しうるとする考え方である。

(2) 法と政治の分離に対する批判

　たとえば財産法（property law：ほぼわが国の「物権法」に対応する）についてみてみよう。法形式主義者は，「汝のものを使用するに，他人のものを

損なうことなくこれをすべし」("sic utere tuo ut aleinum non laedas") という法格言に凝縮された基本原則に従いさえすれば，土地利用の抵触に関わる紛争を非政治的に解決することが可能であるとした[30]。しかし，どのような紛争においても，裁判所が応答を求められた各種の問いは，実際のところ，たいがい，あるグループの所有者の犠牲において他のグループの所有者を裨益するかということであったことが，リアリズム法学者たちの批判によって明らかになった[31]。そこで行われた選択が，「市場」の性格の根幹部分に深い影響を与えたということも含めて。この例でいえば，他の土地利用を妨害してはならないというニューサンス（nuisance）法理が非常に厳しく解釈され，広汎に適用されたとしたならば，少なくともある種の工業は，実際にどこにも操業可能な場所を見いだしえなかったはずであるから。

不法行為法分野の「法的損害には至らない被害（"damnum absque injuria"）」という法概念は，法形式主義者たちに，世のなかに広く存在している，ある人の行為の自由と，別の人の他者による加害からの保護という，2つの相矛盾した要請の間にある利害の対立を見えにくくする機能を果たしていた。不法行為法は，単に，人は，他の人が自分と等しくもっている同様の自由を損なわないかぎり，自ら望むどおりに行動してかまわないという基本的規範を具体化しているにすぎないのだという，法形式主義者たちの認識は，実のところ，何の意味もない空虚なものであったことが明らかになった。リアリズム法学者たちは，一方における他者に損害を与えた者はこれを償わなければならないという法的考え方と，他方における，人は落ち度がないかぎり不法行為責任を問われることがあってはならないという考え方の抜き差しならない衝突が，不法行為法全般にわたって広く存在し，かつ，法はこれについて一貫性をもった解決を与えてきたわけでもないことを指摘した[32]。この「法的損害には至らない被害」，すなわち，実際には被害が存在するもののそれは法的には認知されないという，広く多用された法概念は，当然のことながら，市場におけるルールに大きな影響を与えずにはおかなかった。工業の発達は，当然のことながら，さまざまな加害をもたらした。そして，それらの被害が補償されるべきか否かの判断は，社会のなかの諸集団の間の政治的利害の対立と深く関係していたのである。なぜなら，これらのグループの間のどの集団の利益を優先するかという選択的判断なくして，裁判所が不法行為法を形成していくことは不可能であ

ったからである。

　契約法の分野においても，契約を非政治的に強制するといっても，たとえば，どのような場合に契約が成立するのか，あるいは客観的に表明され，契約の受約者が信頼した約束者の同意よりも，約束者の主観的意思が優先されるのはどのような場合なのか，等などの問いにどのように答えるかについて，同じことがいえるのである[33]。裁判所による決定は政治的であることを免れないのであり，裁判官自らが「自由な市場」と考えるものをそうであると定義しているにすぎなかったのである。

(3) 事例——ロックナ判決批判

　経済的自由放任主義(レッセ・フェール)に対して一般になされた批判は，法は非政治的であることを止めるべきだ，なぜなら，無軌道な資本主義がもたらす害悪から人びとを守ることに公共的な必要性があるからである，というものであった[34]。国家は不介入を止めて，人びとを資本主義から守るために政治体としての権限を用いるべきである，という議論であった[35]。これが多くのリアリズム法学者が採用した見方であった。

　いまやその否定的評価が確立した有名なロックナ対ニュー・ヨーク（Lochner v. New York）判決で，合衆国最高裁は，合衆国憲法第14修正のデュー・プロセス条項は，雇用主と労働者の契約の自由を保障しているのであるから，製パン業で働く人びとの（およびその論理的帰結として労働者一般の）労働時間を制限するために州のポリス・パワー（police power：政治体としての権限）を用いることはできないと判示した[36]。労働者保護立法は，工場所有者の財産権を侵害するとともに，雇用者と労働者双方の契約の自由を侵害するものであるとされたのである。労働保護立法を違憲と宣言したロックナその他の判例は，1929年から1930年代後半まで続いた，大恐慌の勃発とそれが引き起こした政治的な大変動を経て到来したニュー・ディール期に至って，最終的に覆されるに至った[37]。ロックナ判決の判例変更は，保守主義的司法積極主義を実践した最高裁の終焉と，リアリズム法学者たちの議論の勝利を意味していた[38]。

　こうした時代的背景のなかで展開されたリアリズム法学者の議論のなかには，上述したような議論に加えて，真の意味で私的な市場というものは存在しえな

いという，興味深いよりラディカルな議論もみられた[39]。財産権の内容を定義し，どのような契約に拘束力を認め，あるいは，どのような場合にある人がその人に損害を与えた別の人を訴えることを認めるかについて，法がどのようなルールを採用しようとも，結局のところ，裁判所は，不可避的に，公なるものと私なるものの垣根を貫き，その間の相互的浸透を引き起こさざるをえないような法的決定をせざるをえないところに追い込まれるものなのである。したがって，経済的自由放任主義の主張は，単にそれが人びとを損なったから悪かったというだけではなく，それはそもそも首尾一貫性に欠けた思考様式だったのだという指摘である[40]。

　しばしばそうであるように，ラディカルな理論の存在は，そこまでラディカルでない理論を多くの人びとに受け入れやすくするものである。経済的自由放任主義は一貫性に欠けていたというラディカルなリアリズム法学の洞察は，経済的自由放任主義は，あまりにも個人主義的すぎたゆえに間違っていたという，それほどラディカルではない主張ほど広く受け入れられることはなかった[41]。このラディカルさについて劣る，それだけ穏健なリアリズム法学の議論によれば，なぜ労働保護立法が必要であったかといえば，それは，現実には人びとは平等ではなく，その不平等が，もし労働立法がなければ，あまりにも多くの人をひどい状況に追い込んでしまうからであるということになる。この2つ目の議論，より広く受け入れられた考え方は，自由放任主義を，単に個人主義的にすぎた——社会全体の公共の福祉を十分に配慮することなく，個人がそれぞれ自分勝手に自己利益を追求することを許してしまうことに問題があった——と理解したのであった[42]。

4　「公私」の区別と家族法

　読者は，「そうした分析は，確かに面白いかもしれないが……，でもそれが家族制度やフェミニズムに一体どんな関係があるのか」と思われることであろう。両者の間にはどんなパラレルな関係があるのであろうか？　具体的な例，ある意味では最も明らかにそれを示す例を考えてみよう。それは，この講の冒頭で触れた一連の裁判事件のなかにも現れていた，ドメスティック・ヴァイオレンスの例である。つい最近まで，おおかたの人びとの家族に対する態度は，

人びとの市場に対する態度と基本的には同じであった[43]。家族は私的な領域であるべきである，というそれである。そしてそのことは，家族内に何か争いがあったとしても，国家が家族の自由やプライヴァシーに介入しないほうがよいということを意味していた。アメリカ合衆国で「家族内の争い」と言えば，それは多くの場合配偶者虐待，より正確にいえば，「夫が妻に暴力を振るう」ことの婉曲表現である。また，過去においては，国家は親の子どもに対するしつけの仕方に関する決定にも介入すべきではないとされていた（しかしこれに対し，子どもが力で親に反抗する場合には，子どもを一種の牢屋のようなところに入れてしまうことが，初期の合衆国の法のもとでは可能であった。そして，家族が子どもをそうしたところに閉じ込めてしまっても，国家が家族に介入したと考える人はほとんど誰もいなかった)[44]。

(1) 2つの異なる批判

このような具合に家族というものが人びとに理解されてきたことが物語っているのは，こうした私的な領域が存在する，あるいは，国家から離れて存在しうるという認識が，その基底にあるということである。人びとは，自然の原理に従って家族を作るのであり，国家がそれに介入しようとする際には細心の注意が必要であるという理解である。そして，そうした思想の存在ゆえに，夫の妻に対する暴力に関して国家が何か手を打とうとすれば，1970年代には，多くの人の目には，それは明らかに国家による家族への介入であると映ったのである[45]。この間に，人びとの認識は大きく変化した——ただし，それは人びとの意見の変化であって，実際の加害・被害の現実は本来はそうであるべきほど十分に変わったわけではない——が，その主たる理由は，国家がそこまで不介入を貫くことは政策的に好ましくないという認識が形成されたからである[46]。

よりラディカルでない，穏健なリアリズム法学者たちのあいだで，自由市場への不介入もあまり度が過ぎることは政策的に賢明ではないと論じられたのとちょうど同じように，家族への度の過ぎた不介入もまた賢明ではないと理解されたのである。自由市場は多くの労働者にあまりに過酷すぎると言われたように，家族について何もしないことは，女性と子どもたちにあまりに過酷すぎるという理解である[47]。別の言い方をすれば，国家が悲惨な労働条件の発生を

防止するために介入すべきであるのとちょうど同じように，よりラディカルでない穏健な議論は，児童虐待や深刻な配偶者虐待の発生を防止するために国家は介入をすべきであると論じるのである。しかし，——と，この議論は続く——介入に際しては慎重であるべきだし，それを必要最小限にとどめるべきだ，と[48]。

しかしながら，この家族不介入のアプローチをもう少し仔細に検討すると，そこには矛盾する主張が含まれていることがわかる。国家が妻に暴力を振るう夫を起訴した場合，その介入が正当なものであろうがなかろうが，それは国家による家族への介入であると認識する，その同じ人びとが，夫の暴力に耐えかねて夫に銃を放った妻に対して国家が刑事責任を問うても，けっしてそれを国家による介入であるとは言いはしないということを考えてみたい。人びとは，「それは家族の問題なのだから，自分たちで解決させればよいじゃないか」として，家族の「プライヴァシーのカーテン」を開けてみようとはしない。しかし，妻が夫を殺してしまった場合には，同じ人びとが，けっして「きっと自分たちで問題を解決したのだ」と言ったりはしないのである。この取り扱いの違いを，単に暴行と殺人の違いにすぎない——家族への暴力は私的なことであるが，殺人は公的なことである——と考えることは誤りである。ロリーナ・ボビットとその夫のジョンのケースを思いだしてみよう。彼が彼女に暴力を振るいレイプをはたらいていたときは，それは家族のプライヴァシーの問題であり，仮に国家がこれに介入したときには，国家は単に弱い側を保護したにすぎないと多くの人びとは理解する。しかし，彼女が彼のペニスを切除したときに，「きっと問題を自分たちで解決したんだね」と言いだしそうな人は誰もいなかった。誤解を避けるために言っておきたいのであるが，私は，家族内のトラブルを解決するため暴力に暴力で応じること，家族の領域を無秩序な「自然状態」に置くことを良いと思っているわけでは決してない。私が指摘したいのは，「自由市場」思想が一貫性を欠いていたのとちょうど同じように，家族のプライヴァシーや，国家は家族に介入してはいないという理解もまた一貫性に欠けているという点である。これに対しては，家族の構成員がある一定の暴力や冷酷さの限界を超えた場合に国家が介入するのは当り前であり，この扱いの違いは，通常のそこまでに至らない大したことのないいざこざや，そこまでに至らない暴力については，家族が自分たちで解決することに任せているにすぎない

との反論がなされよう。しかし，こうした政策的態度は，子どもや女たちを，より力の強い者の暴力やコントロールから保護することをせずにおきながら，これに対し反撃しようとする妻や子どもたちは刑事的に処罰する——なんとなれば，力の弱い者が反撃するためには，一般にその非力を補うために，より多くの暴力を用いることが必要となるから——ことを実際には意味しているのである。

(2) 批判的吟味の重要性

この講の後半では，国家の家族への不介入という認識には一貫性が欠如しているというこのポイントから何を導きだせるかを論じてみたい。後半での私の関心は，我われの社会について，法を通じて何を見ることができるかというより，これまでの私の話を聞いて，おそらく読者諸氏の内心に喚起されているであろう疑問，「そう，この批判は面白くなくはないけど，でもこれは法改革になんの関係があるの？　それが一体実際に何かの役に立つの？」という疑問にどう応えるかにある。そして，実際の現実や実務の世界と思想や理論の世界を明確に分けてしまう考え方に挑戦を試みるとともに，思想や理論というものが，実務的実践の重要性をもっていることも示したい。

話は再びあの判例の世界に戻る。判例分析を通して立ち現れてきた家族という領域に特徴的な思想は，市場において賞揚されるあの個人主義ではなく，一種の利他主義であり，家族のなかの愛情や分ちあいや互いの配慮と愛護の想定である[49]。この利他主義的思想は，ちょうど個人主義が国家による市場への不介入を正当化したように，国家は家族間の配慮や愛護の相互関係に介入するべきではないという要求を正当化したのであった。整理してみよう。まず，市場についての議論は以下のようなものであった。労働者はどのような労働条件のもとで一体何時間働きたいかを決めることができるはずである[50]。なぜなら自分自身こそが，自分に何が必要であり，自分が何が欲しいかを判断するベストな人間であり，国家はこれらの決定を彼に委ねるべきである。

これに対し家族についての議論は，これと同様なところと，驚くほど異なっているところとがある。その議論とは，その家族をどのように治めるかは一家の長である父親に委ねるべきである。なんとなれば，彼は，彼の家族にとって何が最良のことであるかを考えて判断を下すからであり，彼個人にとって何が

ベストかを基準にすることはないからである。彼は，家族内のすべての構成員について何がベストかをきちんと考慮に入れると期待されている。そして，父親は国家よりも家族の必要についてよく知っているのであるから，国家は彼に決定を任せるべきである，という議論である[51]。市場についての議論は，公私の区別論と「見えざる手」の思想に支えられた，「国家は市場に介入すべきではない。なんとなれば，それは［自由な］市場を構成する私的個人への干渉となるから」であった[52]。かくして，個人主義的であると措定された市場と，利他的であると措定された家族の間には，鮮やかなコントラストが存在することになる。

家族には昔から階層的上下構造の存在が許容されてきており，それは今日でも親と子どもの間に存在している[53]。それは，従来は父・母・子どもという3層構造であった。これに対して市場には，階層的上下関係の代わりに，形式的な平等が存在した。法はすべての人びとを平等に扱うものとされていたのである。「金持ちも貧乏人と同じように，通りで物乞いをしたり，橋の下に住むことを禁止されてい」た[54]とアナトール・フランスが言ったように。

この思想のもとでは，公的な市場は私的な家族とは大きく異なっていた。私的家族は，階層的上下関係からなっていると認識されていたが，しかし，利他主義が家族の活力となっているため，そのことには問題はないと考えられていた。たとえば，親が子どもに対して行使することが認められている力は，それが子どものために用いられるのであるから，受け入れることができる，正当なものであるとされる。そしてちょうど家族という思想において利他主義と上下関係がしっかりと結びついていたのと同じように，市場という思想においては，個人主義と市場取引における形式的平等もまた，深く結びついていたことも，諸種の法的文書の分析から明らかになったのである[55]。

(3) 家族改革の試みに対する批判的吟味がもちうる意義

こうした構図が把握できると，家族制度をめぐる諸改革——それは，長年の間，女性たちが続けてきた，家族における状況を改善するための苦闘の果実でもあるのであるが——の多くが，この2つのカテゴリーのどちらかに分類できるものであることを理解することは容易であろう。女性たちが目指してきた改革の大きなカテゴリーのひとつは，女性たちの状況を改善するために，市場の

価値原理とされる平等と自立に訴えるものである[56]。このカテゴリーに分類される諸種の改革は，家族内における上下関係を小さくし，平等を獲得しようとすることを目指していた[57]。有効に機能したこうした改革の代表例が，婚姻女性財産法（Married Women's Property Acts）である。これらの立法は，妻が所有する財産の権原（title）を夫に与え，妻の賃金を受け取る権利を夫に認めていたコモン・ローのルール（common law：判例の集積によって形成された伝統的な英米の法）を変更するものであった[58]。従来のコモン・ローのルールに代わってこれらの法律が制定されると，妻たちはその財産を持ち続けることができ，婚姻中に獲得する賃金についての支配権をも手にすることができた[59]。しかしながら，これらの立法は，夫が家族の財産に対してもっている権力を妻と分かちあうことを強制することはせず，その代わり配偶者それぞれが，自分自身の財産を持つと定めたのであった。この改革やこれに類似する改革は，婚姻関係における妻の平等を広げ，家族内の上下構造や，従来夫に正式に認められていた大きな権力を弱めることに役立ちはした。しかしながら，これらの改革は限られた改革にすぎなかった。なぜなら，こうした改革は，形式的，法的な平等を与えたにすぎず，個人主義的な自己中心主義を助長し，利他主義的な要素を損なう傾向をもったからである[60]。改革は，女性たちに自分自身の財産を持つ権利を与えたが，家族の財産に差配を振るう力を与えたわけではなかった。男性がほとんどの財産を所有し，所得のほとんどを稼ぎだすという現実，そして女性たちは家で行われる，賃金の支払われることのない無償労働のほとんどを担っているという現実が続くかぎり，こうした改革は，女性たちにとって限られた意味しか持ちえなかった[61]。ほとんどの夫たちは家族内における権力を維持しつづけた。ただその力の基礎が，法的権威から，金銭的，物理的制御力に変わっただけであった。これらの，市場的原理に従った改革は，家族関係を基礎づけていた利他主義原理が減少していくのを許容し，時にはそれを促進さえした。なぜなら，法が人を平等に扱う方法として知っていたのは，市場におけるやり方だけであったからである。このため，家族内における平等を確立しようとする努力は，その実践のための各場面で，市場でみられる個人主義的取り扱いを次つぎと家庭内の人間関係に持ち込んでくることになったのである[62]。ここで私が個人主義的扱いというのは，その自己中心的な面，他者の立場や状況への配慮に欠ける，利他主義的要素の欠如したそ

れである。つまり、フェミニストたちが、家族制度を国家の手を借りて改革しようとした努力の結果、家族を、その肯定的な面だけでなく否定的な面も含めて、市場のようにしてしまうことになったのであった。

女性たちが試みた第2のカテゴリーの改革は、利他主義の原理のうえに成り立っている、もしくはそうであるべきであるとされる家族を、実際にもそうであるようにすることを目指すものであった。すなわち、家族についての神話を受け入れ、家族内の人びとの実際の振る舞いを、この神話に従えばどう行動すべきだということになるかに合わせようということを目指す改革である。しかし、この第2の種類の改革には、家族内にすでに存在するヒエラルヒーを受容し、これをより確かなものにしてしまうというマイナス面が存在する。

たとえば、婚姻女性財産法に先行した改革として、アメリカの8つほどの州で採用されるに至った、夫婦共有財産制度（community property）が挙げられる[63]。これらの州では、夫が妻の財産に対する権原を取得し、妻の賃金を受け取る権利を保有する代わりに、夫が稼ぐ賃金も含め、すべての婚姻財産は、法的には、夫と妻が共同で所有する「共有財産（community property）」であるとされた[64]。家族の財産と、夫の賃金も妻の賃金もすべて、夫婦の共有財産とするというこの制度は、極めてラディカルな改革であるように見えるかもしれない。しかし、ポイントは、当初立法化された夫婦共有財産制度においては、すべての婚姻財産の管理権は夫に与えられていたことを忘れてはならない[65]。このことは、婚姻した女性が働きに出て賃金を稼いでも、それはコモン・ローの夫婦財産制度の下におけるように、夫ひとりのものになったりはしなかったものの、夫がその費消をコントロールする夫婦の共有財産に繰り入れられてしまうということを意味していた[66]。夫婦共有財産制や、家族の間での分かちあいを促進しようとする、これと同じような諸改革の難点は、それが平等化を妨げ、家族内の上下関係を支持する傾向をもつという点にある。家族内の他愛主義的原理を強化しようとする改革は、あまりにしばしば、家族内のヒエラルヒーを強め、それを正当化する結果を招いてきたのである。

(4) 市場の改革についてみられるパラレルな効果

自由原理で機能する市場決定メカニズムの個人主義的色彩を弱め、企業等の雇用者側に、雇われている人びとに対してなんらかの責任を負わせるような修

正を行う試みは，家族制度のそうした改革にみられたのと同じように，改革の裏口から，不平等原理を導き入れてしまう効果をもつ。

たとえば，アメリカでも，社員に住宅を提供するようになった企業があった。こうした便益の提供は，社員を大事にする利他主義的原理に従った行動にみえる。しかし，多くの企業は，組合の活動に熱心な社員や会社に対し従順ではない社員に対しては，この便益享受を制限することで，従業員たちの自由を制限してきたのである[67]。また，最近の例としては，家族の介護のための休業制度を多くの会社が採用するようになったが，この制度を動かしていくために，会社がその従業員に，家族に関する情報の提供を求めるようになった。しかしこのことは，会社が従業員のパーソナルな領域についての情報を獲得し，それを濫用することを事実上可能にしてしまうこととなった。利他主義的行動決定原理を導入しようとする試みは，少なくともアメリカ合衆国においては，それと共に支配被支配関係をも持ち込んでしまうようにみえる。このため，反経済自由主義的政策に対しては，それが働く人びとの基本的な平等を傷つけるという反対論が常に持ち出されることになる。そうした改革は，市場をまるで一種の小さな幸福な家族のようにしようとする試みであるが，そうした改革が実現するのは，上下関係からなる家族にすぎない，と[68]。

我われが，この市場と家族についての理念系に囚われ，また愛他主義とヒエラルヒーかはたまた個人主義と形式的平等かという組み合わせのどちらをとるかという選択肢の間に立たされているかぎり，どのような改革をしようと，それはプラス面だけでなく必ずマイナス面をもってしまうように見える。まさにそのことのゆえに，私は，単に，「さあ，とにかく改革しなくては。とにかく何か考えて，それがうまくいくよう祈りましょう」といったように法を改革の単なる手段として捉え，これを使うだけでなく，法の基底にどのような基本的な考え方や思想が潜んでいるかを見極め，そこに潜んでいるイデオロギー的罠の構造を明らかにすることで，これを乗り越えていく道を探ることに強い関心を抱いているのである。

5 まとめと結語

法は，社会に対して，直接，間接の影響を及ぼしている。法は，その社会が，

何が価値あるものであるかを決定する闘いが繰り広げられるアリーナであり，また定義された価値の実現をめぐって攻防が展開される場所でもある。アメリカでも，またヨーロッパでもそうであり，世界中のほかの場所においてもおそらくそうではないかと思われる。法は，社会のなかの異なる人びとの集団の間の力関係に影響を及ぼさずにはおかない。たとえば，労働者たちがその賃上げ交渉のためにどれだけ強いバーゲニング・ポジションをもつか，子どもは親からどれほどのことを期待できるのか，あるいはまた，夫は妻にどれだけのことを求めることができるのかに影響を与えている。社会の諸集団間の相対的力関係に法が与えている影響は，法が脱政治化されているとき，すなわち，その社会の大部分の人たちがそのことに気づかず，それが「そういうものだ」として当然視されているとき，最も問題化されにくく，そして最も強力なものとなる。

公と私の区別は，法を脱政治化し，法が，雇用主が労働者に，夫が妻や子どもたちに対して，行使することができる権力を与えていることに気づきにくくさせる方向で機能してきた。公私の区別に対する批判は，市場機構においても，家族制度においても，その改善に重要な役割を果たしてきた。法の注意深い批判的研究は，それまで当然視されてきた，しかし本当のところは少しも当り前ではない不公正を，あらわにすることに役立ちうる。このような研究を通じてこそ，法学研究は，重要な社会改革を実現するための基盤を整え，それを実現していくことができるのである。

たとえばアメリカ合衆国についても，こうした法の役割についての十分な研究を通じて，なぜ多くの改革が失敗に終わり，あるいは，部分的な成功しかおさめることができなかったかを解明することが可能である。家族は市場とは全く異なる領域であると認識されてきた。市場が，個人主義的原理，誰もが自分自身を中心に考える領域であるのに対し，家族は，利他主義原理と分かちあい原理によって成り立っていると思い込まれてきた[69]。市場の個人主義原理は，市場機構がもたらす結果に正当性を付与する形式的平等主義と強く結びつけられ，家族を支えていると考えられてきた利他主義は，家族内のヒエラルヒーを，受容し，時にはこれを見えないものにもしてきた。利他主義とヒエラルヒー，平等主義と個人主義という分ちがたく結びつけられた組み合わせは，改革のための試みを限界のあるものとしたり，挫折させたりしてきた。男女の平等を実現しようとする各種改革は利他主義を犠牲にすることで個人主義を強化してし

まうか，利他主義的面を充実しようとしてヒエラルヒーを強化してしまうかのどちらかであった。

　公私の区別が，法が社会について抱くイメージにどのような影響を与えているかについて十分な認識をもつということは，自動的に変革をもたらすわけではない。しかし，真に有効でかつ持続力のある，社会に深い根をおろすことのできる改革を行うためには何が必要であるかについて，よりよい理解を得るうえでは欠かすことのできない作業であるように思われるのである。

1) アメリカ合衆国の人口については以下を参照。U. S. Census Bureau, State & County QuickFacts, http://quickfacts.census.gov/qfd/index.html; www. factfinder. census. gov.
2) *See* Japan Statistical Yearbook 2005 at 38.
3) *See* Joel Achenbach & Richard Leiby, *We Find the Defendant . . . The Bobbit Verdict From the Court of Public Opinion*, WASH. POST, Jan. 22, 1994, at D01; Rebecca Flower, *Art Of Getting One's Own Back*, THE INDEPENDENT (London) Nov. 16 1995 at News page 5; Phil Reeves, *Jackson "Pays 10m" To Settle Sex Case*, THE INDEPENDENT (London) Jan 26, 1994 at International News page 1.
4) *See* http://www.law.umkc.edu/faculty/projects/ftrials/lapd/lapd.html. *See also* Wire story, *Motorist King Completes Robbery Parole*, CHI. TRIBUNE, Dec 29, 1993 at News page 12; *A Good And Principled Verdict*, BOSTON GLOBE, Apr. 18, 1993 at Editorial Page.
5) *See* http://www.law.umkc.edu/faculty/projects/ftrials/Simpson/simpson.htm; *Simpson Vows To Pursue Killer*, THE EVENING POST (Wellington), October 4, 1995 at News page 1.
6) Tim Cornwell, *OJ To Pay Extra $25m Damages*, THE INDEPENDENT (London), February 11, 1997, at page 1.
7) 法のこの2つの役割についての更なる説明として，*see* Frances Olsen, *The Politics of Family Law*, 2 J. Law & Inequality 1, 1-4（1984）.
8) *See* CAROL PATEMAN, THE DISORDER OF WOMEN: DEMOCRACY, FEMINISM AND POLITICAL THEORY 119（1989）; Luan-Vu N. Tran, *The Canadian Charter of Rights and Freedoms: Justification, Methods and Limits of a Multicultural Interpretation*, 28 COLUM. HUMAN RIGHTS L. REV 33（1996）.
9) www.jus.uio.no/ifp/english
10) *Id.*
11) *See* Civil Rights Cases, 109 U. S. 3（1883）; Frances Olsen, *Constitutional Law: Feminist Critiques of the Public/Private Distinction*, 10 CONSTITUTIONAL COMMENTARY 319-327（1993）; Mark C. Alexander, *Attention, Shoppers: The First Amendment in The*

Modern Shopping Mall, 41 ARIZ. L. REV 1 (1999).
12) U. S. Const. amend XIV § 1. 奴隷制度を禁止している第13修正はその有名な例外であり、州の行為 (state action) の存在を 要求していない。U. S. Const. amend. XIII.
13) *See* Peterson v. Greenville, 41 Ala. App., at 317, 133 So. 2d, at 701 (*reversed on other grounds* 373 U. S. 244 (1962)); *but see* Garner v. Louisiana 368 U. S. 157, 176 (1961) (Douglas, J., concurring); Damiel H. Pollitt, *Dime Store Demonstrations : Events and Legal Problems of First Sixty Days*, 1960 DUKE L. J. 315, 317-37. (1960)
14) *Id*. 政府による「私的」合意への法的強制力の付与が「州の行為」となることを認めた最も強力な先例は Barrows v. Jackson 346 U. S. 249 である。この判決で裁判所は住宅地域における人種差別的な制限的約款（restrictive covenants）を違憲無効と判示した。しかし裁判所は、その後この先例を拡張することを拒否し、潜在的にその適用が広範囲に及びうるこの先例の法理の適用を制限もしくは先例としての意義を否定するような立場をとるようになってきた。
15) *See* Peterson v. Greenville, 373 U. S. 244, 248-50 (1962). (一部補足意見、一部反対意見を述べたハーラン裁判官は、たとえ市の条例が人種隔離を定めていたとしても、裁判所は、隔離するという決定が事実上所有者の私的選択であって州の行為ではないかを判断すべきであるという議論を展開している。)
16) *See* U. S. Civil Rights Act, 42 U. S. C. §2000(e) (1964).
17) Frances Olsen, *The Myth of State Intervention in the Family*, 18 U. MICH. J. L. REF. 835 (1985).
18) *E.g.* Commonwealth v. Pullis (Pa. 1806) (*rejected in* Commonwealth v. Hunt, 45 Mass. 111 (1842)).
19) *See* Moose Lodge No.107 v. Irvis, 407 U.S. 163 (1972) (州からの免許件数が極めて限られたものであったにもかかわらず、クラブの性格が「私的」なものであるから合憲性の問題はないとして、人種のみを理由としてクラブメンバーのゲストに給仕を拒んだ会員制のクラブ Moose Lodge が、酒類提供免許を保持し続けることを認めた。). Cf. Edmonson v. Leesville Concrete, 500 U.S. 614, (1991) (民事訴訟における陪審員の選任に際し、訴訟当事者による人種を理由とする忌避に第14修正を適用。). Edmonson 判決は、Moose Lodge 判決「憲法による個人的自由権や平等権の保障は、一般的に、政府による行為にのみ適用される。人種差別は、それが州の行為に帰せられる場合にのみ、憲法に違反する (407 U.S. at 172)」を引用しつつ、Moose Lodge 事件との違いを論じている (500 U.S. at 619)。
20) *See* AMERICAN LEGAL REALISM, chapter 4 (Fisher, Horwitz & Reed, eds. 1993); MORTON J. HORWITZ, THE TRANSFORMATION OF AMERICAN LAW 1870-1960 : THE CRISIS OF LEGAL ORTHODOXY 206 (1992); Robert L. Hale, *Coercion and Distribution in a Supposedly Non-Coercive State*, 38 POL. SCI. Q. 470 (1923); Morris R. Cohen, *The Basis of Contract*, 46 HARV L REV 553, 561-562 (1933).
21) *See e.g.* MARK KELMAN, A GUIDE TO CRITICAL LEGAL STUDIES 102-09 (1987); HORWITZ, *supra* note 20, at 10-11 *and passim*; Frances Olsen, *The Family and the Market :*

第1講 「公私」の区別　　　　105

A *Study of Ideology and Legal Reform*, 96 HARV. L. REV. 1497 (1983).
22) *See* Nadine Taub & Elizabeth Schneider, *Women's Subordination and the Role of Law*, in THE POLITICS OF LAW 328, 328-38 (Kairys, ed.) (3d ed. 1998) (originally written and published in 1982) ; Patricia A. Cain, *Symposium Article: Feminism and Limits of Equality*, 24 GA. L. Rev. 803 (1990) ; Kathryn Powers, *Sex Segregation and the Ambivalent Directions of Sex Discrimination Law*, 1979 WISC. L. REV. 55 (1979).
23) Olsen, *supra* note 21.
24) この点についての更なる議論については，see Olsen, *supra* note 21.
25) *See* Olsen, *supra* note 21, 96 HARV L. REV 1497, 1502 and sources *cited* at 1502 note 19 (1983) ; MILTON FRIEDMAN, CAPITALISM AND FREEDOM (1962).
26) *See* John P. Dawson, *Economic Duress-An Essay in Perspective*, 45 MICH. L. REV. 253 (1947) ; Hale, *supra* note 20.
27) *See* HORWITZ, *supra* note 20 at 50-51, 115 *and passim* ; Izhak Englard, *The System Builders: A Critical Appraisal of Modern American Tort Theory* 9 J. LEG STUD 27, 31-32 (1980).
28) Olsen, *supra* note 17 ; Dunkan Kennedy, *Towards an Historical Understanding of Legal Consciousness: The Case of Classical Legal Thought in America, 1850-1940*, 3 RES. LAW & SOC. (1980) ; Dunkan Kennedy, *Form and Substance in Private Law Adjudication*, 89 Harv. L. Rev. 1685 (1976).
29) *See* HORWITZ, *supra* note 20.
30) *See id.*; Joseph Singer, *The Legal Rights Debate in Analytical Jurisprudence from Bentham to Hohfeld*, 1982 WISC. L. REV. 975.
31) *See id.*; Morris L. Cohen, *Property and Sovereignty*, 13 CORNELL L. Q. 12 (1927).
32) James Boyle, *A Symposium of Critical Legal Study: the Anatomy of A Torts Class*, 34 Am. U. L. Rev 1003 (1985).
33) *See* Hale, *supra* note 20 ; HORWITZ, *supra* note 20, at 33-39.
34) *See* Olsen, *supra* note 17, at 836 ; Paolo G. Carozza, *Subsidiarity as a Structural Principle of International Human Rights Law*, 97 A. J. I. L. 38 (2003).
35) *See* Olsen, *supra* note 17 at 836 ; Todd M. Blackmar, *Proposed National Tobacco Settlement Symposium Note*, 29 U. Tol. L. Rev. 727 (1998).
36) U. S. v. Lochner, 198 U. S. 45 (1905).
37) *See* Horwitz, *supra* note 20, at 33-36, 193-212 ; Olsen, *supra* note 21, at 1503 ; PAUL KENS, LOCHNER V. NEW YORK: ECONOMIC REGULATION ON TRIAL (1998).
38) *Id.*
39) *See* Joseph William Singer, *Review Essay: Legal Realism Now*, 76 CALIF. L. Rev. 467 (1988) ; Margaret Jane Radin, *Humans, Computers, and Binding Commitment* 75 Ind. L. J. 1125 (1999) ; Olsen, *supra* note 17 at 836-37 ; Cohen, *The Basis of Contract*, 46 HARV. L. Rev. 553, 561-62 (1933).
40) *See* Singer, *supra* note 39 ; Olsen, *supra* note 17, at 843.

41) See Olsen, *supra* note 17, at 861-62; *see also* HORWITZ, *supra* note 20, at 208-46（ラディカルさにおいて程度の異なるリアリズム法学が存在したことを論じている）.
42) See Olsen, *supra* note 21, at 1503; David M Rabban, *Free Speech in Progressive Social Thought*, 74 TEX L. Rev. 951 (1996).
43) See Olsen, *supra* note 21; Olsen, *supra* note 17.
44) See Olsen, *supra* note 17, at 850.
45) See Olsen, *supra* note 21, at 1509; Cheryl Hanna, *No Right to Choose: Mandated Victim Participation in Domestic Violence Prosecutions*, 109 HARV. L. REV. 1849.
46) See Olsen, *supra* note 17, at 838-41; Gila Stopler, *Countenancing The Oppression of Women: How Liberals Tolerate Religious and Cultural Practices That Discriminate Against Women* 12 COLUM. J. GENDER & L. 154 (2003).
47) *Id.*
48) See Olsen, *supra* note 17, at 835, 838, 861.
49) Olsen, *supra* note 21, at 1505, 1521.
50) See FRIEDMAN, *supra* note 25; Frances Olsen, *From False Paternalism to False Equality: Judicial Assaults on Feminist Community, Illinois 1869-1895*, 84 MICH. L. Rev. 1518, 1532-34, 1537-41 (1986).
51) See Olsen, *supra* note 21, at 1505, 1521.
52) *See id* at 1515; OLIVER W. HOLMES, THE COMMON LAW (1881).
53) See Olsen, *supra* note 7, at 8-10.
54) ANATOLE FRANCE, THE RED LILY (1894).
55) Olsen, *supra* note 21, at 1527-28.
56) *See id.* at 1524-25; *see also* Deborah L Rhode, *Perspectives on Professional Women*, 40 STAN L. REV 1163 (1988); Mary Becker, *Patriarchy and Inequality: Towards a Substantive Feminism*, 1999 U. CHI. LEGAL F. 21 (1999).
57) Olsen, *supra* note 21, at 1518-19, 1530-39.
58) *Id.* at 1532.
59) *Id.*
60) *Id.* at 1632-39.
61) *See id* at 1532; *see generally* Linda E. Speth, *The Married Women's Property Acts, 1839-1865: Reform, Reaction, or Revolution?*, 2 WOMEN AND THE LAW, 69, 72-73.（立法の真の意図は、夫の債権者から家産を守るためであるとの議論を展開している。）
62) See Olsen, *supra* note 21, at 1527-28, 1537.
63) *See* Home CLARK, THE LAW OF DOMESTIC RELATIONS IN THE UNITED STATES 296 (2 d Student ed. 1987) アリゾナ、カリフォルニア、アイダホ、ルイジアナ、ネバダ、ニュー・メキシコ、テキサス、ワッシントンの8州に最近アラスカとウイスコンシンの2州が加わり、全10州となった。See http://www.legal-database.com/community-property.htm; http://www.wiggin.com/pubs/advisories_template.asp?ID=10511110302000.
64) See Olsen, *supra* note 21, at 1540; WILLIAM BASSETT, ON CALIFORNIA COMMUNITY

PROPERTY LAW (2003).
65) *See* Olsen, *supra* note 21, at 1540 ; ORRIN K. MCMURRAY, COMMUNITY PROPERTY 8 (1930).
66) *Id*.
67) CARL SMITH, URBAN DISORDER AND SHAPE OF BELIEF (1995). [プルマン（Pullman）がそのモデル・タウンを自給自足（アルターキー）的に運営していた様を描いている。]
68) *See* Olsen, *supra* note 21, at 1525, 1555-59.
69) *See id* at 1520-21 ; Judith Areen, *Baby M Reconsidered*, 76 GEO. L. J. 1741 (1988).

[第1講へのコメント]
公私二元論批判と日本の文脈

中山道子

はじめに

現実的・具体的法的諸問題については次回以降，私よりもよくご存知の先生がたが議論されると思われるので，私は基本的には理論的なレヴェルで，オルセン教授が第1講で語られている話が，日本の状況にどのようなかたちでつながりうるか，私なりに考えたところをコメントすることにしたい。

オルセン教授がこの講で展開された議論は，英語圏を中心とした欧米の世界を前提としたものである。これに対し，そうした学問的潮流が日本の文脈においてどのような意義をもちうるかということを考えるにあたって，まず日本の状況を整理し，そのうえで，それとの関係においてオルセン教授を含めた欧米のフェミニズム法学が展開している議論の意義について考えてみることにしたい。

日本における家族の政治性についての認識

オルセン教授の第1講のテーマは，公私二元論である。ここでのオルセン教授の議論にも端的に表れているように，欧米のフェミニストたちは，公私二元論批判に強い関心を示し，いわば長い間これと闘ってきているわけである。この公私二元論批判の背後にあるのは，「個人的なことは政治的である」("The personal is political,") という考え方——これは実はもともとはヒッピー運動のテーマであったものが，フェミニズム運動においてスローガンとして大変大きな意味をもつようになった——である。この考え方，問題の捉え方を，日本の文脈のなかに置いて考えてみたいと思う。結論を先取りすると，欧米では大変大きな論争を呼び，多くの反論・反撃を巻き起こしたこの「個人的なことは政治的である」という考え方は，日本においては，ある意味であたりまえの考え方であった，言いかえれば日本には，この考え方を衝撃的なものとする土壌がそもそも存在しなかった，という議論をしたいと思う。

それはどういう意味かといえば，日本の研究者は，家族というのは政治的な

ものであるということを，フェミニズム運動が出てくるずっと以前から知っていたということである。どういう意味で知っていたかというと，戦前の日本は衆知のように天皇制国家体制のもとで，家族主義原理に基づいて「国家というのはファミリーとして政治的に支配・服従関係にある。父親には服従しなければいけない」ということがあり，また「天皇陛下が日本の民族の宗主である。本家本元である」という観念があった。戦前の天皇制支配国家——それを大人がどれほど信じていたかは別として——の公定イデオロギーとして観念されたのは，そのような家族国家観であったわけである。戦後の法学に継承された潮流は，そうしたものに対する政治的なリベラルな立場からの批判を常に底流としてもってきた。保守派も，家族というのは政治的なものであるということを議論し，左派のほうも，その保守派の議論を前提にして家族の政治的な性格というものを議論しなければならなかった。「家族は政治的なものである」ということは，アメリカでは左派が言ったことであるが，戦前の日本ではそれは右派が主張し，それに対して左派は何か応えなくてはならないという状況があったわけである。つまり，家族の問題というのは大変政治的な問題だということは，右派においても左派においても戦前においてすでに明らかだったのである。

　戦後，リベラルな日本国憲法擁護の立場に回った指導的な法学者たちは，家族の非民主的性格が天皇制国家体制においていかに問題であったかということを議論してきた。戦後の民主化改革は，土地改革と女性解放と天皇制問題が一番大きい柱となったわけであるが，その観点からしても，戦前と変わらず戦後においても，家族という問題は大変重要な政治的争点でありつづけたということである。言いかえれば，日本においては過去1世紀間，家族法がたいへんな政治的な闘いの場所であったわけで，これは，オルセン教授が本書58頁でも言及されたニコル・レイシィの論文のなかにも書いてあるように，過去2世紀間にわたって家族というものの政治性はほとんど言及されず，唯一の例外は，メイン・ストリームとしてはジョン・ステュアート・ミルぐらいであったというアングロ・アメリカのリベラリズムの状況とは，まったく好対照をなすといえる。

　そういう点で，私は個人的には，1950年代の日本における家族法研究は，同時代のヨーロッパ・アメリカにおける家族法研究と対比させると大変水準が高かった，あるいは盛んであったというように評価できると考えている。「家

族というのは政治的な関係である」ということは，アメリカにおいてはフェミニズム運動が起こってから認識されるようになったことであるのに対し，そんなことは日本人はとうの昔から知っていたのである。このような議論はある意味で挑発的な議論であり，またオルセン講演のテーマであるフェミニズムの視点からすると，少し文脈は違うとはいえるが，しかし重要なポイントだと思われる。

私法学における家族の政治性に関する優れた先行研究

第2として，フェミニズム運動における「個人的なことは政治的である」という主張のコロラリーであった公私二元論の原理について考えてみたい。オルセン教授から，公私二元論の原理の弊害をフェミニズム運動が大変強く指摘したという話がなされたが，このことは，欧米では公私二元論が，女性たちの抱える問題を解決していくうえで大きな壁，障害となってその行く手を阻んだからである。それでは，公私二元論が社会に根付いていなかった日本，言いかえれば「個人的なことは政治的である」という理解があたりまえのこととされていた日本においては，そうした障害がなかったので女性たちは苦労しなくて済んだ，あるいは，公私二元論はあってもなきがごとき存在だったかといえば決してそんなことはなかった。ではその問題は日本においてはどうだったかということを見てみたい。

日本においてもやはり公私二元論は，学会のあり方，法学のあり方，法律のあり方，法律家のあり方をある意味で大きく制約してきたのではないかと思われる。ではそれはどういうところに現れているか。日本において家族が政治的な役割を演じたということ自体については，先述したように日本は1世紀の研究の成果がある。この研究会にご出席の利谷信義教授も戦争直後の戸籍制度の歴史的研究について，そうした潮流の大きな役割を担われた方のお一人である。しかし，そうしたしっかりとした研究の蓄積，流れが存在してきた反面，公法関係の研究においては家族の問題はほとんど取り上げられてこなかった。「日本においては家族は政治的なものである」という私法学者の認識と「家族というのは国家観には全然関係ないのだ」という公法学者の認識とが，鮮やかなコントラストをなしているといえる。

たとえば，民法学者・稲本洋之助の論文「ナポレオン民法典（1804年）に

おける家族法」(『フランスの家族法』(1985) に「ナポレオン法典家族法の論理構造」と改題のうえ所収)を挙げることができる。これは1960年に発表された論文で、彼はフェミニズムの立場からこの論文を書いたわけではないのだが、フェミニスト的な考え方と共通する視角をもった歴史的研究が日本では戦後すぐになされていることは特筆に値する。この論文は、フランスにおける1804年のナポレオン民法典の論理構造を分析した大論文である。稲本は、ナポレオン民法典は家族法においては大変家父長制的な、ハイアラキカルな構造になっており、これと対照的に財産法領域は大変自由主義的であるということを指摘している。稲本の前の世代、たとえば川島武宜などによると、市民革命というのはもともと平等主義的なのだから、家族法領域も財産法領域もヨーロッパ、アメリカにおいては平等主義的であるはずなのだけれども、時代的な制約があるので家族法領域は上下構造が依然残っている、というように説明されていた。これに対し、稲本は1960年の段階において、「これは別に誤解しているのでも時代的な制約でも全くなくて、わざとそうなっているのだ」というように説明した。彼は、マルクス主義的な方法論にかなり依拠しつつ、財産法領域においては、各個人は平等・対等な個人として行動するのに対して、家族法領域では、フィリップ・アリエスが言ったブルジョア的な小家族という観念で、家族というのは公的な、大変強い財産的な単位として構成されており、そうした家族の財産は、対外的な関係では家長個人が支配している。財産法領域における独立の諸個人とは、こうした財産体の長――いわば小さな会社、家族会社の社長――であって、そうした存在として、財産法領域において平等・対等に競争を展開する。であるから、家族法領域におけるヒエラルヒーと財産法領域における対等な関係というのは不可欠なかたちで結びついているのであって、決して誤解しているわけでもおかしいわけでもない、と論じている。

　これは1960年という時代的な学説的な対比をしてみると、ヨーロッパにおいてはフィリップ・アリエスなどが研究を始めた時期、あるいは家族の社会史研究がようやく始まった時期であり、比較法研究として大変水準が高く、現在においてもますます評価の必要な視点である。

日本の公法学の状況――憲法学と家族法学の二元論
　このように日本の家族法研究・家族研究は早くから水準が高く、また日本研

究だけに閉ざされていたわけでもなかったのである。こうした私法領域での研究の状況に対比させて、公法の領域の研究状況をみてみよう。この点については、わが国有数の憲法学者の一人である樋口陽一の憲法学説が1980年代のなかばぐらいからどのような変遷を辿ったかが注目される。樋口陽一は、ヨーロッパの立憲主義の伝統で一番重要なのは個人主義の伝統である、その立憲政治の根本哲学や個人主義という観念自体が日本においてまだ欠けているものであり、ヨーロッパを理想とするというところの最も重要な意義である、というふうに論じていた。

これについては、ドイツ法学者・村上淳一がただちに反論を展開した。樋口は「近代の個人主義」という言葉を使うが、それは「家長個人主義」である。つまり、歩いている人びとすべて、私たちすべてが個人主義の主体者というように肯定されていたのではなくて、近代においては、個人主義は限られた人びとに対して当てはまるものでしかなかったことを指摘し、いわば樋口の個人主義の伝統の議論に脚注を施したわけである。

ここで私が指摘したいのは、村上が憲法学者ではなかったという点である。樋口の個人主義的・歴史主義的なテーゼに対する批判は、憲法学自体のなかから出たのではなかった。憲法学者たちは村上が樋口に対してなした批判を重く受け止め、樋口自身も近代的な個人主義に対するフェミニズムの批判を受け入れて、いまでは個人主義に言及するときには常にその脚注を自ら使うようになっている。しかし、こうしたやり取りがあったにもかかわらず、1960年代に稲本が提示したようなテーゼ、すなわち、個人主義は家族内のヒエラルヒーがあったからこそ初めて可能であったのだという潜在的なテーゼに対する緊張感はほとんど見られず、「昔は家長個人主義だったけれども、いまはほんとうの個人主義になればいいのだ」という、大変単純な平面的な理解はそのままになっている。それが公法学会の状況である。家族関係におけるさまざまなアクター、夫であるか妻であるか子どもであるか、これらさまざまな人びとが、お互いの関係において、抽象的な対等な属性をもつ個人であることを体認するという関係性を掌握するパラダイムは、必ずしも準備されているとはいえないのである。

実際には、近年においてようやく、アメリカ法の影響で、家族法という問題が憲法学会において議論されるようになってはきた。憲法関係の一番大きな学

会である公法学会で初めて家族が取り上げられたのは1993年になってからであった。それほど遅かった。同年の公法学会では，米沢広一が，学会側の要請を受けて「アメリカにおける家族法の憲法化現象」について報告をしている。この学会で重要だと思われるのは，このときの司会の佐藤幸治と米沢広一が，ディスカッションのなかで「どうしていま家族法が憲法学にとって意味をもつのか，わからない」というような趣旨のことを述べている点である。なぜ憲法学に新たに家族法が出てきたのか。理屈をつければ，女性の解放などいくつか出てくるわけだが，なぜいま家族法が憲法学の対象となってきたかということについての哲学的な整理は，彼らにはなかった。

戦前の憲法学者は，どうして家族が憲法学にとって意味があるのかということを知っていた。その意味からいうと戦前の伝統との連続性が失われたわけで，私はその点を指摘しておきたい。そのような伝統が失われ，1993年の段階になって憲法学が家族関係というものを個人主義の観点から，あるいは平等の観点から検討することになったときに，どうしてそれが憲法学の研究対象となるかということすらわからない，こういう状況が生じるにいたったのか。私は，これを，憲法学と家族法学の二元論がもたらした結果であると思っている。

樋口と稲本とは同じ時期にフランスに留学し，パリで勉学した仲で，同時期に研究を始めた研究者である。そういう個人的な関係は別としても，樋口は1980年代に村上に「おまえの個人主義というのは家長個人主義のことだよ」といわれなければならなかった。つまり60年に稲本が書いた論文は，樋口には，自分のテーゼとは何の関係もないと思われたわけである。その結果彼は80年代に，フランスにおける個人主義というのは素晴らしい，というふうに思っていた。その認識論的な枠組み——私が樋口をやり玉にあげるのは，彼が大変優れた，私の最も尊敬する憲法学者の一人であるからであるが——，そのような認識枠組みができてしまっているところに，戦前との継続性がなくなり，民法学とのレラヴァンスがわからなくなっており，と同時に憲法学の公私二元論の内在化が認識論的な枠組みをはめるという構造になっている，そういう構図を見るわけである。

おわりに

日本にはこのような全体的な状況があり，そのような文脈から，オルセン教

授が論じた公私二元論のフェミニスト的批判は、日本の憲法学にとって大変意義がある考え方を提示しているというように、私には見えるわけである。先ほど述べたように、日本には、フェミニズムの指摘に先駆けた、公私二元論を相対化するような研究の蓄積が存在していたわけであるが、具体的な問題の状況に着目した場合、日本の憲法学において問題が解決されるための包括的な——公私二元論を超えた公法学的な原理から、そして同時に私法学的な原理から問題に対処しようという——方法論は、まだ提示される段階にはなっていないように思われる。第1講のなかで、ノルウェーでは「女性の法」という学科ができたというお話があった。たとえばフェミニズムが、刑法学も民法学もそして憲法学も「女性」という観点を機軸として、平たくいえば三者を並べて検討するかたちで議論を行うことができるならば、それは学問間の相互的な無交流というものに対して、多角的で学問的な多くの刺激をあたえることになる可能性があると考えている。

　レジメ［研究会で配布／本書には未収録］の最後に英語で、"Does Law Need Feminist Theory Or Not?"と書いたことについてひとこと。「わざわざやってきて何を言っているんだ」というようなことを書いているわけであるが、日本においては残念ながら、アカデミズムのみならず法実務のレヴェルでも、法にたずさわる女性の数がそれほど増えていないという状況がある。これも欧米社会との大きな違いであることを忘れてはならない。アメリカでは、ハーヴァードにしろイェールにしろ、ロー・スクールが女性に開放されるのは日本より遅かった。たとえば、ハーヴァードの場合は1950年ですから。日本はアメリカの占領政策の結果として、1946年から東京大学にも女性が入ることができた。しかしながらそのような日本の先進性は、1970年代以降大きく変わってしまって、現在では、日本において法にたずさわる女性の数は欧米において法にたずさわる女性の数より大変少なく、そして変化のカーヴを見るかぎり、いまから日本で法学部への女性の参入が爆発的に増えるという状況は考えにくい。そのようななかで、フェミニスト法理論が法学において演じうる役割を考えるとき、正直なところ、そこには大きな困難が存在するように私には思われる。もちろん、その困難を克服するというのがオルセン教授のセミナーの趣旨であるが。

第2講　市場と女性
―― 女性の法的平等と労働保護立法

　第1講では，家庭と職場という，対照的なそれぞれの理念型について扱ったが，まずそこでのポイントの復習から始めよう。第1講では，2種類の異なった公私の区分について論じた。その第1は公的なものだとされる国家と，私的なものだとされる市民社会との間の区分であり，第2は，市民社会の内部において，公的なものだとされる市場と，私的なものだとされる家族との間の区分であった。これらの対照的な理念型にあっては，家庭は利他主義的であるとされていたのに対し，市場はより個人主義的であってよいとされ，また，市場は平等原理に基づいているとされているのに対し，家庭はより多くのヒエラルヒー的要素を含んでいてもよいとされていた。そして，このような特徴をもつ市場は男性の領域と見なされ，家庭は女性の領域だとされてきた。実際には，家庭には通常，女性と変わらない数の男性が存在したにもかかわらず，家庭は女性の領域であると考えられてきたのである。そして，男性は，この私的であり女性のものだとされていた領域から排除されてはいなかったが，女性はしばしば，男性のものだとされていた公的な領域から排除されていたのであった。

1　労働市場への女性の進出がもたらしたもの

　本講では，女性が市場という男性のものだとされていた領域へ進出していった現象と，この変化がどのような影響を市場にもたらしてきたか，法と社会がこのことをどのように取り扱ってきたかについて検討することにしたい。かつて，世界中の多くの地域において，女性は，法的規制によって，端的に市場から締め出されていた。アメリカでは，たとえば19世紀のなかばまで，結婚している女性が財産を所有したり，拘束力のある契約を結んだりすることは法によって不可能とされていた[1]。法的規制や伝統によって，女性は，多くの専門職業から排除され，ほとんどの職種において，賃金労働に従事することもできないでいた[2]。こうして，法は，市場に女性が「侵入する」ことを妨げていた

のである。こうした状況が変化して、女性が市場で働くことを許されるようになっても、重要な局面において彼女たちはつねに家庭と結び付けられ捉えられ、このことが女性たちが市場において選択することを許され、あるいは期待される役割に大きな影響を与えていた[3]。今日においてもなお、家庭における女性の役割というものが、市場への女性の参加に対して影響し、これを制限しつづけている[4]。

(1) 労働保護立法による女性保護の動き

資本主義の市場原理と深く結びついた個人主義の欠点は、市場において成功を追い求める個人が全て男性であった、ないしはそのように考えられていた頃には、しばしば見すごされ、あるいは許容されていた。しかし、女性も市場において労働しているということが認識されるようになると、こうした個人主義の欠点が注目されるようになり、多くの人びとがこれを放置できないことと考えるようになっていった。市場における個人主義を緩和しようとする試み——たとえば、利益の増大を狙う雇用主が個々の労働者を働かせることのできる時間数に制限を設けようとする試み——は、関係する労働者の性別(ジェンダー)によって影響されたのである。女性労働者に焦点が当てられたときには、市場の個人主義の欠点が多くの人びとにとってより明白となり、雇用主による労働者搾取のあり方を制限しようとする際につきまとっていた経済的・実際的困難は、しばしば、さほど乗り越えがたいものだとは受けとめられなかった。たとえば、19世紀には、アメリカの労働者や社会改革運動家が、1日あたりの労働時間を10時間といったぐあいに制限しようと試みたが、通常それは失敗に終わっていた。しかしそうした時代にあっても、改革運動家が女性の労働時間を10時間、あるいは8時間にまで制限しようとした場合、それが成功する度合いはずっと大きかったのである[5]。

労働保護立法批判 労働者に対する保護的立法は、労働者たちは何が自らの利益となるかを自分で判断することができないということを含意するのであって、そうした保護立法は非実際的であり、方向性として誤っているばかりでなく、労働者たちを軽蔑するものでもあるというのが、こうした立法に反対する人びとの非難の根拠であった。市場における個人主義的原理に制限を加えないことによって、結局のところ、社会の全ての人が恩恵を受けるのであると論

じられたのである。労働時間を制限しようとすることは，産業の発展を阻害することになり，長期的にみれば労働者に害を与える結果になるのであって，もし労働者たちがより多く稼ぐためにより長時間働くことを選ぶのであれば，法はそれを止めようとすべきではない。自由市場の見えざる手は，経済的自由放任主義(レッセフェール)の支持者たちによれば，長期的には全ての人の利益になるのであるという議論であった。このようにして，少なくとも市場内の男性労働者について論じているかぎりにおいては，個人主義に掣肘を加えるべきではないとする議論がその主流を占めたのであった[6]。

女性のみを保護する性別特定的労働保護立法　しかしこれに対して女性について論じる場合においては状況は異なっており，なぜ雇用者に制限を加え，市場の個人主義的原理に修正を加えるべきかについて，少なくとも3つの異なる理由が挙げられていた。女性の労働保護立法に関して，社会改革運動家たちが依拠した正当化理由の1つは，女性は基本的に弱い"性(セックス)"であるというものであった。このため，男性労働者の労働搾取を制限する保護立法には反対するであろう同じ立法者が，女性の保護立法については異なった立場を取ることもありえた。この異なった取扱の基礎として掲げられたのは，暗黙の前提とされた女性の脆弱さとその保護の必要性であった[7]。もちろん，多くの人びとがそれがナンセンスであること——すなわち女性は決して男性よりも脆いわけではないこと——に気づいていた[8]。実際，歴史上女性が果たしてきた重労働を考えてみれば，もし女性が本当に男性よりも脆弱であるのならば，人類はとっくの昔に滅んでいただろうから。

　性別(ジェンダー)特定的な労働保護立法，すなわち女性を，そして女性のみを保護する労働立法をなす際に典型的に挙げられる2つ目の理由は，この，そうであれば人類はとっくに滅んでいたのではないかという点に関係している。それは，女性は男性よりも弱くはないかもしれないが，しかし女性は産む性であるという正当化理由である。男性を死ぬほど働かせたとしても人類全体を危機に陥れることはない。しかし，女性をそんなに厳しく働かせたら，劣った子どもしか産むことができなくなる，あるいは全く子どもを産まないということになりかねず，人類全体が損害を被り，ひょっとしたら絶滅に至ってしまうかもしれないという考え方である。女性のみを対象とする労働保護立法の，第2の主要な正当化理由は，女性は子を産む性であるというものであった[9]。

ここで議論を先に進める前に、この正当化理由について吟味しておきたい。女性は男性よりも脆弱だという主張とは違って、女性は子どもを産む性であるというこの主張は、確かに事実であり、今日のあらゆる生殖技術をもってしても、男性が子どもを産んだという話は聞いたことがない。だが、この、男性ではなく女性が子どもを産むという事実が、一体何を意味するかは、生物学的問題ではなく、社会的問題である。一般に、低い社会階層の女性たちは難なく子どもを産むことを期待されてきたのに対し、古今東西を問わず、より高い社会階層の女性たちは、身ごもっているときや子どもを産むときに、常にもまして脆弱で傷つきやすい存在として取り扱われてきた[10]。近代においては、生殖機能に危険があると考えられる有害な化学物質や、その他の物質にさらされるような仕事から、女性は排除されてきた[11]。しかし実際には、男性が職場である種の有害物質にさらされた場合にも、人類は害を被りうる。現実の労働保護立法の多くは、産む性としての女性の健康を促進するにはほとんど、あるいは全く関係のないものである。こうした労働保護立法は、その多くが、女性が従事すべき種類の仕事という文化的イメージに適合しない仕事に対してのみ向けられ、女性のものだとされる仕事に伴う、胎児に対する同じような危険、ないしはより大きな危険は無視されているのが現実である。こうした立法は、しばしば、女性を保護するという口実を使って、男性が独占したい仕事から女性を排除するために用いられている[12]。

性別特定的な労働保護立法に対して挙げられる第3の理由は、女性は一般に家庭に対して責任を負う存在だという社会的事実である。このため、女性のみを対象とする労働保護立法は、家庭に関する諸価値を保護するための、市場の個人主義原理の重要な緩衝材として正当化されることになるのである[13]。

これらの3つの理由——すなわち、女性が男性よりも脆弱な体質と肉体を持つとされること、女性が子を産む性であること、女性が家族の面倒をみることを期待されている存在であること——は、それより以前の時代においては、女性を市場から完全に締め出すために掲げられていたものと同じ理由であった。こうしてみると、労働保護立法は、市場から女性を排除することと、女性を男性と同一に取り扱うことの中間に位置するものだと理解することも可能かもしれない。

(2) 女性の保護か排除か？

以下，女性のみに限定された労働保護立法を制定する動機を，私が呼ぶところの「誠実な」理由と「不誠実な」理由とに分けて考察することにしたい。

「誠実な」保護立法　職場における女性を対象とする保護立法を実現しようと人びとがした際には，「誠実な」理由が少なくとも2つあった。その第1は，本当のところは，市場の残酷な状況から全ての労働者を保護したいと思っていた多くの人びとが，これに失敗し，それができないならばできるかぎり多くの労働者を保護しようとした，という契機である[14]。全ての労働者を保護する立法に対し十分な政治的支持を得ることができないのであれば，少なくとも女性を保護する立法を達成し，しかる後そうした立法の適用範囲を男性へも拡大しよう，という運動理論である。こうした立法は確かに「パターナリスティック」な性格をもつが，しかしそれは同時に，労働者が望むようなかたちで彼（女）らを保護することを可能とする，労働組合や労働保護立法を通じてのみ達成可能な，一種の連帯の方式でもあるのである。したがって，この種の保護は，たとえパターナリスティックであるとしても，少なくとも建設的な形態の（ポジティヴ）パターナリズムであるといえる[15]。

女性のみを対象とする労働保護立法に関する「誠実な」理由の第2は，女性は実際に，男性よりも立法的保護の必要があった，ということである。すなわち，最も虐待され，虐げられやすい状況に置かれた労働者の保護に関心を寄せている人びとが，女性のみを対象とする労働保護立法の支持者のあいだには少なくなかった。女性の職場環境は，いくつかの国々では特に劣悪であった[16]。他の多くの国と同様，アメリカの労働組合には，女性のメンバーを受け容れることを拒絶し，仮に受け容れるようになったとしても，真剣にそれに取り組もうとはしなかった長い歴史がある[17]。組織化された労働界のこうした反女性的な偏向は，女性たちは，団体交渉による労働協約による保護を男性たちのようにはあてにすることができない，ということを意味していた。そこで，労働組合が女性の役に立たないのであれば，女性を保護しその職業生活を向上させるためには，女性のみを対象とする保護立法が必要であるとして，多くの人びとがそうした立法を誠実に支持し，立法による改革へと動いたのであった。

「不誠実な」保護立法　世界中の多くの国々における女性労働保護立法の他の重要な目的は，しかしながら，男たちが自らのために確保したい——通常，

重要で賃金水準の高い——仕事から女性を排除することにあった。たとえそれらの究極的な目的が労働者全体の賃金を上昇させることにあったとしても，これは労働保護立法に対する「不誠実な」理由だといえる。というのも，目的は女たちの労働条件を改善するためというより，女たちを労働の機会から排除するためのものであったからである。女たちを排除するためのこうした試みは，単に男たちに利益を与えるための手段であり，男たちは労働保護立法を装って，人の望まない，賃金水準が低く，影響力も少ない仕事へと女たちを追いやることで，競争を減少させたのであった。

女性のみに対象を限定した多くの「保護」立法が「不誠実」に立法されるということのさらなる証拠として，男性が自分自身でやりたがらない仕事については女性が「保護」されることはほとんどない，という事実を挙げることができる。私が調査した全ての国において，女性を保護する一般的な労働保護立法がある場合にはつねに，伝統的に女性が主要な役割を果たしてきた仕事に関する例外規定が，設けられてきた。たとえば，女性の深夜労働の禁止について，通常，看護のような女性が担ってきた労働を除外している。労働保護立法はたいてい，誰かがしなければならない仕事で，男性が自らやりたくないような仕事について，たとえそれらが極めて難しい，過酷で，不快で，危険な仕事であっても，女性がそれらの仕事ができるような例外規定を設けてきたのである[18]。

2　女性の権利と性別特定的な立法

以上みてきたように，対象を女性に限定した労働保護立法の制定に関しては，極めて異なった動機が存在するので，今日このような立法に対しどのような態度をとるべきかにつき，さまざまに異なった見解が存在するということも驚くにあたらない。女性の置かれた状況の改善に関心を有している人びとのあいだでも，こうした労働保護立法についてはさまざまに異なった反応が存在している。数年前，私はこの複雑さについて「誤ったパターナリズムから誤った平等へ」という論文[19]でやや詳しく論じている。そこで扱った19世紀の終わりごろのイリノイ州における衣料・織物産業の例は，次のようなものであった。

(1) 性別特定的労働保護立法の歴史

　約百年前,社会改革運動家として有名なジェーン・アダムズ(Jane Addams)を中心とした女性改革運動家のグループが,社会主義者やフェミニストたちとともに,多くの男性の支持も得て,活動を繰り広げた。彼女らは議会に働きかけて,イリノイ州で織物産業における女性の労働時間を1日8時間に制限する立法を通過させた。私がこの法案を詳細に分析した結果,それが,表面上は女性のみを保護するという性別(ジェンダー)特定的な労働立法を制定することで,全ての労働者を保護するという目的を達成するやり方のひとつの例であることを発見した。百年前の繊維産業における労働は,性別によって完全に分離されていた。男性も女性も双方ともとても長時間の労働に従事していたが,別々の仕事に携わっていたのである。男性は男の仕事であると思われていた職場で一群の仕事をし,女性は女の仕事であると考えられていた別の,しかし男性たちの仕事に関連した仕事に従事していたというわけである。したがって,男が女の仕事をやるなどということは考えられなかった。給与も女性の方がずっと低かったのである。イリノイで何が起こったかといえば,改革運動家たちが立法の際に意図したとおり,女性の労働時間を制限することで自動的に男性の労働時間も制限することに成功したのである。経営者たちは,女性が日に8時間しか働かないのであれば,工場を12時間操業するのは経済的ではないことに気づいた。女性が家に帰ってしまった後,彼女たちの仕事がストップしてしまうため,工場全体の操業を取り止めるしかなくなったのである。なぜなら,男たちに女たちの仕事をさせることはできなかったからである。こうして,女性の1日の労働時間を8時間に制限する立法によって,この業界全体の1日あたりの労働時間を8時間にすることができたのであった。

　ところがこの法律は裁判でその合憲性が問題とされるに至り,イリノイ州最高裁判所によって違憲であるとの判決が下った[20]。この決定に際して裁判所が挙げた理由は,この性別(ジェンダー)特定的な法律がイリノイ州憲法の雇用における平等を定めた条項に違反するというものであった。そして皮肉なことに,この平等条項は,前の世代の社会改革運動家たちが女性の雇用機会の改善のために提案し,制定に成功した条項であった[21]。

　この四半世紀前,同じイリノイ州最高裁判所は,マイラ・ブラッドウェル(Myra Bradwell)に対し,明らかに法曹としての能力を備えていたにもかか

わらず，彼女が女性であるという理由でイリノイ州における法曹資格を否定する判決を下していた[22]。ブラッドウェルは連邦最高裁への上訴を遂行する一方（最終的には不首尾に終わっている），弁護士になることを希望していたいま一人の女性アルタ・H・ヒュレット（Alta M. Hulett）を助けて，全て男性からなるイリノイ州の立法部を説得し，男性がなしうるあらゆる仕事（若干の重要でない例外を除く）に就く権利を女性に与える憲法修正を成立させることに成功をおさめている[23]。この立法は，市場への進出を試みていた女性の知的職業人たちにとっての勝利であった。イリノイ州最高裁判所は，その1870年の反女性的な試みを1872年のよりリベラルな立法によって妨害されたものの，1895年にはその少し前のこの立法による改革の所産を利用して，その後の時代に続いた立法による法改革を攻撃することができたのであった[24]。

この時期——19世紀の終わりから20世紀の初めにかけて——のアメリカでは，裁判所は立法部よりも保守的で，労働保護立法一般に対して，州・連邦双方の裁判所はしばしば，違憲判決を下していた[25]。多くの裁判所が一般的労働保護立法を違憲としてひっくり返すという傾向は，アメリカにおける性別（ジェンダー）特定的な保護立法の成立に拍車をかけることとなった。なぜなら，一般的労働保護立法には敵対的であったものの，イリノイ州最高裁とは異なり，多くの州裁判所が性別（ジェンダー）特定的な労働立法を支持していたからである[26]。

(2) 労働保護立法と憲法——ミュラー対オレゴンとロックナ対ニュー・ヨーク

労働保護立法一般と性別（ジェンダー）特定的な立法との取扱の差異を，2つの重要な判決によって説明しておくことにしたい。1905年，連邦最高裁はアメリカ憲法判例のなかでも最も有名な判決のひとつを下した。ロックナ対ニュー・ヨーク判決は，労働時間を制限する立法は，合衆国憲法によって禁止されている，と判示した[27]（ただしこの判決は現在では覆されている）。ロックナ判決で問題となった立法は，当時男性労働者のみによって行われていた仕事に関するものであったが，最高裁はこの事実を重視しなかった。裁判所はこの判決で，労働者の1日の労働時間を制限する立法は，労働者および雇用主の契約を締結する権利を侵害する，言いかえれば，労働者自身が何時間働くかについて自分で決定するという，労働者の個人的権利を侵害するものであるとの判断を下した。しかし，3年後，この「労働者」という語で最高裁が意味していたのは，男性

労働者のみであったことが明らかになった。

　1908年のミュラー対オレゴン判決において，連邦最高裁は，すでに男性労働者の労働時間を制限することが違憲だとされていたにもかかわらず，女性労働者の労働時間を制限することは違憲ではないと判断した[28]。女性労働者の観点からすると，ミュラー判決には良い点と悪い点の双方がある。その良い点は，この判決が，事実上ロックナ判決の基礎を完全に崩したところにある。ロックナ判決は，労働保護立法に関わる法的問題を，個人としての労働者対パターナリスティックな州の衝突として捉え，労働者たちはこの立法によって何らの利益も受けないかのように扱っていた。ロックナ判決は，問題とされた立法は，労働者を助けるものではなく，単に制限するのみであるとしたのであった。これに対しミュラー判決は，労働保護立法は労働者を保護するものであり，ロックナ判決のような分析はナンセンスだということを認めるものであった。これがミュラー判決の進歩的な側面である[29]。

　ミュラー判決の悪いところは，この判決もまた，男性には不要な場合でも女性には保護が必要だとする発想に基づいている点にある。市場の個人主義に反対するということは男らしくないという理解を助長し，その意味においては，ロックナ判決の論理を強化してしまったともいえるのである[30]。

　この2つの判決に関しては，他にも指摘しておくべき点がある。当時一般に，女性労働者は労働保護立法を支持していたのに対し，男性労働者のあいだでは意見が分かれていたのであった。労働組合にコミットしている男性のなかには，労働保護立法に反対する者が散見されたのに対し，労働組合の組合員ではない男性労働者のあいだにはその支持者が多かった。それは，労働組合自体が労働保護立法に対しては錯綜した対応を示していたからである。労働組合が労働保護立法を支持する場合もあったが，一般的には，組合が交渉した労働協約を通じて労働者を保護することを好む傾向が強かったといえる[31]。

　女性たちが男性以上に労働保護立法を支持したのは，組合の交渉した労働協約の恩恵を受けていた女性はほとんどいなかったということが，その理由のひとつである。組合は女性労働者を差別していたのである。組合員になるよう勧誘された女性はほとんどおらず，多くの組合は女性の加入を全く認めていなかった。労働組合は，浅はかにも，女性の組織化を試みたり，女性労働者の福利を向上させる政策を支持することはなかった。なぜなら，組合は，女性をなに

よりもまず競争相手だと見なし、女性労働者が男性労働者の賃金を減らしかねないと恐れていたのであった[32]。こうして、ミュラー判決後の時代において、対象を女性に限った多くの労働保護立法がなされることになったのであった。

女性の平等を保障するためのアメリカ合衆国憲法に対する修正案——性差別禁止修正案（ERA）——は、一般には1970年代の女性運動と関係付けられて理解されているが、実際にはそれよりずっと以前に起草されたものであり、当初は、女性を保護する性別(ジェンダー)特定的な立法の廃止を目的とした一部の保守的実業界によって支持されていた[33]。1960年代末ないし70年代までの、進歩的な女性のあいだでのERAに対する対応は賛否入り乱れた混乱したものであったが、それは、実業界が主として利己的な理由からERAを支持していたことがよく知られていたからにほかならない。多くの女性たちが、ERAを、女性のためというよりはビジネスのための提案であると捉え、それが女性の労働条件を低下させかねないことを恐れたのであった[34]。

(3) 「平等な取扱」対「特別な取扱」論争

1960年代末から70年代に、女性の平等保障の問題が社会的に大きな注目を集めるようになるに従い、上述したような労働保護立法と女性の平等保障との間の緊張的関係はその焦点を変動させ、論争の対象は広く拡大していった。そのとき、アメリカには数多くの性別特定的労働保護立法が存在しており、それらが、実際には女性を排除するために設計され、あるいは女性を排除する効果をもっていたこと、そしてこれに加えて、アメリカには女性にそれなりの産休を保障できるような制定法が存在しないということとあいまって、一般に「平等取扱」対「特別取扱」論争という名前で呼ばれている論争を生み出すことになったのである。

「平等取扱」対「特別取扱」　　平等な取扱を支持する人びとは、女性は、平等と労働保護立法とのいずれか一方を選択しなければならないのであって、より良い選択は前者であると主張した。すなわち、「両方とも取る」ということは無理であって、平等をとるのか保護をとるのか、そのいずれか一方に決めなければならないという議論である。これらの人びとは、女性のための形式的平等を志向したのであった[35]。

このフェミニストの議論は、あらゆる労働保護立法に反対するがゆえに

ERA を支持した実業界の主張の単なる焼き直しではなかった。完全な平等取扱は多くのフェミニストに支持されたのである。このアプローチによれば，育児の負担は母親と父親の間で分かち合われるべきだし，子どもを産むために仕事を休まなければならないことを，手術を受けなければならないために仕事を休まなければならないこととそれほどの違いはないのだから，出産休暇は疾病を理由とする休業と同じに扱われるべきである，ということになる。もちろん，平等取扱を志向するフェミニストも，家庭と仕事の両立が容易でないことを知らないわけではない——そもそも，今日それを知らない女性がいるであろうか？——。形式的平等の支持者たちによれば，そうした家庭のニーズは性別中立的に対処されるべきだということなるのである。「平等取扱」対「特別取扱」論争の平等取扱陣営の主張は，女性は平等と保護のどちらか一方を選択しなければならず，女性に対する特別な保護を保持しつづけようとすることは近視眼的なアプローチだ，というものであった。そうではなくて，男性と女性は家庭における義務を平等に共有すべきだし，経営者は女性労働者の妊娠を男性労働者の疾病や他の障害と全く同様に取り扱うべきであり，法は，女性の全体的利益のために，形式的平等を規定すべきである，というのであった[36]。

「平等取扱」対「特別取扱」論争のもう一方の側である「差異」ないし「特別取扱」を支持する者は，形式的平等を批判し，実質的な平等を達成するために必要だとして，女性に対する特別取扱を擁護した。こうした人びとは，単なる形式的平等では実質的平等は決して達成されず，実質的平等こそが女性運動の目的であるべきだ，と主張したのであった。結果の平等，実質的平等は，何らかの積極的差別是正措置（affirmative action）を必要とする。彼女たちは，形式的平等以外に果たして「平等」が何を意味しうるかについて，具体的な枠組みを示そうとしたのであった[37]。

差異ないし特別取扱陣営側の議論にはさまざまな形態があった。「平等」を主張する言説は，女性にまるで男性のようになれと要求するものであると批判し，こうしたアプローチとは対照的に，女性と男性の差異を肯定し，女性の声，女性の仕事の仕方，女性のもつ協調性，女性の直観といったものに焦点を当てるアプローチが展開された。差異を肯定する議論の中にはまた，女性差別の基礎とされてきた見せかけの差異ではなくて，男女の間に存在する真の差異に対し配慮することが有用である，という議論の形態をとるものもあった。

このようにして，妊娠に関わる点を除いて，男女をあらゆる点で形式平等的に扱うべきだという案から始まって，実にさまざまな提案がなされることになった[38]。多くのこととの関係で男女についての形式的平等が必要だとしつつ，法は，子どもを産む女性を，軍隊で戦う男性とほぼ同じに捉え，退役軍人に与えられるとの同様の雇用における優遇措置が母親に対しても与えられるべきだ，とする主張も現れた[39]。あるいは，社会は女性であることが不利益とならないような仕方で両性の間の差異に対処する戦略を編み出すべきだとの主張も展開された[40]。

この論争を通じて実に膨大な数の法学関係の論文が生み出され，この論争について論文を書くことで，ある世代の若い女性大学教員の少なからぬ割合の者が身分保障のある教授職ポストを獲得することになった。しかし，このことを除くと，私はこれが無意味な論争だったと考えている。この論争の問題点は，いずれの側も正しいと同時に誤っていることにある。この論争の争われ方自体のなかに問題があるのである。それは何かと言えば，平等取扱の陣営も特別取扱の陣営も，まず男性を共に，議論の前提モデルに据えた上で，女性をこれと対照させ，あるいは比較しているのである[41]。

平等というのが抽象的な概念だということを思い出すことが有用である。一体何をもって平等とするのかが問題なのであり，そこには多くの議論の余地が残されているのである。女性たちは，女性を男性よりも不利な状態に留め置くような平等の定義を受け入れるべきではないのである。言いかえると，私が「偽りのパターナリズムから偽りの平等へ（From False Paternalism to False Equality）」と題する論文のなかで指摘したように，男性は平等取扱によっても特別取扱によっても女性を抑圧することができるのであり，女性がより良い結果を手にするためには，平等取扱によったほうがよい場合と，特別取扱によったほうが良い場合とがあるのである。これはひとえに文脈（コンテクスト）に依存するのであって，「平等取扱」か「特別取扱」といった抽象論を闘わすことは真の解決にはならないのである[42]。

妊娠：平等取扱対特別取扱　ひとつ具体例を挙げて，私のこの主張を説明しよう。アメリカでは比較的有名な Gududig v. Aiella 判決[43]と General Electric Co. v. Gilbert 判決[44]という2つの判例がある。これらの事件は，男女双方が対象となる，疾病等の医療上の理由により就業に影響がある事態に対する

保護，および男性のみがその対象となり女性は対象とならないような同趣旨の定めをもつ法律ないしは経営者の方針が，妊娠に関してはなんらの保護規定を定めていないことについて，女性が争った事件であった。この2つの判例のうち一方は連邦憲法に基づき，もう一方は連邦の差別を禁ずる制定法の主要なものである市民権法第7編（Title VII, Civil Rights Act）に基づいた訴えであったが，これら2つの判決において，連邦最高裁は，妊娠に基づく差別は性別（セックス）に基づく差別にあたらないと判断した。問題とされた法律は，明らかには2つのカテゴリーを作出し，これらに属する人びとを別異に取り扱うという効果をもっていた［妊娠以外の健康上の理由で就業困難に陥っている人びとと妊娠という健康上の理由で就業困難に陥っている人びとにつき，前者には保護を認め後者にはこれを否定する］が，それは男性・女性というカテゴリーではなかった。最高裁は，妊娠している人びとという一方のカテゴリーに属するのは女性のみであるということは承認した。しかし，もう一方のカテゴリーは「妊娠していない人びと」というカテゴリーであって，そこには男性も女性も含まれているので，性別による差別は存在しないとされたのである。もちろん，この判決に反対する人びとは，この「妊娠していない人びと」という概念の立て方を，大いに笑いものにしたが。

［平等取扱を求めるというアプローチを通じて妊娠の問題に取り組んだ結果は，以上のようなものであったわけであるが，］これに対し平等取扱／特別取扱の論争において差異性を強調する側に立つ人びとは，妊娠をまるで盲腸炎のように扱うのはどこかおかしいのではないか，と［平等取扱派の議論に対して］しばしば疑問を提起していた。確かに，性別特定的なものを含め男性に関しては就労を不可能にするあらゆる事由が，就労能力障害（disability）と認められていたのに対して，妊娠を同じように就労能力障害と扱うことを拒否した最高裁を，嘲ってもよいのかもしれない。しかし，妊娠は障害（disability）ではなくて能力（ability）であると主張することも可能なはずである[45]。

さらにいうなら，男性であれ女性であれ，育児のためにしばしの間仕事から離れていた人が，職場復帰したときに，賃金の最も安い職種へ追いやられてしまうという状況を改善できないとしたら，職場において意味のある平等が達成されたことにはならないと考えるべきなのである。パートタイム労働者が正社員よりずっと悪い労働条件に置かれているのであるとしたら，男女の間の真の

平等が達成されたとはいえないし，いかなる社会においてであれ，男性であれ女性であれ，不測の事態が生じて子どもの面倒をみるために休暇をとらねばならなくなった人が，解雇されたり，降格されたり，その他の不利益を受けることがあれば，男女間の平等が達成されたということにはならないのである。そしてまた，男性であれ女性であれ全ての労働者について，企業の都合次第で，短期間の事前通告によって遠方への転勤を受け入れなければならないとしたら，平等が実現したとはいえないのである。つまり，真の争点は平等取扱か特別取扱かなのではないのである。より重要なのは，どのように平等を定義するかという論点である。平等というのは分析的・非政治的な概念ではないのである。形式的平等か実質的平等かという抽象的な学術論争を繰り広げる代わりに，何が正当であり望ましいことなのかをめぐる文化的・政治的な闘争それ自体を見すえるべきなのである[46]——なぜならしばしば，それが「平等」の中身とされるのであるから。

3 「権利」をめぐる論争

　法理論・政治理論の分野において，「権利」の概念に関しても，これと同じような議論が展開されていることに一言，言及しておきたい。「権利」というのもまた，分析的概念ではなく，政治的・文化的な概念であるという議論である。「権利」という言葉を用いて問題を論じることに価値がある場合も存在するが，それは，「権利」という語の分析概念としての有用性によるものではなく，この語のもちうる独特な政治的含意とレトリックとしてのアピール力によるものなのである[47]。「平等」についても同じことがいえる。「平等」という概念は，政治的・文化的なものであるためこれが分析的概念として用いられることには危うさが伴う。しかしそれが持つ人びとの感情へ訴えかける力やレトリックとして持っている力のゆえに有用な場合もあるのである[48]。

4 政　治

　女性の平等と労働保護立法との間には本来対立が存在するはずなどないのであるが，近視眼的な女性たちがそうした対立が存在すると主張しなければなら

なくなることにもひとつの理由がある。政治実践の問題として，女性の平等への十分な支持を調達する手段として，たとえば会社経営者のような権力を持つ社会集団に対し，そうした集団が自分たちの利益の実現のために女性の平等を後押ししてくれるようになるように，利己的な権益を与えるというやり方がある。すなわち，女性の平等に対する政治的支持を獲得するために，経営者や他の権力を持つ集団に対し，たとえば経営者側については労働保護立法の廃止といった，女性の平等促進につき，彼ら自身の狭隘な自己利益に適う理由を与えるという戦略に魅力を感じてしまう人びともいるのである。ERA の初期の女性支持者たちのなかには，経営者側の支持を歓迎し，女性についての平等権を保障すれば女性を対象とする労働保護法もなくなるであろうと主張することで，その支持を確保しようと選択した人びとがいたことは，十分ありえたことである。しかし，私の見方からすれば，このような戦略は，労働組合の指導者たちが女性を競争相手だと見なして組合メンバーにしたり組合組織化したりしようとはしなかったのと同様に，近視眼的で誤ったやり方であるということになる。

　私自身の立場は次のようなものである。女性には労働保護法が存在し，男性に対するそれが存在しないとき，保護を男性へ拡張することによっても女性に対する保護を廃止するのと同じように性的平等は，達成できる。本当に 150 時間の残業が必要であるならば，あるいは本当に男性を午後 10 時から朝 6 時まで働かせなければならないとしたら，ちょうど男性にとって都合のいい場合に女性労働保護法のなかに例外を設けていたようなやり方で，性別特定的ではないさまざまな例外を労働法のなかに設けることができるはずである。性別の平等とは，女性への抑圧の終わりを意味すべきなのであって，単に女性を男性同様に取り扱うことでも，女性に男性とは異なる保護を与えることでもないのである。実際問題としても，男性を女性と同様に取り扱うことを求めるのは良いやり方である。なぜなら，男性を女性並みにというかたちで平等を求めることになれば，女性の取扱を向上させることに関心を持つ男性も増えることになるであろうから。

---

1) イギリスおよびアメリカのコモン・ローにおける，女性のこのような法的な無能力制度の有用な概観として，see HOME CLARK, THE LAW OF DOMESTIC RELATIONS IN THE UNITED STATES. Chapter 7 (2d ed. 1988). See also Richard H. Chused, *Married Women's*

Property Law: 1800-1850, 71 GEO. L. J. 1359 (1983). 19 世紀半ば以降，こうした法的無能力制度は，アメリカ各州において次第次第に制定された法律によって取り除かれた。この種の制定法は一般に婚姻女性財産法 (Married Women's Property Acts) と呼ばれる。こうした制定法および，その効果を限定すべく限定的に解釈を行った州の裁判所の傾向に関する記述として，*see* CLARK, *supra*.

2) *See, e.g.*, Joellen Lind, *Symbols, Leaders, Practitioners: The First Women Professionals*, 28 VAL. U. L. REV. 1327 (1994).

3) たとえば，5 歳未満の子どもを持つ女性の雇用を制限する方針を持っていた雇用主がいたことにつき，*see* PHILLIPS V. MARTIN MARIETTA CORP., 400 U. S. 542 (1971). また，裁判所によって禁止されるまで，女性が妊娠した場合，多くの学校が彼女たちを離職させていた。*See* Cleveland Board of Education v. LaFleur, 414 U. S. 632 (1974).

4) *See, e.g.*, Mary Joe Frug, Securing Job Equality for Women: Labor Market Hostility to Working Mothers, 59 B. U. L. REV. 55, 57-58 (1979); Paul Weiler, *The Wages of Sex: The Uses and Limits of Comparable Worth*, 99 HARV. L. REV. 1728 (1986).

5) *See* Brandeis, *Labor Legislation, in* JOHN R. COMMONS ET AL., 3 THE HISTORY OF LABOR IN THE UNITED STATES 1896-1932, at 397 (1935); *see also* THE CASE FOR THE FACTORY ACTS 209 (Sidney Webb 2d ed. 1902) (イギリス); EDWARD CADBURY, WOMEN'S WORK AND WAGES 36-43 (1907) (イギリス); E. BAUER, THE NIGHT-WORK OF WOMEN IN INDUSTRY 38 (1903) (スイス). *See also*, Frances Olsen, *The Family and the Market: A Study in Ideology and Legal Reform*, 96 HARV. L. REV. 1497, 1556, n. 234 (hereinafter *Family and Market*).

6) 自由放任主義のイデオロギーの古典的な言説として，ADAM SMITH, AN INQUIRY INTO THE NATURE AND COURSES OF THE WEALTH OF NATIONS (1776) がある。こうした原則の比較的最近の言説として，*see* MILTON FRIEDMAN, CAPITALISM AND FREEDOM (1962).

7) Muller v. Oregon 事件において Brandeis 弁護士が提出した有名な上告趣意書に引用された文献を参照。Brief for Defendant in Error, Muller v. Oregon, 208 U. S. 412 (1908) (No. 107), *reprinted in* 16 LANDMARK BRIEFS AND ARGUMENTS OF THE SUPREME COURT OF THE UNITED STATES: CONSTITUTIONAL LAW 63, 93-120 (Philip B. Kurland & Gerhard Casper eds., 1975). これは，事実に関する主張に焦点を当てる弁論書面を描写するのに使われる「ブランダイス・ブリーフ Brandeis Brief」という言葉を生んだ文書である。

8) たとえば，男の幼児の死亡率は通常，女児よりも高い。また，女性に対して基本的な食事と保健サービスを認められていない地域を別にすると，女性の平均寿命は男性よりも長い。*See* Amartya Sen, *More Than 100 Million Women Are Missing*, THE NEW YORK REVIEW, Dec. 20, 1990, at 61.

9) たとえば，Muller v. Oregon 判決 (208 U. S. 412) において，合衆国最高裁判所は，労働保護立法の正当化にあたって次のように述べた：

女性の身体的構造と母性の機能の遂行が生存のための闘争において彼女に不利益をもたらしていることは明らかである。とりわけ母親としての負担を負っているときにはそのと

おりである。そうでない場合においても，医師会による多くの証拠によれば，日々繰り返される長時間の立ち仕事の継続は女性の身体に有害な影響を及ぼす。健康な母親というものが健康な子孫の確保において本質的なものである以上，女性の身体的福利は，公共的関心と，人類の強さと活力を維持するための配慮の対象となる。(208 U. S. at 421.)

10) See DIANA SCULLY, MEN WHO CONTROL WOMEN'S HEALTH : THE MISEDUCATION OF OBSTETRICIAN-GYNECOLOGISTS 43 (1980). See also LINDA GORDON, WOMAN'S BODY, WOMAN'S RIGHT : A SOCIAL HISTORY OF BIRTH CONTROL IN AMERICA 24 (1977). (ヴィクトリア時代の女性が，妊娠すると，体を動かすことを禁じる「高貴な人びとのための」サークルに「閉じこめ」られていたことが描かれている。) See generally Nancy Ehrenreich, The Colonization of the Womb, 43 DUKE L. J. 492 (1993) (「特権的地位を享受できた女性」，すなわち富裕なヨーロッパ系アメリカ人と，低所得者層の「周辺者的女性」とでは，医師や法律家による取扱にどのような違いが存在したかについて描いている。); EMILY MARTI, THE WOMAN IN THE BODY : A CULTURAL ANALYSIS OF REPRODUCTION 148-55 (1987). (アメリカ社会において，妊婦の人種と階級が，いかにその人がどのような出産をするかに大きな影響を与えていたかが検証されている。)

11) See, e.g., Wendy W. Williams, Firing the Woman to Protect the Fetus : The Reconciliation of Fetal Protection with Employment Opportunity Goals under Title VII, 69 GEO. L. J. 641, 671 (1981); Mary E. Becker, From Muller v. Oregon to Fetal Vulnerability Policies, 53 U. CHI. L. REV. 1219 (1986). (Muller 判決以降最近のものに至るまでの，判例法にみられる妊婦胎児保護政策の発展について検討している。)

12) See Becker, supra note 11, at 1237. 性別を特定した労働立法に対する古典的なフェミニストからの批判として，JUDITH A. BAER, THE CHAINS OF PROTECTION : THE JUDICIAL RESPONSE TO WOMEN'S LABOR LEGISLATION (1978) がある。

13) See Olsen, Family and Market, supra note 5, at 1544, n. 177.

14) See Frances Olsen, From False Paternalism to False Equality : Judicial Assaults on Feminist Community, Illinois, 1869-1895, 84 MICH. L. REV. 1518, 1538-40 (1984) (hereinafter False Paternalism).

15) See id. at 1531-34.

16) その火災が引き起こした大きな悲劇で歴史にその名を残すことになった，ニューヨークにあったトライアングル・シャツブラウス会社 (Triangle Shirtwaist Co.) でみられた労働環境は，当時のこうした劣悪な労働条件を雄弁に物語ってくれる。ある研究者の調査によれば：

　　女たちの平均的労働時間は週に 65 時間から 75 時間におよび，時には明け方まで働かされていた。仕事に必要な，針や糸，ナイフやアイロン類を，自分たちで調達し持ってくるものとされることが少なくなかった。その他仕事に必要な備品や作業服，ロッカーや椅子に至るまで課金され，仕事が少しでも遅れたり，製品に少しでも傷をつければ罰金を科された。またこの会社では，トイレの設備が外に設置されていたので，用を足すためには工場を離れることを余儀なくされた。しかも，仕事の中断をできるかぎり抑制するため，トイレへ通じる鉄の扉には鍵がかけられていた。

1911年のある土曜日の午後,同社で火災が発生した。ストライキを通じて獲得された,土曜日は半日勤務にするという約束を雇用主が破っていたため,そのときまだ多くの労働者が勤務中であった。この火災は,死者は約150名,負傷者200名という大惨事に発展した。窓へと殺到し,次々と通りへ飛び下りていった女たちの髪は火の粉につつまれていた。火の手が回り燃え広がっていくあいだ中,外へ通じる鉄製の扉は鍵がかけられたままであった。世論は憤慨し,その結果いくつかの改革がなされるに至った。See PHILIP S. FONER, 3 THE HISTORY OF THE LABOR MOVEMENT IN THE UNITED STATES 20-22 (1964); HOWARD M. SACHAR, A HISTORY OF THE JEWS IN AMERICA 182-87 (1992). See also LEON STEIN, THE TRIANGLE FIRE (1962); Arthur F. McEvoy, *The Triangle Shirtwaist Factory Fire of 1911: Social Change, Industrial Accidents, and the Evolution of Common-Sense Causality*, 20 L. & SOC. INQUIRY 621, 641-48 (1995).

雇用主たちは故殺 (manslaughter) の罪で起訴されたが無罪となった。See People v. Harris, 134 N. Y. S. 409 (1911). ある陪審員は,雇用主が非常口を施錠するなど危険な状況を作り出したとの証拠にもかかわらず,こうした労働者たちは「他の職業」の者たちより知性に劣り,故に大災害に直面して「パニックに陥りやすい」のであって,このことが彼女たち自身の死をもたらした,と結論づけた。McEvoy, *supra*, at 637. 他の陪審員のコメントについて, see *147 Dead, Nobody Guilty*, 44 LITERARY DIG. 6, 6-7 (1912). この「他の職業」への言及は,McEvoyも指摘するように,労働災害を引き起こす原因の本質は何であるのかについての理論的把握において,性別や人種に関する人びとの思い込みがどのような影響を及ぼしうるかをよく示しているといえる。See McEvoy, *supra* note 273, at 637 *cited in* Martha T. McCluskey, *The Illusion of Efficiency in Workers' Compensation "Reform,"* 50 RUTGERS L. REV. 657 (1998).

17) *See* Jane Jenson, *Representations of Gender: Policies to "Protect" Women Workers and Infants in France and the United States before 1914, in* WOMEN, THE STATE, AND WELFARE 152 (Linda Gordon ed., 1990); Marion Crain, *Between Feminism and Unionism*, 82 GEO. L. J. 1903 at 1908 (1994). 「「労働者」や「組合運動」は,男性労働者階級の同義語となったのであり,そのことは,どのような争点をめぐってどのような形で労働組合の組織化や雇用主との団体交渉が展開し経済的圧力が行使されたかを見れば明らかである。声をあげる道を閉ざされていた女性労働者たちは政治的に不可視化されていたのである。女性が利害を持つ争点は組合のロビー活動にあたって低い優先度しか与えられなかったし,労働組合の組織化キャンペインにおいても軽くしか扱われなかった。団体交渉と労働協約の対象ともされず,ボイコット・集会・ピケティングといった,労働側がその主張を公にする圧力行動からも抜け落ちていた。」*Id. See generally*, Marion Crain, *Feminism, Labor, and Power*, 65 S. CAL. L. REV. 1819 (1992)(組織化・交渉・経済的圧力手段の行使に関する労働組合の戦略が,家父長制的な権力構成の仕方を暗黙のモデルとしていたと論じている。その上で,フェミニスト的な権力理解を取りいれることによって,組織化・交渉・経済的圧力手段の行使についての組合の戦略は大きく変わりうること,そのことは,結局は,組合を民主化し再生することにつながるという議論を展開している。); Marion Crain, *Feminizing Unions: Challenging the Gendered Structure of Wage La-*

bor, 89 MICH. L. REV. 1155, 1215 (1991) 18 (女性は組織化不可能だとの神話のフェミニスト的脱構築を図り, 労働組合のフェミニズム化を唱える); Ruth Needleman, *Space and Opportunities : Developing New Leaders to Meet Labor's Future*, 20 LAB. RES. REV. 5, 5 (1993). (職場の数の上での多数は, 今や女性や有色人種, 移民たちからなるに至っているのに, その声が組合指導者層のトップレベルへは反映されていないことを指摘している。)

18) ドイツにおいて, 労働保護立法の対象から伝統的に女性が行ってきた職種がはずされてきたことについて, *see* Dagmar Schiek, *Lifting the Ban on Women's Night Work in Europe—A Straight Road to Equality in Employment?*, 3 CARDOZO WOMEN'S L. J. 309, 314 (1996). *See generally* BAER *supra* note 12; ALICE KESSLER-HARRIS, OUT TO WORK : A HISTORY OF WAGE-EARNING WOMEN IN THE UNITED STATES (1982).

19) *See False Paternalism, supra* note 14.

20) *See* Ritchie v. People, 155 Ill. 98 (1895).

21) *See False Paternalism, supra* note 14, at 1529. Ritchie 事件の経過について, *see id.* at 1536-40.

22) *In re* Bradwell, 55 Ill. 535, 535-37 (1869).「申請者の性別は, 申立人が婚姻関係にあるため法的無能力とされていることとは関係なく」「免許を与えないための十分な理由」である, と裁判所は結論づけた。*Id.* at 537.

23) *See False Paternalism, supra* note 14, at 1529; HERMAN KOGAN, THE FIRST CENTURY : THE CHICAGO BAR ASSOCIATION, 1874-1974, 28, 29 (1974); Robinson, *Women Lawyers in the United States*, 2 THE GREEN BAG 10, 15-16 (1890).

24) *See* Ritchie v. People, 155 Ill. 98 (1895).

25) *See False Paternalism, supra* note 14, at 1526-28. この時代は, 1905 年の Lochner v. New York 判決 (198 U. S. 45 (1905)) によって,「Lochner の時代」として知られるようになった。「Lochner の時代」に関する一般的理解のためには, *see* EDWARD S. CORWIN, LIBERTY AGAINST GOVERNMENT 149-53 (1948); ARNOLD M. PAUL, CONSERVATIVE CRISIS AND THE RULE OF LAW : ATTITUDES OF BAR AND BENCH, 1887-1895, 221-37 (1976); LAWRENCE TRIBE, AMERICAN CONSTITUTIONAL LAW 4-6, 427-50 (1978); BENJAMIN R. TWISS, LAWYERS AND THE CONSTITUTION : HOW LAISSEZ FAIRE CAME TO THE SUPREME COURT 110-253 (1942).

26) *See* Muller v. Oregon, 208 U. S. 412, 420. この事件で連邦最高裁は, 性別特定的な労働保護立法の合憲性を支持する州裁判所の判断として, 以下の判決を挙げている:"Com. v. Hamilton Mfg. Co. 120 Mass. 383; Wenham v. State, 65 Neb. 394, 400, 406, 58 L. R. A. 825, 91 N. W. 421; State v. Buchanan, 29 Wash. 602, 59 L. R. A. 342, 92 Am. St. Rep. 930, 70 Pac. 52; Com. v. Beatty, 15 Pa. Super. Ct. 5, 17; 反対の結論を採る判決として, Ritchie v. People, 155 Ill. 98, 29 L. R. A. 79, 46 Am. St. Rep. 315, 40 N. E. 454." *See also* Jenson, *supra* note 17 at 167. 当初, 全国消費者連合 (NCL, National Consumers' League) は, 全ての労働者が長時間労働と劣悪な労働条件からの保護を必要としているとしていたが, 労働組合と裁判所からの反対により, 間もなく女性と子どもに焦点を

合わせるようになった。」〕
27) Lochner v. New York, 198 U. S. 45 (1905).
28) Muller v. Oregon, 208 U. S. 412 (1908).
29) *See Family and Market, supra* note 5, at 1556.
30) *Id.* at 1557, n.235. *See also* Jenson, *supra* note 17, at 167.（労働保護立法やその他の革新主義的政策に対し、反対者たちから女のように女々しい政治のやりかただと中傷されたことを指摘している。）「女々しさ」という批判について、*see* Paula Baker, *The Domestication of Politics: Women and American Political Society, 1780–1920, in* WOMEN, WELFARE, AND THE STATE 55 (Linda Gordon ed., 1990).
31) *See* Jensen, *supra* note 17, at 156.
32) *See* Alice Kessler-Harris, "*Where Are the Organized Women Workers?*", 3 FEMINIST STUD. 92, 96 (1985).「娘や妻といった組織化することのできない、自分たちで自分たちのことを守ることのできない女性労働者、つまり小娘やカミさんたちとの、なんと「競争」の名で呼ばれるもの！ これが、父であり夫である人びとの賃金を低下させる原因である。」*Id.* (quoting Samuel Gompers, *Should the Wife Help to Support the Family?*, AM. FEDERATIONIST, Jan. 1906, at 36).
33) *See* CYNTHIA HARRISON, ON ACCOUNT OF SEX: THE POLITICS OF WOMEN'S ISSUES, 1945–1968, 21 (1988).（1940年代において、「自由な産業と個人の機会を優先する主張がとりわけ魅力的だと感じていた保守派は、一般にERAを支持する傾向が強かったのに対し、政府が規制を通じて女性と家庭を保護する積極的な責任があるという考えかたを信奉していた、リベラル派陣営は、ERAに反対する傾向にあった」ことを描いている。）
34) ERAが初めて提案された1923年において、社会主義的フェミニストたちは、この憲法修正は女性労働者保護立法の獲得の成果を破壊してしまうに違いないと信じ、その支持を拒否したため、このことが革新主義の立場に立つ女性グループのとの間の亀裂を引き起こし、「それぞれが、相手側こそが、女性の経済的自立を獲得するという目標達成を邪魔するものだとして、非難の応酬を展開する」事態にたち至ったことについて、*see* ALICE KESSLER-HARRIS, IN PURSUIT OF EQUITY: WOMEN, MEN, AND THE QUEST FOR ECONOMIC CITIZENSHIP IN 20-TH CENTURY AMERICA 44 (2001); ERAを擁護するNational Women's Party（全国女性党）と、保護立法を脅かすとしてERAに反対するLeague of Women Voters（婦人有権者同盟）やU. S. Women's Bureau（アメリカ合衆国女性局）、その他の女性グループとの間の対立について、*see* SUSAN D. BECKER, THE ORIGINS OF THE EQUAL RIGHTS AMENDMENT 198-234 (1981). また、現行労働保護が破壊されることのないよう修正されないかぎり、ERAを支持しないことを勧めるものとして、次のものがある。Joan Jordon, *Working Women and the Equal Rights Amendment*, 8 TRANS-ACTION 16 (1970).
35) 平等取扱の主張の主要な例として、*see* Wendy Williams, *The Equality Crisis: Some Reflections on Culture, Courts, and Feminism*, 8 WOMEN'S RTS. L. REP. 175, 196 (1982).
36) たとえばW. Williamsは「妊娠は、多くのコンテクスト、特に職場というそれにおいて、妊娠以外の原因によって生じるのと同じような、特別な手当の必要性や問題を生じさ

せるが，妊娠は，労働者の他の身体的状態に起因するそうした特殊事情に対してなされる対応と同じように周囲がこれに対応すれば，十分に対応が可能なひとつの人間の経験，そのようなものとして，理解され得るし，またそうされるべきである」と主張する。See Wendy Williams, *Equality's Riddle: Pregnancy and the Equal Treatment/Special Treatment Debate*, 13 N. Y. U. REV. L. & SOC. CHANGE 325, 326 (1985)（平等取扱の支持者たちによって推進された妊娠差別禁止法（Pregnancy Discrimination Act）の次のような文言は，こうした「形式的平等」を反映している：「妊娠，出産またはこれに関係した医療的対応を必要とする身体的条件については，これ以外の理由によりその労働能力，不能力について同様な条件のもとにある被用者と，雇用に関する取り扱い上同様の取り扱いをするものとする。」42 U. S. C. § 2000e(k) (1982) *cited in* Lucinda M. Finley, *Transcending Equality Theory: A Way Out of the Maternity and the Workplace Debate*, 86 COLUM. L. REV. 1118, 1145, 1146 (1986).

37) *See, e.g.*, Linda Krieger & Patricia Cooney, *The Miller-Wohl Controversy: Equal Treatment, Positive Action and the Meaning of Women's Equality*, 13 GOLDEN GATE L. REV. 513 (1983).

38) *See* Herma Hill Kay, *Equality and Difference: The Case of Pregnancy*, 1 BERKELEY WOMEN'S L. J. 1 (1985).

39) *See* Personnel Adm'r of Massachusetts v. Feeny, 442 U. S. 256 (1979)（受益者の98％を男性が占めていた，退役軍人に対して州による雇用との関係で与えられる便宜が合憲とされた。）; S. A. Lloyd, *Toward a Liberal Theory of Sexual Equality*, 9 J. CONTEMP. LEGAL ISSUES 203, 218 (1998).

40) *See* Christine A. Littleton, *Reconstructing Sexual Equality*, 75 CALIF. L. REV. 1279, 1284 (1987)（「人のあいだの差異は，観念されたものであれ実在するものであれ，あるいは生物学的なものであれ社会的に構築されたものであれ，その差異が，平等を約束されたはずの人々が実際に送るその人生において，違いをもたらすことがあってはならない。」）.

41) *See* Finley, *supra* note 36, at 1153-60.

42) *See False Paternalism*, *supra* note 14, at 419.

43) 417 U. S. 484 (1974)（通常の妊娠に対する休業補償給付の拒否は平等保護条項に違反しないと判示）.

44) 429 U. S. 125 (1976)（雇用主の障害保険が妊娠に関連する身体障害をカバーしていなかったことについて，かかる適用除外が女性に対する差別の口実だと示されないかぎり，1964年市民権法第7編（人種や性別等に基づく雇用差別禁止した連邦法）には違反しないと判示）.

45) *See e.g.*, Mary Anne C. Case, *Disaggregating Gender from Sex and Sexual Orientation: The Effeminate Man in the Law and Feminist Jurisprudence*, 105 Yale L. J. 1, 17, n.104; Frances Olsen, *Statutory Rape: A Feminist Critique of Rights Analysis*, 63 TEX. L. REV. 387, 432, n161 (hereinafter *Statutory Rape*).

46) *See False Patriarchy*, *supra* note 14 at 438; *Statutory Rape*, *supra* note 45 at 391. *See also* Catharine MacKinnon, *Reflections on Sex Equality Under Law*, 100 Yale L.

J. 1281 (1991).

47) *See Statutory Rape, supra* note 45, at 391; Patricia J. Williams, *Alchemical Notes: Reconstructing Ideals from Deconstructed Rights*, 22 HARV. C. R.-C. L. L. Rev. 401 (1987). *Cf.* Elizabeth M. Schneider, *The Dialectic of Rights and Politics : Perspectives from the Women's Movement, in* WOMEN, WELFARE, AND THE STATE 226, 228 (Linda Gordon, ed., 1990). (「「権利」という概念媒体を通して展開される言説によって，疎外と個人主義が強化され，政治のビジョンやそこでの論争が制約を受ける可能性がある」ものの，「同時にこれが，人間の価値を肯定し，政治的発展を増進し，集合的アイデンティティーの発達を助けることもある」と主張する。)

48) *See* Patricia A. Cain, *Feminism and the Limits of Equality*, 24 GA. L. REV. 803, 805 (1990).

[第2講へのコメント]
「性の平等」をめぐって——女性労働者保護のゆくえ

浅倉むつ子

(1) 「平等か差異か」のディレンマ

「平等」をめぐる法の問題を解決するのは，とてもやっかいである。法における「平等原則」は，「等しい者は等しく取り扱う」という規範と同時に，「等しくない者は等しくないように扱う」という規範もまた含むものだからである。

「性の平等（sex equality）原則」も同様である。この原則のもとでは，まずは男性とほぼ同等の経歴を達成した女性のみが，男性と「等しい存在」として平等に処遇される。しかし彼女たちは，女性全体からみればごくわずかな存在でしかない。現実の社会が不平等であればあるほど，男性と「等しい存在」の女性は少なくなり，「性の平等原則」がなしうることは少なくなってしまう。男性と等しくない女性に対する異なる取扱は，法によって正当化されるのである。

平等原則に対するアプローチとしては，「同一性アプローチ」と「差異アプローチ」がある。「同一性アプローチ」は，「男性と同じになれ」と女性に求めるものであるが，形式的平等原則として，これはそもそも限界をもっている。他方，男女の差異を強調する「差異アプローチ」は，女性は男性と異なる特別な特徴をもつのだということを正面から認めつつ，女性に特有の権利を擁護しようとする。実質的平等原則を追求するこのアプローチは，男性との「差異」によって，女性が「特別な受益」を得るべきことを強調し，妊娠・出産の保護やアファーマティヴ・アクション（積極的差別是正措置）の必要性を説くのである。

しかし，キャサリン・マッキノンは，「性の平等原則」に関する「同一性アプローチ」も「差異アプローチ」も，いずれも「性差」にとりつかれており[1]，男性との関係性および男性基準との近接性にしたがって女性を二分するものでしかないと批判する[2]。たしかにこの批判はあたっているだろう。そして現実にどの国でも，女性たちは，自分たちの運命の岐路を分かつ政策課題に直面するなかで，「平等か差異か」の葛藤のただなかにおかれ，いずれかを選

択してこざるをえなかったのである。これはまさに，長いあいだ，フェミニストを苦しめてきたディレンマであった。

オルセンが本講で取りあげている女性労働者保護規定をめぐる議論は，この「平等か差異か」というフェミニストのディレンマの具体的な応用問題にほかならない。私はここで，日本における「保護と平等」をめぐる労働法上の議論と女性労働者保護規定の変容の動向を整理して，残されている課題についてコメントすることにしたい。

(2) 日本における女性労働者保護規定をめぐる経緯

女性のみを保護する理由　1947年に成立した日本の労働基準法（以下「労基法」という）には，女性のみを保護する規定が設けられていた。これらは，その性質からいって，大きく2つの分野に分けることができるものであった。

第一は，妊娠・出産・哺育という女性の生理的・身体的機能を保護する規定，いわゆる「母性保護規定」であり，適用対象は，主として妊娠中の女性および産後1年間の女性（妊娠・出産女性といっておく）に限られるものが多い。これらの規定には，産前産後休業，妊娠中の軽易業務転換，育児時間，妊娠・出産女性に対する危険・有害業務の禁止，時間外・休日労働の制限と深夜業の禁止があった。

第二は，とくに妊娠・出産女性に限定せず，女性全般を対象とする「一般女性保護規定」と呼ばれるものであり，坑内労働の禁止，危険・有害業務の禁止，生理休暇，時間外・休日労働の制限，深夜業の禁止などの規定であった。

労基法がこのように，女性のみを保護する規定を設けたのは，以下の3つの理由からであった。(1) 女性が男性に比べて，危険から身を守る判断力や知力に劣り，身体機能や体力も弱いなど，心身ともに劣位にある「弱い性」であること，(2) 女性が妊娠・出産機能をもっていること，(3) 女性が家事・育児労働の多くを現実に担っていることである。労基法が制定された時代，すなわち全般的な労働条件が劣悪であった時代には，女性保護規定は必要不可欠であり，上記の3つの理由についてもさしたる異議が唱えられることなく，女性労働者保護は年少者保護とともに労基法第6章に位置づけられてきた。

「保護と平等」をめぐる理論状況　しかし1970年代に入り，女性の教育水準が向上し労働市場への参加が進み，また職場環境も変化し，かつ家事労働が軽

減されるようになると，雇用における男女平等の議論が本格的にスタートした。女性保護規定の撤廃をめぐる議論も多方面から展開されるようになった。

「保護と平等」をめぐる議論の契機となったのは，1978年に労働基準法研究会第2小委員会報告が，「男女平等を法制化するためには，合理的理由のない保護は解消し，母性機能等男女の生理的諸機能の差等から規制が最小限必要とされるものに限るべきである」として，女性労働者保護規定の縮小・廃止を提言したことであった。これに対しては，労働運動のみならず学界からも批判が相次いだ。しかし最終的には，1979年に採択された女性差別撤廃条約が示す一定の知見が幅広い支持を集める結果となり[3]，1985年の男女雇用機会均等法（以下「均等法」とする）制定時，1997年の同法改正時における議論は，「理論的」なレベルに限っていえば，この線にそって決着がつけられた。

すなわち，第一に，女性が心身ともに劣るという偏見に基づく根拠は否定されるべきであり，第二には，妊娠・出産保護はより手厚くして充実させるべきだが，「母性」を強調しすぎて女性の母親としての役割を固定化してはならない。第三に，女性にとって危険で有害な労働は男性にとっても危険で有害であることを認めるべきである。第四に，家族的責任は男女が平等に担うことを前提にして法システムは構築されるべきである[4]。

立法政策における攻防　さて，理論的にはこのように整理されるものの，現実の立法政策が理論にそって同じ道筋をたどりうるとは限らない。確かにオルセンも強調するように，この問題のもっともフェミニスト的な解決方法は，女性労働者保護規定を「放棄する」ことではなく，男性にもこれを「拡張する」という方法である。私もこの主張には基本的に賛成である。

しかし，特定の時代の政治的力関係を背景にしたとき，具体的な立法政策上の選択肢として，「女性労働者保護規定を男性にも拡張する」ということが常に可能であるわけではない。日本でもこれがいかに実現困難な課題であったかは，均等法と労基法の改正問題の実際上の経緯が証明している。

とりわけ問題を難しくしたのは，平等実現を主張する労働側と女性労働者保護の撤廃を主張する経営側の徹底した対立であり，1985年の均等法制定のときも，1997年の均等法改正のときも，労使双方の合意をとりつけるためには，「平等の促進」と「保護の撤廃」を抱き合わせにしたひとつの「整備法」を国会に提出するしかなかったというのが，現実の政治的状況であった[5]。

母性保護については手厚くして充実させ，それ以外の一般女性保護規定については できるだけ男女を同一に扱うべきであるという基本的な方向には，労働法学会内部でも異論はなかった。しかしその具体的なプロセスもしくは方法については，意見が対立した。男女共通規制ができあがるまでは，女性労働者保護規定は撤廃すべきではないというきわめてまっとうな主張が，労働法学会の大勢であったと思う[6]。しかし具体的な国会内での攻防にこの主張をもって臨んだ場合の現実的な到達点は，均等法改正と労基法改正の両方を盛り込んだ「整備法」を葬り去ることでしかなかったであろう。その行きつく先は，1985年段階では均等法は制定されず，女性差別撤廃条約は批准されないということになり，1997年段階では均等法の禁止規定化が実現しないということになったはずである。私自身は，「男性を女性なみに扱う」ということが現実の政治状況のなかですぐに達成できない以上，当面は「整備法」をとおして，その後に男女共通規制の立法化を図るべきであると考えた[7]。いまでも私には，「当時，別の選択肢があったはずだ」と自信をもっていうことはできない[8]。

このようなディレンマをかかえこんだまま，実際には次のような法改正が行われた。1985年の均等法制定時の労基法の改正においては，(1) 年少者保護規定から区別して女性に関する第6章の2が新設され，(2)「一般女性保護」については，危険・有害業務の禁止規定は廃止された反面，時間外・休日労働の制限や深夜業の禁止規定は例外を拡大する方向で基本的には維持され，(3)「母性保護」については，多胎妊娠の産前休業期間と産後休業期間が拡大されるなど，原則として強化された。

1997年の均等法改正時には，労基法上，一般女性保護規定のうち，時間外・休日労働制限と深夜業禁止規定が撤廃され，一方で「母性保護」はさらに強化された。また，母子保健法による保健指導・健康診査に必要な時間の確保の規定が新たに設けられた（均等法旧22条）。

その後，ILO156号条約の批准（1995年），「少子化」対策の総合的推進の要請によって，数次にわたる育児介護休業法（以下「育介法」とする）の改正が行われ，家族的責任をもつ男女労働者を対象とする保護規定がかなり充実してきている。さらに2006年の均等法改正時には，均等法の中に妊娠・出産を理由とする不利益取扱禁止規定や，妊娠中・出産後1年を経過しない女性に対する解雇禁止規定が新設され，同時に，労基法上の女性に対する坑内業務の就業

制限が緩和された。

(3) 均等法，労基法，育介法において変化した女性保護規定の現状

　ここで改めて，平等と保護の攻防の結果，女性労働者保護規定がどのように変容したのかについて，現状を整理しておこう。

　第一に，「母性保護」規定は，労基法上，より手厚くなって維持されている[9]。また，均等法12条，13条は，妊娠中および出産後の健康管理に関する事業主の措置義務について定めている。

　第二に，「一般女性保護」規定の中の時間外・休日労働制限と深夜業禁止規定は，97年の労基法改正時に撤廃された。深夜業については，当面の間，女性を深夜業に従事させる場合には，通勤と業務の遂行にあたって女性の安全を確保するために必要な措置をとることが事業主の努力義務とされており（均等法施行規則13条），そのための「指針」（平成10年3月13日労働省告示21号）が出されている。時間外労働については，97年の法改正の折に，育児・介護を行う「女性」労働者の時間外労働の延長の限度を当面150時間とする激変緩和条項（労基法133条）が設けられたが，これは03年に撤廃され，現在では，後述するように，育児介護休業法における時間外労働の制限へと組み替えられている。06年の労基法改正を経て，現在もなお残っている「一般女性保護」規定は，坑内労働の禁止（労基法64条の2，女性労働基準規則1条），危険有害業務の制限（労基法64条の3第2項，女性労働基準規則2条，3条），生理日の休暇（労基法68条）のみにすぎない。

　第三に，一般労働者の男女共通の労働条件規制についてみよう。深夜業については，98年の労基法改正により，労使の自主的な努力が推進されることになった（平成10年労基法改正附則12条）。その結果，電機などのいくつかの産業や大企業においては，深夜業に関する自主的なガイドラインが作成されていると聞いているが，その実態はよくわからず，さしたる進展は期待できない。

　時間外労働についてはどうか。98年の労基法改正により，厚生労働大臣が，労働時間の延長の限度その他必要な事項について，「限度基準」を定めることができると規定され（36条2項），現在，一定の期間ごとに時間外労働の限度基準が設定されている（平成10年労告154号）。年間でみれば360時間が上限である。問題は，このような限度基準が設置されていても，サービス残業など，

時間外労働として把握されない長時間労働が存在することである。確かに，過労死対策ともあわせた長時間労働対策として，01 年には閣議決定「労働時間短縮推進計画」が改定され，02 年には「過重労働による健康障害防止のための総合対策について」(平成 14 年 2 月 12 日基発 0212001 号) が発せられた。03 年には「賃金不払残業総合対策要綱」が策定され，サービス残業への監督が強化された。しかしながら一方で，時短促進法は「労働時間等の設定の改善に関する特別措置法」と名称を変更されて 06 年から施行されており，全般的な労働時間短縮という政策目的は事実上放棄された。それだけに，日本の長時間労働の実態については，改善の見込みがなくなったという悲観的な見方も出ているところである。

第四に，育児介護責任をもつ男女労働者については，労基法の一般女性保護規定の部分的撤廃を埋め合わせるような法改正が行われたといってよいだろう。「仕事と生活の調和」を強調した政策が，雇用・労働政策の根幹として位置づけられるようになったからである。たとえば 2007 年に制定された労働契約法 3 条 3 項は，「労働契約は，労働者及び使用者が仕事と生活の調和にも配慮しつつ締結しまたは変更すべきものとする」と定めた。より具体的な施策をみてみよう。育児介護休業法は，1 年 6 月までの育児休暇および 93 日間の介護休暇の権利 (5 条 1 項，3 項，11 条 1 項) および年間 5 日の子の看護休暇の権利を定めている (16 条の 2)。休暇以外についても，事業主は，育児介護労働者が請求したとき，育児については子の小学校就学前までの期間，①1 月について 24 時間，1 年について 150 時間を超えて労働時間を延長してはならず (同法 17 条，18 条)，②深夜業 (午後 10 時から午前 5 時までの労働) をさせてはならない (19 条，20 条)。また，③子が 3 歳になるまで，勤務時間の短縮等の措置を講じなければならず (同法 23 条)，④子が 3 歳から小学校就学前までは，育児休業の制度または勤務時間の短縮等の措置に準じた措置を講ずるように努めなければならない (同法 24 条)。⑤さらに，労働者を転勤させようとするときには，事業主は，育児・介護が困難となる労働者について，その状況に配慮しなければならない (同法 26 条)。

第五に，妊娠・出産したことや出産休暇等を請求したこと等を理由とする不利益処遇の禁止規定 (均等法 9 条 3 項)，妊娠中および産後 1 年以内の女性労働者の解雇を無効とする規定 (同法 9 条 4 項)，育児介護休業法における権利

行使を理由とする不利益処遇の禁止規定（育児介護休業法10条，16条，16条の4）の存在は重要である。法的な権利として規定されていても，それを実際に行使した場合にさまざまな不利益処遇がなされれば，事実上，労働者は，その権利行使を手控えざるをえないからである。

(4) 今後の課題

1997年の均等法改正，労基法改正時には，女性労働者保護規定の撤廃の先行は，女性労働者の健康や生活破壊をもたらすだけではないかと懸念された。しかしその後の法規制の変遷をみると，一般女性保護規定は部分的に，育児介護労働者を対象とする「請求権」として規定されるようになっていることがわかる（育児に関する時間外労働制限につき育児介護休業法17条，深夜業免除につき同法19条）。法規定上は，「女性保護」から「育児介護」を理由とする性中立的な保護へと組み替えが行われたといえよう。

とはいえ，ここにはなお大きな問題が存在する。第一は，条文そのものが有する限界性である。すなわち，時間外労働の制限にしても，深夜業の免除にしても，雇用されて1年に満たない者など，法令に定める一定の要件に該当する者は請求することができないし[10]，事業の正常な運営を妨げる場合には請求が認められないという問題があり，きわめて限定的なものでしかない。深夜業免除規定をめぐっては，日本航空インターナショナル事件の東京地裁判決（平成19年3月26日労働判例937号54頁）が，深夜業免除申請をした客室乗務員のうち，多数組合の組合員には深夜業免除パターンの乗務を月12〜13日割り当てながら，少数組合の組合員（原告ら）には月2回程度しか割り当てなかったことについて，会社による正当な理由のない労務の受領拒否にあたるとして，原告らに対して，多数組合の組合員が受領した日数分の賃金の支払いを認めている。育児をしながら仕事をし続けることを実質的に保障するためには，使用者は，単に深夜業免除申請者に対して深夜業を命じないということだけではなく，当該制度が，労働者が従前の就労を継続しながら日々の育児に携わることができるようにするための支援策であるという趣旨を十分に活かして，深夜業免除パターンの就労を可能なかぎり割当てる「相応の努力」を行う法的な義務を負う，と解すべきだろう[11]。

第二は，家族的責任のジェンダー格差がもたらす問題であり，きわめて重要

である。じつは，時間外労働制限にしても，深夜業免除にしても，適用除外規定の解釈によって，男性が利用しにくいシステムになっている。専業主婦の妻をもつ男性労働者は，原則として，妻が産後8週間以内であるか，第二子を出産するときの産前6週間の期間であるか，あるいは妻が負傷または病気の状態にでもないかぎり，時間外労働制限を請求できない。また，共働きの夫婦の場合でも，多くの家族において現実に主たる生計維持者である夫が17条に基づき時間外労働制限を請求すれば，時間外労働手当が減額されることになるため，実はこの条文は男性には利用しにくい規定でしかない[12]。条文が性中立的になったからといって，けっして性中立的に利用・運用されているわけではない。このことは，育児「休業」の請求権についても同じようにいえることである。

　結局，女性保護規定が撤廃され育児介護労働者保護に組みかえられたとしても，女性は，女性という理由による二級労働者としてのスティグマからは免れたとしても，「育児介護労働者」というスティグマを新たに背負い込むことになったにすぎない。それだけに今後とも，育児介護休業法上の制度をより男性が利用できるように，また育児介護により被る不利益を最小化するように，制度改正を積み重ねていくことが必要不可欠である。

　さらに，家族的責任を有する労働者のみを「特別処遇」するのではなく，家族的責任を担う労働者を理念型として労働法を構築する試み（私はこれを「女性中心アプローチ」と呼んでいる[13]）を進めることも有益であろう。つまり，家族的責任を有する労働者が労働を継続することができるようなレベルへと，労働条件の一般的水準を引き上げることによって，「特別処遇」の必要性を縮小していくべきである。

　2004年12月には初の『少子化社会白書』（内閣府）が公表され，少子化対策が国民的関心事になった。このままの出生率と死亡率が将来ともに変わらないとすると，日本の人口は2050年には8900万人，2340年にはわずか96万人まで減少するとまで言われている[14]。2003年に制定された少子化社会対策基本法は，「我らは紛れもなく，有史以来の未曾有の事態に直面している」（前文）と述べて，危機感をいっそうつのらせた。両立支援がこのような「対策」に組み込まれていくと，日々の生活のなかで，女性の一定期間の育児への専念が奨励されたり，母親の役割が強調されるという伝統的な母性主義が台頭する結果になったりするのではないかと懸念される。社会にジェンダー平等の視座

を根づかせることの重要性を改めて感じざるをえない[15]。

1) Catharine A. MacKinnon, *Toward a Feminist Theory of the State*, Harvard University Press, 1991, p. 220. マッキノンはここで以下のように述べている。「同一性アプローチ」と「差異アプローチ」はいずれも「性差にとりつかれている。……隠蔽されているのは、男性がすべての物事の尺度になってきたという本質的な方法である。同一性アプローチでは、女性は男性と一致しているかどうかによって測定され、……差異アプローチでは、女性は男性とどれくらい類似していないかによって測定され」る。これらはいずれも、「女性を男性基準に固定して、それを性の平等と称する二つの方法」として提供するにすぎない。

2) ibid. p. 226. マッキノンは従来の「同一性アプローチ」「差異アプローチ」に対して、平等の問題を権力の配分の問題だととらえ、「支配のアプローチ」(dominance approach) を提唱する。これは男性の視点から定義されてきた主流的見解に「取って代わる一つのアプローチ」であるが、このアプローチによれば、「不平等は同一か差異かの問題ではなく、支配と従属の問題である。不平等とは、権力、権力の定義、そして権力の不均衡な分布にかかわるものである。不平等はその根源において、ヒエラルキーの問題として把握される」のである。ibid. p. 242.

3) この間の議論の詳細は、浅倉むつ子『労働とジェンダーの法律学』(2000年、有斐閣) 53頁以下を参照。

4) 浅倉むつ子『均等法の新世界』(1999年、有斐閣) 127頁。

5) 1985年の均等法が、独立の「男女雇用平等法」ではなく「勤労婦人福祉法改正」として国会に提案されたのは、まさにこの理由からであった。新しい男女雇用平等法の制定と労基法の改正となれば2本の法案になるため、万が一にも一方だけが抜け駆け的に採択されてしまうと、労使いずれかの主張のみが実現し「後に禍根を残す」からであった。したがって勤労婦人福祉法の改正と労基法の改正がひとつの法案として「整備法」に盛り込まれたのである。赤松良子『均等法をつくる』(2003年、勁草書房) 118頁。

6) 西谷敏「平等の名による不平等の進行を恐れる」労働法律旬報1401号 (1997年) 21頁以下、和田肇「労働時間に関する女子保護規定」季刊労働法183号 (1997年) 43頁以下。

7) 浅倉むつ子「女性労働法制」法学セミナー1998年9月号58頁以下、同『均等法の新世界』(前掲注4) 127頁以下、同『労働とジェンダーの法律学』(前掲注3) 18頁以下。私の見解に対しては「新自由主義」だという批判があるが (岩佐卓也「ジェンダー視点と新自由主義」賃金と社会保障1348号)、生産的な議論を生み出しうる批判とは思えない。

8) 大脇雅子・渡寛基「均等法改正案は弾劾されるべきか」賃金と社会保障1199号 (1997年) は、当時の国会内の力関係をよく伝えている。

9) ここには産前産後休業 (65条1項、2項)、妊娠中の軽易業務転換 (65条3項)、育児時間 (67条)、妊娠・出産女性に対する危険・有害業務の制限・禁止 (64条の3第1項)、妊娠・出産女性に対する変形労働時間の適用制限および時間外・休日労働の制限と深夜業の禁止 (66条1項～3項) 規定がある。

10) ①雇用期間が1年に満たない労働者 (17条1項1号)、②配偶者が常態として子を養

育することができる労働者（17条1項2号，すなわち，配偶者が職業をもたず，負傷や疾病によって子を養育することが困難な状態でなく，産前6週間産後8週間の期間ではなく，請求に係る子と同居している場合），③時間外労働制限の請求ができないことに合理的理由がある労働者（17条1項3号，すなわち，1週間の所定労働日数が2日以下の労働者，および夫婦以外の同居者が同条同項2号の「常態として当該子を養育することができるもの」である場合）は，適用除外される。

11) 浅倉むつ子「育児期間中の深夜勤務免除請求をめぐる法的検討」早稲田法学83巻3号（2008年）183頁以下。
12) 菅野淑子「時間外・深夜労働の免除請求」『労働法の争点［第3版］』（2004年，有斐閣）229頁。
13) 浅倉むつ子『労働法とジェンダー』（2004年，勁草書房）21頁以下。
14) 石川晃「全国人口の再生産に関する主要指標」人口問題研究59巻3号（2003年）62頁。
15) その意味で，国家貢献ではなく人格権として子育てを説く「父性論」に注目したい。海妻径子『近代日本の父性論とジェンダー・ポリティクス』（2004年，作品社）によれば，かつて日本にも，一條忠衛という卓越した父性論者がいたという。一條の父性論は，「甲斐性」としての男性性の強化に荷担した「母性主義」に対峙して，市場労働と結びついた男性性のなかに男性が囲い込まれることを拒絶したのである。

第3講　家族と女性
―― 自由主義的家族法改革の効用と限界

はじめに

　この講の主題は，第1講と第2講でも触れた，家族法である。この講では，アメリカ合衆国およびヨーロッパにおける自由主義的家族法改革の限界について論じたい。そこでまずはじめに，私の展開しようとする議論が，政治的には，やや複雑で，かつ混然とした含意をもつことになる点について，予め説明しておくことにしたい。私が子どものころに，次のようなゲームがあった。

　そのゲームとは綱引きである。このゲームに必要な物は，太い丈夫な綱だけである。ゲームに参加する人は，2つのチームに分かれ，一方のチームがある方向に綱を引っ張り，他方のチームはこれと反対の方向に綱を引っ張り返す。ゲームが始まると，参加者たちの腰の位置は，初めは高く，次第に低くなっていき，それぞれがそれぞれの方向へ綱をぐいぐいと引っ張る。多くの場合，一方が勝ちそうになり，次に他方が勝ちそうになる。綱はゆっくり一方に動き，また他方へと動いていく。こうしたことを繰り返した後，最後には，どちらかのチームの勝ちぐあいが決定的になると，相手のチームの子どもたちは，バランスを崩したり，ロープを手放してしまうことになる。しばしば負けたチームは，尻餅をついて地面にのびてしまったり，笑いながらずるずると綱に引きずられていくはめになる。

　現在の日本は，私の理解がまちがっていなければ，家族法をめぐって，自由主義者と保守主義者が，これと同じような綱引きゲームを展開している状況にあるようである。保守主義者たちは，家族のあり方に関する伝統的なアプローチを強化する方向で家族法の手直しを図ろうとし，これに対してリベラル派は，社会の多様な変化に応じて出現しつつある家族の新たな形態により効果的に対応できるように，それとは全く異なる改正を家族法の分野で実現しようとしている。現在のこうした状況は，保守派が日本の家族法をより保守的な方向へ引っ張ろうとし，これに対して，リベラル派が，反対の方向へ引っ張ろうとしている綱引き状態であると表現することもできよう。

この家族法をめぐる綱引きには，他の要素も加わっている。保守派が綱を引っ張っている側にはお金が，そして，リベラル派の側には，日本国憲法や，諸種の国際条約が加わることになる。

これらの諸要素が，それぞれの側をどのように助けているかを見てみよう。保守勢力を支える要素として，お金は重要な要素である。一般的に，保守的勢力のほうが，その支持する政治的価値を支持するために使うことのできるお金を多くもっている[1]。かつ彼らは，家族法の問題は，そのためにお金を使うに値する重要な問題だとの結論に達しているようである。お金は，より多くの組織や人びとを，お金が支持する側の綱を引っ張るために動員することを可能とする。お金はまた，ある立場が実際に広く人びとの支持を受けているかにかかわらず，そうであるとの印象を与え，世論に影響を与えるためにも使われる。

日本国憲法はというと，これはリベラル派の側を支持しているとみることができる[2]。たとえば，憲法は，男女の間の平等について規定しており，リベラル派が変更を求めている家族法に関わる法的諸規定は，この憲法の定める両性の平等に反しているという議論を展開することが可能である[3]。また，国際的諸条約は，明らかにリベラル派の側にある。女性差別撤廃条約，および子どもの権利条約は，ともに日本政府（および，アメリカ合衆国を除く他のほとんどの先進諸国）によって締結，批准されているが，これらの条約は，リベラル派の側にある。したがって，保守派が支持している法は，これらの国際的な取り決めに抵触するという議論をすることが可能である。

1 この講のもつ政治的意味

私の理解するところ，現在日本では，この綱引きが継続中であり，その勝敗のゆくえはわかっていない。こうした状況のなかにあって，私が提示する見解に対しては，リベラル派から，リベラル派側に力を貸すものではないではないかとして，異議がとなえられるかもしれない。なぜなら，リベラル派にとっては，現在進行中のこうした闘いのゆえに，リベラル派の立場に直接的な支持を与える材料が提示されることが望ましいと考えると思われるからである。

改革に対してマイナスに働く可能性　この現在進行中の綱引きのような闘いが，どちらが優勢とも判断しがたい，両者の力の伯仲した一種の均衡状態にあ

るとすると，リベラル派の側にわずかな力を加えることで，大きな変化が起きることになるのかもしれない。しかし，ここで私がしようとしていることは，自由主義的家族法改革のあり方に対するラディカルな批判であり，このためこうした戦いの最中にあるリベラル派の人びとの目には，かえって逆効果をもたらすものと映ることになってしまうかもしれない。日本のリベラルたちによって提案されている家族法改革の多くは，すでにアメリカ合衆国各地や西ヨーロッパ各地で実現に移されてきた。したがって，日本のリベラル派の人びとは，おそらく，私がここで，彼（女）らが提案している家族法諸改革と同じような改革が，アメリカや西ヨーロッパの社会にもたらすに至った好ましい変化について語ることのほうが，より有用なことであると考えるであろうと思われる[4]。自由主義改革がもたらした成果の例を数えあげ，綱引きの闘いに勝利を収めることができるようリベラルの側に力を添えるかわりに，私がここでしようとしていることは，綱の真中を摑み，いずれのチームの引っ張る方向とも違う，第3の方向へ綱をぐいっと引っ張る行為であると見えるかもしれない。この綱引きの比喩に合わせていうならば，私のやることは，保守派だけでなく，リベラル派もともに転ばせようとするものと映るかもしれないと危惧されるのである。

　アメリカや西ヨーロッパの経験は，家族法の分野における自由主義的改革の明らかな成功を示すものではないという私の話は，リベラル派よりもむしろ保守派を勇気づけるものと受け止められるかもしれない。なぜなら，たとえ保守派が家族法の分野における戦闘に破れたとしても，彼（女）らが支持している多くの価値を保持しつづけることは可能であるということが，そこには含まれているからである。アメリカや西ヨーロッパで行われた法改革の経験は，自由主義的家族法改革によって男性による女性の支配がなくなることはないということを示唆している。つまり，たとえ，日本国憲法の両性の平等の保障規定が，それが保障する最大限まで行われたとしても，あるいは，日本の家族法が，純粋に形式のレヴェルにおいて，女子差別撤廃条約や子どもの権利条約に完全に適合するような形に改められたとしても，保守派が支持する，家族のなかに存在する多くの支配と服従の形態や上下関係の諸伝統は残存しつづけることになるかもしれないのである。

　リベラル派がたとえ闘いに勝って改革を実現したとしても，それらの改革が，

リベラル派が望んだり期待したりしただけの望ましい効果をあげるとは限らない。リベラル派が人間の可能性を制約していると考える保守的な諸価値は、たとえリベラル派が家族法に関する闘いを制することに成功したとしても、残存しつづける可能性が高いのである。

　改革の努力に対する批判がもちうるプラスの面　日本のリベラル派の多くは、彼（女）らが求めている家族法改革が、アメリカや西ヨーロッパで試みられた結果、成功を収め、自由主義的な家族法改革を通して男性と女性の間に実際に平等を実現し、保持しつづけるに値する共同体的価値を損なうことなく、婚姻を夫と妻の個人としての尊厳を基盤に据えた関係へと変容させることに成功しつつあるという話を聞くことを望んでいるに違いない。私の話はもちろん、自由主義的家族法改革がしばしば失敗に終わっていることを報告し、こうした自由主義的改革に根本的な批判を加えることを目的としている。私はもちろん、家族法の改革を試みること自体がまちがっているという議論をしようというつもりはない。ただ、意義のある政治的改革は、幻想に基づくものであってはならないし、家族法の自由主義的再構成[5]の利点のみならず、その欠点について、より現実主義的理解を深めることによってのみ、改革のための基盤をより確かなものとすることができると考えるのである。アメリカの経験は、自由主義に立脚した家族法の再構成について、その長所のみならず短所の所在をよく物語っている。

　このことをさらに敷衍すれば、現在日本で展開されている綱引きの闘いは、一番よい闘い方とはいえないということになってしまうのかもしれない。しかし私の真意は、私のラディカルな批判が、2極的な闘いのあり方に第3の方向を加えることで、改革実現のための可能性を増大させることにある。そしてさらに、私は、日本の家族法を改革しようとしている人びと——たとえば、妻に結婚前の姓を持ちつづけることを可能とする改革や女性の生殖に関わる権利の拡大を目指している人びと——が、単に西洋の考え方や価値観を日本の家族法の分野に注入しようとしているわけではないと認識しているので、日本の改革者たちが、アメリカや西ヨーロッパでの経験を一足とびに飛び越えて、現在アメリカや西ヨーロッパで行われているよりもより望ましい政策を生みだすことができるのではないかという希望も抱いている。他の国々の失敗を参考とし、自由主義的改革のもたらした落とし穴をあらかじめ知っておくことは、日本に

おける改革をより進んだ，アメリカや西ヨーロッパ諸国に対してモデルとなるようなものとすることを可能とするのではないか，このように思えるのである。

2　欧米家族法の変遷

　家族の解放（liberalization）［家族制度を自由主義的諸原理によって再構築する改革］がアメリカ社会にもたらしたのは，女性に対する支配の私事化（privatization）と，家族制度の政治的性格や家族法の政治的重要性の曖昧化であった。

(1)　家父長制的家族

　欧米の家族制度について語る際の出発点は，家父長制家族である。古典的家父長制家族の姿を単純な図で表せば次のようになる。

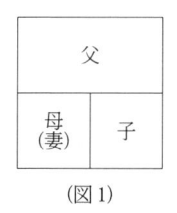

```
┌─────────┐
│    父    │
├────┬────┤
│ 母 │    │
│(妻)│ 子 │
└────┴────┘
    （図1）
```

　この図が示すように，ヒエラルヒーの最上位にある，父親もしくは家父長は，家族の長であり，家族の他の構成員は全て彼の支配に服し，そのコントロールの下に置かれていた。一般に，父親には，家族の全ての財産に対する法的支配権が与えられており，自らがその妻と子どもの労働奉仕を受け，あるいは妻や子どもが他者に提供した労働に対して賃金を受け取る法的権利が保障されていた[6]。

　この図に，息子たちの嫁を書き入れようとすると，この構造はもっと複雑にならざるをえない。なぜなら，息子の嫁たちを父親のすぐ下に描き入れるべきか，あるいは，家父長の息子の嫁たちに対する支配は息子たちを媒介して行われていたとすべきか，あるいは，嫁たちがしばしばその指示に服していたところの息子の母親を媒介して行われていたとすべきかは，簡単ではないからである[7]（図2）。

　しかしながら，アメリカにおける家族の基本的構造は相対的にいえば単純で

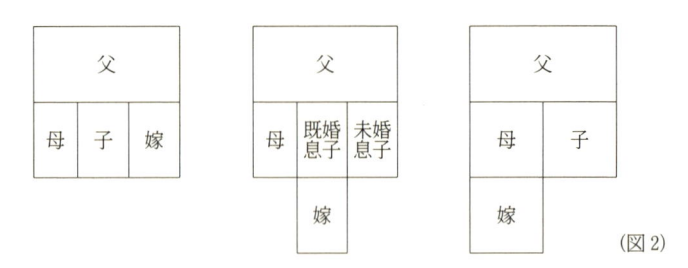

```
┌─────────────┐   ┌─────────────────┐   ┌─────────────┐
│     父      │   │       父        │   │     父      │
├───┬───┬─────┤   ├───┬─────┬───────┤   ├─────┬───────┤
│ 母│ 子│ 嫁  │   │ 母│既婚 │ 未婚  │   │  母 │   子  │
│   │   │     │   │   │息子 │ 息子  │   ├─────┴───────┤
└───┴───┴─────┘   │   ├─────┴───────┤   │     嫁      │
                  │   │    嫁       │   └─────────────┘
                  └───┴─────────────┘
```
(図2)

ある。アメリカ合衆国が独立国家となった 200 年あまり前には，拡大家族は姿を消しており，法的にも認知されないものになっていたからである。父親は妻と未成年の子どもに対して法的に広範な権限をもっていたが，子どもが成年に達したり結婚すれば，法は父親から独立した存在としてこれを扱った。したがって，アメリカにおける家父長的家族の姿は，はじめに私が描いた比較的単純な図によって示しうる構造——すなわち父親が母と未成年の子や未婚の子に対して直接的な統制権を行使する構造をとっていた。母親の子どもに対する影響力は，慣習と感情に基礎を置くものであり，子どもに対して彼女が行使することのできる法的統制力は，父親の代理人としてのそれであり，父親の裁量に委ねられていた[8]。子どもが成年に達する——すなわち，18 歳または 21 歳になる，もしくは結婚する——と，子どもは生まれた家族の支配から離れ，独立した[9]。

(2) 家父長制的家族の部分的崩壊

1800 年代になると，家族の法的構造には変化が生じた。父親が家族の長であることは変わらず，母親よりも優越した地位を維持していたが，母親は子どもと平等な存在ではなくなり，その上位に立つ存在へと変化した（図3）。母親は，父親の裁量にかかる父親の権限の受任者という以上の子どもに対する権限を獲得した。母親は，自らの権利として，子どもに対する固有の権限を獲得したのである。この母親の権限は父親のそれには劣位し，その権限行使は父親のそれによって覆されうるものではあったが，母親は彼女自身の地位を獲得したのであった。たとえば，父親が死亡したとしても，母親は子どもに対する支配権を維持しつづけることができたのである。これより以前には，父親に，父親が死亡した後，子ども対する統制権限を行使するための後見人として母親以外の第三者を指定する法的権限が認められていた[10]。

```
┌─────┐
│  父  │
├─────┤
│  母  │
├─────┤
│  子  │
└─────┘
```
(図3)

　第1講でも触れた，母親であることの美化と男と女の領域の区別——すなわち，政治と経済という男が支配する領域と家庭という女が支配する領域という，2つの別々の領域という理念化——は，次第に，家族おける父親の母親に対する優位を侵食する方向に作用した[11]。裁判所は，父親が婚姻の破綻に責任がある場合に，子どもの監護権を父親ではなく母親に認め始めるようになっていった[12]。こうした状況のもとで，妻には別の権利，たとえば，（妻のドミサイル（domicile：法の上での生活の本居）は夫のそれであるとする法理を乗り越えて）自分自身のドミサイルを持つ権利や，夫に対し扶養料を請求し，その実現を求める権利が認められるようにもなっていった[13]。そしてついには，妻からの離婚請求が認められるようになり，夫の婚姻上の義務違反として離婚請求原因として認められる事由も，次第に増えていったのであった[14]。さらに，各州の議会において，結婚した妻に自分の財産を所有し，商取引契約を締結することを認める法律が，さらには自分で賃金を稼ぎ，それを保持する法的能力を認める法律が制定される例が広がり[15]，妻の法的地位は次第に変化していった。［コモン・ロー（英米法）の伝統的法理のもとでは，女性の法的人格は結婚により夫の法的人格に吸収されるとされ，妻は法の世界ではその存在を認知されなかった。したがって法の世界では，夫は妻の財産を自己の財産と同じように管理処分する権限をもち，妻は夫と独立した権利能力の主体とはなりえなかったため，自分自身の財産をもつこともできなかった。また契約の当事者ともなりえず，妻の賃金を請求する権利は法的には夫にしかなかった。］こうした立法は，確かに少なくない数の女たちにとって重要であり，彼女たちの生活を変えてはいったものの，大多数の女たちは，その時間のほとんどを，夫と子どもの面倒をみるという，家庭内における賃金の払われることのない労働に費やしていたのであった。自分自身の財産を所有する法的権利を獲得したものの，女たちが，夫のために労働賃金の払われ

ることのない家庭内労働に従事することを期待され、また実際にもそうしているかぎり、妻の夫に対する経済的依存状態は変わることはなかった[16]。このようにして、ほとんどの目的との関係で、夫の家父としての地位は保持されたものの、夫の法的優位に対する例外が、一つまた一つという形で増えていくにしたがって、妻の従属は以前に比べてそれほど極端なものではなくなっていったのである[17]。

(3) 家族の解放——法的平等へ向けて

1970年代に入ると、父親と母親の間の平等という理念が、法の分野において語られるようになった。そしてほとんどの目的との関係で、父親と母親、夫と妻は法的に平等であるとされるようになっていったのである[18]。一般的に言って、1970年代の終わりごろになると、父親と母親は全ての法的関係において互いに平等であるとされ、ともに子どもに対するかなり大きな統制力をもつとされるようになった（図4）。この子どもに対する統制力は、法的に実現されうる権限であったが、この権限は利他主義的原理によって行使される——すなわち母親と父親に子どもに対する統制権が認められているのは、それが子どもの福祉に資するため——との説明が伴っているのが常であった[19]。

父	母
子	

（図4）

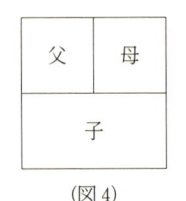

この、階層性が弱められ、権限がより平等主義的に配分された家族構造に対しても、子どもの権利の拡張を唱える人びとからは、異議が唱えられていた[20]。そして、これを受けて、母親・父親と並んで、子どももまた、対等な家族の構成員であると位置づける第4の構造へ向けて踏みだす、裁判例や制定法による法改革も登場するようになった[21]（図5）。

父	母	子

（図5）

この第4の構造は，私が「家族の解放」と呼ぶところのものをより強く押しだした姿となっている。この家族の解放とは，法の目から見た場合の家族の構成員の相互関係の平等化を意味している。[このモデルの下でも]母親と父親は，子どもに対して実質上広範な統制権を保持しつづけるかもしれないが，[このモデルの下では]それは単純な階層的な優越性原理以外の仕方で，行使され，正当化されることが必要となる。

3 欧米の家族法改革がもたらしたもの

以上のような意味での法の世界における家族の解放は，1970年代の終わりに，ある著名な男性の家族法学者が，「もはやアメリカ家族法には女性の平等に関わる争点は存在しなくなった」と言明するに至る背景を提供するところとなった。確かに家族の法的構造は，図1や図3で示された第1や第2の構造から，男性による女性の支配を終わらせた，図4，図5で示された第3や第4の構造へと変化し，このため1970年代終わりに男性の研究者たちは，実際にもそうした変化が起きたと考えたのである。より具体的に言えば，この時代になると，アメリカ合衆国のほとんどの地域で，夫と父親は彼の財産を，妻と母親は彼女の財産を所有していた。女たちはちょうど男たちが自分の財産を所有し，自分の好きにこれを利用することができたのと同じように，自分の財産を所有し，それを自分の好きに利用することが法的に認められていた。また，確かに，アメリカ全国を通じて，家族のドミサイルを選定する権限が父親に独占的に帰属するということもなくなり，母親には自らのドミサイルを選ぶ平等な権利が認められるようになっていた。法的にいえば，父親はドミサイルを選ぶことができ，母親もドミサイルを選ぶことができた。結婚によって父親は姓を変えなくてもよく，母親も姓を変えなくてもよかった[22]。

不平等の私事化と正当化をもたらした形式的平等　　この婚姻における男性と女性の形式的平等の実現は，しかし，現実の世界における平等を実現するということはなかった。女性研究者・男性研究者を問わず多くの学者が，形式的な法的平等が，引き続き残る婚姻関係における男女の不平等を覆い隠し，これを正当化し，私事化することになったことを認めている。まさにこのことを理由として，ほとんどのフェミニストが，1970年代の終わりに男性法学者がなした

「もはやアメリカ家族法には女性の平等に関わる争点は存在しない」という言明を退けるのである。この言明それ自体が，形式的平等化というものを通じて法が発揮する正当化の力を具体的に示しており，不平等の私事化の好個の例であるということができる。

　不平等が私事化された場合，それは非政治化される。家父長的家族の経済的社会的残滓は，その法的基盤が取り除かれた後も長く残存する。父親たちは，経済的力と社会的期待を通じて支配力を維持しつづけるが，いったん法がその形式において変化すると，男性支配の問題はもはや同じような政治的争点ではなくなってしまう。このような変化が起こると，父親はたまたまより多くのお金を持っているにすぎず，国家はそのこととは無関係であり，たまたま夫婦の間に生じた違いにしかすぎなくなる。Mr. Right が Ms. Free と結婚した場合，子どもがどの姓を名乗るか，それが Right であるか，Free であるか，はたまたハイフンで繋がれた，Free-Right あるいは Right-Free となるかは，子どもの両親の決定次第であるということになる[23]。実際に多くの事例において，ほとんどの子どもが父親の姓をもらって Right の姓を名乗ることになっても，それは Mr. Right と Ms. Free の私的な決定とされる。ほとんどの場合，Mr. Right は Ms. Free より稼ぎが多く，したがって子どもの世話のためにどちらかが働くのを休止しなければならなくなった時に，それをするのは Ms. Free となる。法とほとんどの人びとにとって，このカップルはどちらが仕事をやめるかについて自由に選択し決定したのであり，それがほとんどの場合たまたま Ms. Free ということになるのである。しかし，こうしたことの結果として，彼女の稼ぐ賃金は安くなり，仕事の場において真剣な働き手としてカウントされないことになるのであるが，こうしたことは自由と選択とプライヴァシーの問題であるとされ，国家はこれらのこととは何らの関係もないと考えられたのであった。1970年代に一流の男性法学者たちはそう考えたのであった[24]。

　家族への国家の「不介入」　第1講において言及したように，男性による女性の支配の私事化と脱政治化と親和的な機能を果たしたのが，国家は私的な存在である家族に介入すべきではないという考え方であった。20世紀半ばの女性解放運動の重要なスローガンのひとつが「個人的なことは政治的である」であったように，女性の権利の伸張を目指す法律家にとって決定的に重要であったのは，家族に対する不介入主義というのは神話にすぎないことを露にし，家

族の自由主義改革によって見えなくされていた，家族制度が有している政治的性格を明らかにすることであった[25]。自由主義的構造変革が行われてもなお，家族というものは政治的制度なのである。それは，それがかつてそうであったように，今もそうであり，将来もそうであり続ける。そして国家は，それが独占している力と暴力に象徴される国家権力とともに，家族制度の維持に関して，過去にそうであったように中心的な役割を演じ続けるのである。家族のなかにおいて男性の支配を受け続けていることは女性の自発的な選択ではない。そうした支配は，かつてそうであったように今もなお，力によって維持されている政治的決定なのである。たしかに現在では，その力が微妙に見えにくいものとなってはいるが……。ちょうど家父長制度時代の父親の権力が物理的力に支えられていたのと同じように。

フェミニズム法学による批判の重要性　フェミニズム法学と，女性の権利の伸張を目指す，訴訟を媒介とする社会改革運動に課せられた課題は，まずはじめに家族法の分野における法の政治的性格を明らかにすることであった。私はこれを，「家族と市場——思想と法改革に関する一考察[26] (The Famiry and the Market: A Study of Ideology and Legal Reform)」と題する論文，および数年後にこの問題をより正面から扱った論文「家族への国家の介入という神話[27] (The Myth of State Intervention in the Family)」で試みた。この論文は，国家は家族とは無縁な存在であるという理解や，国家は家族に介入すべきではないという主張が成り立つという理解が単に神話にすぎないことを明らかにしようとした最初の論文であった。国家は家族のなかの力の構造と深く関係しており，家族に対する国家の不介入という理解は，経済に対する国家の不介入という理解が神話にすぎないのと同じように神話にすぎない。家族は自律領域であるという主張は，市場が自律領域であるという主張と同じように人を欺くものであり，家族のプライヴァシーという主張は，自由放任主義経済(レッセ・フェール)と同じように誤っているのである[28]。

　フェミニズム法学によって，それまではそう考えられてきた家族法の私的性格が，神話にすぎないことが明らかになった後，次なる仕事は，実際に続いている女性に対する不公正な取扱について，これを実質的に批判することであった。家族法の政治的性格に対する認識の深化を活用しつつ，フェミニズムの観点から展開された法学研究は，家族法の分野における諸種の判例を素材として

用いつつ,司法界,そして社会一般に浸透している女性に対する偏見の存在を明らかにしていったのである[29]。

4 家庭の内と外で働く女たち

家族と経済ないし市場との間にみられる相関関係は,多くの国々で交わされ,また現在も続けられている,家庭内における労働をめぐる論争に対して,役に立つ視点を提供してくれる。1970年代には,アメリカ合衆国やその他の多くの国において,女性が家庭の外でフルタイムで働くというあり方が,女性の解放のための根本的解決方法として,もてはやされるようになった。しかし,女性はそれまでにも,家の内外を問わずフルタイムで仕事をしてきたのであったが,1970年代になると,自由で平等になるための道として,家の外でフルタイムで働くということが,多くの人びとの支持を得るようになったのであった[30]。

家の外で働きはじめた女性たちに対する社会の理解　家の外で給料を得るために働く女性が年々増加していったという事実は,人びとが,家族というのは法的に平等な当事者によって構成される私的な機構であると理解することをより容易にした。ひとたび,妻あるいは母親が,全面的に夫または父親に経済的に依存することをやめるやいなや,彼女たちは独立した存在として認識されやすくなる。そして,夫または父親が通常より多くを稼ぎ,妻または母親がより少なく稼ぐということは,単にたまたま生じたことにすぎないと認識されやすくなる。ひとたび彼女が家の外でフルタイムで働くようになるやいなや,相対的に低い彼女のサラリーは,彼女の結婚とは無関係であると理解されるのである。彼女が家庭において行う賃金の払われることのない家事労働は,前にも増して彼女が好きで自発的にやっている仕事とみなされるようになり経済全体とは無関係であると理解されたのである[31]。より多くの主婦たちが家の外で働くようになったことの背景には,家事の電化がある。冷蔵庫,掃除機,洗濯機,乾燥機,食器洗い機,そして電子レンジといった家電製品は,家事に必要な労働時間を大幅に短縮した。アメリカの多くの女性が,フルタイムの専業主婦からフルタイムの市場における労働者となったという変化は,ちょうど多くの労働者が産業のオートメーション化によって職を失ったように,家事のオートメー

ション化によって専業主婦もその職を失ったとみることもできよう[32]。

家の外で働くことのもつ実際的経済的利益　家の外でフルタイムで働くというこうした変化は，経済的に恵まれた女性たちの経験に耳を傾ける限りにおいては，その多くにとって人生にかけがえのない喜びをもたらし，自信と生きがいを与えるものとなったことも事実である[33]。こうした女性たちの多くは，すでに子育ての終わりに近いか，それを終えた人びとであったため，乳幼児や小さな子どもを抱えて満足できる保育サービスを探すという困難も経験しないですんだ。また，より富裕な家庭出身の女たちは，職場環境も悪くなく，働くことを楽しめる面白い仕事に就くことができた。メディアが最も注目したのは，こうした社会的地位の高い女性たちであった。彼女たちは，先述したような社会的理解の定着に最も大きな役割を果たしたと言える。彼女たちの経験は，総じて，専業主婦であることをやめることで幸福になったというものであった[34]。

家の外で働く女たちの抱える不利益　しかしながら，多くの女たち，おそらくは大多数の女たちに起こったことは，楽しくもなく，自己充足感を持てるというような性格の仕事とはいえない仕事に就くということであった。そのうえ，家事の電化によって専業主婦であることを廃業したとはいえ，家には多くの仕事が残されていた。そして，それらの仕事のほとんどは，外でフルタイムで働くようになった女たちによってなされなければならなかった[35]。かくして，自由を求めて家の外で働くことを求めた女性解放運動の結果もたらされたのは，2つの仕事をこなさなければならないという事態であり，その結果，夫よりより多くの時間働き，にもかかわらず夫よりずっと少なくしか支払いを受け取ることのできないという事態であった。もちろんその原因は，家庭内労働には賃金が支払われないというところに由来している[36]。

　外でフルタイムの仕事を得るという戦略は，女たちに長時間労働の日々をもたらした。しかもその多くは，困難の多い，あるいは働くことに楽しみなど見いだせない仕事場で。こうした戦略が発想された時点では，夫や父親が，家事や子育ての負担を分けあってくれるであろうという期待が存在していた[37]。確かにそうしてくれる男たちもいた。しかし通常それは，働き疲れた妻との口論のすえに手を貸すというようなことにしかすぎなかった。この時代に女たちがよく口にした冗談がある。こうした口論のすえ離婚に至った後，別れた夫が

再婚すると，新しい妻とは，自分とは一度もそこまでしてくれたことのないほど，公平に家事の分担を決めてこれを実行しているというのである。ともあれ，このようにして，女たちは，家でははるかに夫より多くの仕事をこなし，それゆえにこそ，労働市場の場では差別を受けつづけることになったのである。

引き続く不平等の正当化　ある評論家によれば，男たちのほうが高い賃金を稼ぐのであるから，家の仕事は，男たちではなく女たちがすることに合理性があることになる。彼らはまた，労働市場で女たちの平均賃金が男たちのそれより低いことにも合理性がある，なぜなら，女たちには家でこなさなければならない多くの仕事が待っているのであり，そのためそれだけ一生懸命仕事に集中することはできないから，とも言うのである。かくして悪循環が起こる。これは自己増殖的悪循環である。家庭において平等な家事の負担を求めることのできない女たちは，職場での差別を甘受しなければならない。そしてそうした差別は，家庭の存在によって正当化され，家庭でのあり方は市場でのあり方によって正当化され，そしてそうした市場でのあり方は家庭でのあり方によって正当化され……という具合に。

5　女性の平等実現のための諸戦略

こうした展開は，最も効果的な改革のための戦略とは何かをめぐってさらなる問いを突きつけ，女たちのあいだに多くの論争を生むことになった。第1の疑問は，平等の実現のために市場（＝経済社会）へ進出してフルタイムの仕事を求めるという文脈において，仕事のあり方やキャリアの積み方のパターンを変化させることはどれほど重要なことであるのか，という問いである。

市場をして家族の必要に協力させるという戦略　子育てのためにキャリアを中断するのが女たちであるがゆえに，子育てのための仕事の中断が，仕事に対して大きなマイナスになると考えられているのではないか，というのがひとつのありうる問題の理解の仕方であった。なぜなら，男たちが行うことで，キャリア継続の中断となるようなことがらは，大きな障害となるとは見なされてこなかったからである。つまり，これは，純粋経済的原理に起因する障害ではなく，単なる人びとの受け止め方あるいは社会のしくみの作られ方によるのではないかという理解である。言いかえれば，企業側は，いまよりももっと十分に，子

育てや介護の責任を引き受けている被用者に便宜を図るようにしても，実際に企業の生産性を不当に損なうことなくこれに対応できるのではないか，という理解である。このような理解から導き出されてくる重要な戦略のひとつは，家庭に存在する不平等が，職場における不平等な取扱へと結びつくことを極力減少させようとするアプローチである。こうした戦略を採用する人びとは，職場における差別的取扱に注目し，家庭における責任を担っている被用者や，女性に多くみられるようなキャリアパターンをとる被用者を，不利に扱ったり差別したりする方針や制度に焦点を当てて，その変更を求めている[38]。

男たちをして家事と子育てに協力させるという戦略 この第1のアプローチと並ぶ，第2の主要なアプローチは，家事や育児を公平に分担するように男性たちを説得し，あるいはそれを強制しようとするアプローチである。育児休業制度を，女たちだけでなく男たちにも拡大しようという動きを展開するにあたっては，女たちは男たちと実に効果的な協力関係を打ち立てることができた[39]。実際のところ，私の勤め先の大学では，正式に育児休業を取得した人の数は，女性より男性のほうがずっと多い。これは，女性が，自分の子どもの世話をするために休業する場合，この女性は，自分の個人的な用事のために休業していると受け止められるのに対して，男性がそれをする場合には自分の子どもを世話しているだけではなく，社会を変えていくためにも貢献しているのであると受け止められるということによるものと思われる。

この改革アプローチの背景にある理論は，このようにして男たちがもっと多く家の仕事をすることに2つの利益があるとする。第1の利益は，女たちが家においてしなければならない仕事が減ることである。しかしそれより重要な第2の利益は，もし男たちが子育てや家事をするようになると，それらの仕事はより重要な仕事として認識されるようになり，職場がこうした負担に対応した体制をとることが期待されるようになり，実際にもそうなるであろうことが見込まれるということにある。

子育てと家事の社会化 もうひとつのアプローチは，前述の第4の家族の構造をもっとまじめに捉えたアプローチである。このアプローチは，子育てを社会化し，かつ，いまよりも片づいていない家に住むことを受け入れるアプローチである。私たちのなかには，片づいていない家に住むことが得意な人も結構いる。実際，アメリカの家は，以前に比べて，散らかっていたり汚れてい

とが許されるようになった[40]。しかし、この戦略の2つ目の部分、子育ての社会化、あるいは育児についての公的責任強化は、アメリカでは特にうまくいっていない[41]。このことの原因にはいくつかのものがあるが、その最大の原因は、人種差別である。多くの白人たちが、育児の社会化は財政的負担が大きすぎるし、そうした制度を採用した場合利益を受けるのは、主として貧しい黒人女性たちであると信じている。最も富裕な層に属する、最も社会的影響力の強い人びとを含め、多くの白人アメリカ人たちは、黒人およびヒスパニックの女性たちが産む子どもの数は多すぎると感じており、育児についての社会的責任を強化する政策は、すでに生むべき数より多くの子どもを産んでいる貧乏な非白人たちに、さらに多くの子どもを産むようにけしかけるようなものであると受け止められている[42]。

ヨーロッパの多くの国は、育児について公的責任を強化する政策に関しては、主としてナショナリズムを背景に、多くの成功を収めてきた。これらの国では、もっと多くのスロヴェニア人やドイツ人をと考える国民主義的考え方に後押しされて、そうした改革が進められたのである[43]。言うまでもないことだが、女たちが子どものいる家族を持つにあたって、夫や父親に経済的に依存しなければならない程度がずっと少なくなるというのが、このやり方の長所である。

6 これらの戦略の欠点

子どものいる女性がお金のために家の外で働くということが、ミドルクラスの間で正当性を獲得し、社会がこれをあたりまえのことであると受け止めるようになったことは、しばしば貧しい女性たちの不利益に働いてきた。アメリカおよびトニー・ブレア政権のイギリスで展開している、一般に福祉制度改革と呼ばれている動きがそのよい例である。母子家庭の女性が福祉給付を受ける際に、それなりの質をそなえた保育サービスを受けることが可能であるか否かにかかわらず、働くことが要件とされるようになり、この要件の賦課が、福祉プログラムの支出削減の手法として用いられている[44]。家の外で賃金をもらって働くことが女性の解放に資するという、ミドルクラス的想定に立ったアプローチは、いろいろな形で、貧しい女性たちの状況を悪化させるという、意図せざる帰結をもたらしてしまったのである。

次世代育成費用負担の超私事化　すでに述べたように，アメリカでは，育児を社会化するというアプローチは，大筋において失敗し，子どもを育てることは「消費者の選好」の問題として扱われている[45]。これはちょうど，切手収集を趣味にする人や魚釣りを趣味としている人がいるのと同じように，子どもを持つ人もいる，という具合である。子どもを持つことにした人びとは，切手を集めたり，魚釣りに興じたりしている人がそうすることがおかしいように，国家の援助を期待してはならないのである。親になることが「消費者の選好」の問題だとする理解は，子育ての費用を社会ではなく個人の負担とさせることを正当化する。かくして，父親にも育児の責任を負担させるという努力は，往々にして，育児のうちで最も楽しい部分を男性に受け持たせることとなり，男たちは，女性の伝統的役割の中で最も好ましい部分の負担を引き受けることで，多くの社会的支持を得，利益も得ることになった[46]。

「平等であるふり」によって女たちが失ったもの　女性が家における力を失い，離婚に際しても不利になるという状況を受けて，家の外でフルタイムの仕事を得るというアプローチを通じて女性の平等を獲得するというアプローチに対して疑問の声があげられるようになった[47]。家の外で女性がフルタイムの仕事に就くようになっても，女たちは家庭において多くの仕事，それ以前とほとんど変わらない量の仕事を負担しつづけていたが，この家でなされていた仕事に対する社会的評価は，上がるどころか，逆に下がってしまったのであった[48]。たとえば，裁判官たちは，平等でありたいとする女性たちの望みを，女性たちは平等であるとの幻想へと読み替え，婚姻関係においても平等でありたいという望みを，平等であるとの幻想へと読み替えてしまったかのようである[49]。その結果裁判官たちは，離婚に際して，わずかなアリモニー（alimony：離婚後扶養）や配偶者扶養料（spousal support）しか認めないようになったのである。家庭での賃金の払われることのない仕事を負担しつづけた結果として，安い賃金の仕事にしかつけなかった女性たちは，離婚の際には，社会に出て仕事を得て，男性と対等な存在として振る舞うことを命じられたのである[50]。

7 離 婚

　女性たちは，離婚を認めてくれる，しかもそれを合理的選択として選ぶことを可能としてくれる法を求めて，合理的な選択とし，永年大きな努力を積み重ねてきた。このことは，アメリカの女性たちにとっては極めて重要なことであった。というのは，不幸な結婚が，極めて悲惨な状況を女性たちにもたらしえたからである。不幸な結婚をどうにか生き延びていくための，それ以外の十分な道はアメリカには存在しなかった[51]。しかし，ひとたび改革運動家たちが離婚を容易にする法改革を実現するやいなや，この新たな法は女性たちに不利に利用されるようになった。女たちは，簡単に捨てられたり，取り替えられたりするようになったのである。ちょうど5年使った車を取り替えるように。こうした離婚制度のありかたを女たちが批判すると，これに対しては，ときおり，離婚を難しくし，婚姻の安定性を増進しようとする提案がなされる[52]。しかし実際それは，アメリカのコンテクストでは，何の解決にもならない。離婚は，女たちにとって，必要であるとともに，不可能なもののようにみえるのである。

　女たちに及ぼされた経済的不公正　　レノア・ヴァイツマン博士の研究は，こうした［離婚改革に対する］批判的見方が一般の人びとに理解されるようになる契機となった。彼女は，その研究において，家族法におけるこうした改革，すなわち，離婚についての破綻主義の採用――配偶者の一方が他方の［不貞・遺棄・虐待などの］有責性を主張証明することなく，いずれの当事者からの請求によっても離婚を認め，離婚の際の法的処理に関しても，以前に比べジェンダー中立的な扱いをする改革が，女たちに悲惨な結果をもたらしたことを論じたのである。彼女は，離婚における破綻主義の採用を，「離婚革命（Divorce Revolution）」と呼び，この「革命」が，女性たちが直面することになった貧困の問題の主たる原因であると批判した[53]。ヴァイツマンがこの「改革」は「改悪」であるとした点，すなわち，「改革」前は「改革」後よりましだったという彼女の前提は不正確であるが，改革として構想されたはずの変化の後に発生した状況に関する彼女の統計的研究，事実調査に基づく研究の成果は正確でありまた重要である[54]。彼女の実証的研究によって明らかになったのは，ひとことでいえば，離婚を契機として，男性側は離婚前に比べ，自分のために自由に使えるお金をかなり多く持つように，平均すると離婚前の1.5倍の金銭を手

にするようになり，女性側は，それが離婚前の3割に激減してしまうということであった。アメリカ合衆国で行われるようになった離婚は，夫には経済的棚ボタを，妻にとっては経済的破滅を意味するようになったのである[55]。

離婚の経済学が婚姻関係を蝕むメカニズム　誰かが，離婚を求める男性に多額の報奨金を与える制度を作ったら，それは公序良俗違反とみなされるであろう。しかし，同じことを裁判所が離婚後扶養制度を通して，あるいは雇用制度が女性に対する差別や，女性の多くがたどる就労パターンで働く人びとに対する差別を通して行ったとしても，それは自然なことであり，仕方のないことであって，誰の責任でもないと見なされるのである。

アメリカ人は，自分たちの国においては，人びとにとって結婚は愛の問題であって，経済的理由や家系の名誉といった動機によってなされるものではないということを誇りにしている。結婚は，何か得をするとか，損をするとかというものではなく，当事者のあいだの愛情のみを絆とする関係であると人びとに理解されるといっても，過言ではない。しかしそうはいっても，一方の当事者が，関係が破綻すれば貧乏に陥ることを知っており，他方の当事者が，より豊かになることを知っているとすれば，そのことが，既に婚姻関係にある当事者の力関係に作用することは否定できない。そうしたあり方は，婚姻当事者のあいだの力関係に，悪い影響を及ぼしてしまうことは避けられない。こうした関係は，妻が夫に対して，もっと家事の負担をするべきであると主張することをより困難にするのはまちがいない。このことが，アメリカ合衆国において，女たちの平均睡眠時間を男たちのそれより短くする方向へ，そして，女たちの自由時間をはるかに男たちのそれよりも少なくするという方向へと作用しているのである[56]。

離婚における女性差別を助長した「みせかけの平等」　両性間の平等という理念は，女性たちに対する不公平な取扱を正当化するためにも用いられてきた。これは特に，離婚に際しての，子どもに対する監護権，財産分与および離婚後扶養において顕著である[57]。いまや，女たちは，どんなに長く労働市場から遠ざかっているかに関係なく，フルタイムの仕事をみつけ，自分で自分を養うことを期待される[58]。女たちは，個人的な選択の問題として，家で自分の手で子育てすることを選択することを期待されている。なんとなれば，子どもの監護権をめぐる争いにおいて，子どもを置いて仕事に出ていたことは，マイナス

として厳しく評価されるからである。これに対して，父親の場合には，子どもとともに過ごした時間は，彼の有利なポイントとして加算されるのである。その結果，父親が子どもの監護権を求めた場合，そうした父親には監護権が認められる可能性が大きくなる。そうすると，離婚訴訟において，母親が子どもの監護権をどうしても獲得したいと思えば，父親の同意が必要となり，そのために，合理的な財産分与を得ることや，子どもの扶養料請求に関して譲歩することを余儀なくされることになる[59]。母親が外で働いていた場合，裁判官はしばしばその母親は自己中心的であり，子どもより自分のキャリアが大事だと考えていたと判断しがちである。しかし，彼女が外で働いていない場合，離婚後に子どもの養育に十分な収入が得られない親と判断されかねないし，また，裁判官は，外で働いていない女は，怠惰であると判断することもできるのである[60]。

8 子どもと子育て

育児もまた，離婚と同じように，女たちにとって，必要であると同時に不可能であるようにみえる。女たちが自分の時間を育児にささげれば，そのキャリアにとって大きなマイナスとなり，その所得能力は激減し，夫との関係や，あるいは新たな夫を探すことに大きく依存して生きていかなければならなくなる。たとえ，平均労働時間が日本のそれよりも短かったとしても，それは，育児とフルタイムの仕事を両立させることができるにはあまりに長すぎる[61]。アメリカの租税法は，育児費用に対する優遇措置がほとんどないし，そのうえ育児を特に困難にする状況がアメリカには存在する。アメリカの多くの地域において，特にこれに対するサポートが最も必要とされる，最も貧しい人びとの住む地域において，家の外での子どもの安全も最悪の状況にある。こうした地域では，子どもたちは玄関口で銃撃されかねない[62]。何か子どもたちに起こった場合，非難されるのはいつも母親である。家の鍵を渡して，子どもたちが学校から帰ったときに家にいない母親は社会的非難を受け，そうかといって，子どもとの時間を大切にすると職場で不利益に扱われる。つまるところ，子どもを持つということは，個人の消費者としての決定であるとされているのである。こうしたあり方をみると，社会はまるで，女性が子どもを持つ経済的余裕がな

いならば持つべきではなく，それにもかかわらず持とうとするのは自分勝手であると言っているかのようである。しかしもちろん，子どもを持たない女性もまた，自己中心的であるといって非難されるのである。

9 結　語

　アメリカや西ヨーロッパで行われた家族法改革の最も特徴的な諸変化は，形式主義的な平等や個人主義に立脚したもののようにみえる。こうした諸改革が実現した望ましい成果を否定することなく，これらの改革の限界について理解することが重要なのである。私はある論文のなかで，これらの改革が，資本主義の自由市場の考え方と同じ原理によったものであって，このため，市場原理を基礎とする資本主義の限界と同じ限界を内包しているという議論を展開した[63]。こうした改革は，女性たちに従来より多くの独立性と平等を与えることになったが，家族内における民主主義の実現に役立つものではなかった。家族がさまざまな決定を行うにあたって，家族のメンバー全員がこの決定に参加し，自分の意見に耳を傾けてもらえる権利が保障されてはじめて，家族のなかでの民主主義の実現が可能となる。したがって，親は子どもたちの声に耳を傾けるべきであり，少なくとも，子どもが自分にとっての最善の利益が何であるかを理解し，それをはっきりと表明できる場合には，親は彼らの最善の利益に反する決定を押しつけてはならないのである。往々にして，ほとんどの父親は，彼の家族の最善の利益を考えて行動していると信じているが，実際のところ，彼が家族に合わせる場合より，家族のほうが彼に合わせなければならない局面のほうがずっと多いのである。今日においてさえ，妻の多くは家族の決定に，平等な立場で参加できていない場合が多い。妻のためにその実現が図られた平等は，非常にしばしば実際に女性がおかれている経済的劣位を考慮に入れない，形式主義的市場原理のもとでの平等にすぎないのである。このため，この平等は，人びととのあいだに人間にとって重要な責任や絆が存在していることを想定しない，個人主義原理のもつ欠陥を引きずっているのである。こうした平等に対して，女性たちは「孤立」という対価を支払うことを余儀なくされているように見受けられる。結婚前の姓を守りつづけることはできるようになっても，家族の姓を選んだり，これに影響を与えたりはできるようにはならなかった。

自分の結婚前の姓を維持するという決定は，彼女の個人的な決定であり，子どもたちが夫の姓を名乗ることになるのも，単に私的な決定の結果であると見なされるのである[64]。ここで私が言っているところの個人主義とは，誰もが自分のために生きているという考え方のことである。こうした個人主義に立脚した家族法改革に代わるものとしてしばしば提案されるのは，家族のなかにおける利他主義を強化しようとする改革提案である。そうした改革提案は，理屈のうえでは家族制度を強化し，家族のあいだの絆を強める改革であると説明される。しかし，少なくともアメリカ合衆国の文脈のなかでは，そうした提案は，家族内の権威やヒエラルヒーの強化を不可避的に伴うものでしかありえていない[65]。利他主義とヒエラルヒーのあいだには，切っても切れない関係性があるように思われる。家族のなかにおける利他主義や共同体的価値を家族制度の根幹に据えようとする改革提案は，どうしても伝統的なヒエラルヒーを強化してしまう傾向をもつようにみえる。平等を実現しようとして試みられてきた諸改革について私が指摘したかったのは，第1に，これを通じて実現される平等が，現実の平等ではなく，こうした意味での，市場原理のもとでの平等に留まってしまうという，その限界についてであり，第2には，これらの改革の制度原理として採用されている個人主義の倫理には，良い面だけではなく，悪い面もあるということである[66]。

1) アメリカ合衆国では，通常民主党は，より保守的である共和党の約半分の選挙資金しか集めることができない。
2) 日本国憲法は，平等一般につき「すべて国民は，法の下に平等であって，人種，信条，性別，社会的身分又は門地により，政治的，経済的又は社会的関係において差別されない」(第14条1項)，「すべて公務員は，全体の奉仕者であって，一部の奉仕者ではない。公務員の選挙については，成年による普通選挙を保障する。」(第15条1項2項) といった形で定めるほかに，婚姻関係に特定された，「婚姻は，……夫婦が同等の権利を有することを基本として，相互の協力により維持されなければならない。……婚姻及び家族に関する……事項に関しては，法律は，個人の尊厳と両性の本質的平等に立脚して，制定されなければならない。」(第24条1項2項) といった規定も設けている。
3) 女性差別撤廃条約および子どもの権利条約参照。
4) 家族制度の改革を求める人びとは，たとえば，婚姻後の姓について選択の余地を広げたり，あるいは，父との婚姻関係にない母の下に生まれた子どもの権利を拡大することを目指している。
5) 私が，「家族法の自由主義的再構成」と呼ぶのは，過去2世紀あまりにわたって生じた，

家族制度への平等原理の浸透をもたらした，あるいはそうした変化に対応した法的変化を指している。See Frances Olsen, *The Family and the Market: A Study of Ideology and Legal Reform*, 96 Harv. L. Rev. 1497, 1517 (1983) [hereinafter *The Family and the Market*]; Frances Olsen, *The Politics of Family Law*, 2 J. L. & Inequality 1, 6-12 (1984) [hereinafter *Politics*].

6) 夫による妻の財産に対する支配については，see Sir Frederick Pollock & Frederick William Maitland 2 History of English Law 425, 445 (1895); 未成年者に対するそれについては，see id. at 442.

7) ネパールにおける，法制度化された拡大家族 (extended family) については，see Kusum Saakha, LL. M. Dissertation Harvard Law School 1982 (on file in the Harvard Law School Library).

8) *See, e.g.*, 1 William Blackstone, Commentaries ＊441 (「母親は，親としては法的に何らの権限も保有しないが，敬愛と尊敬の対象とはされている。」)

9) *See* 2 Pollock & Maitland, *supra* note 6, at 435. *See generally* Homer H. Clark, The Law of Domestic Relations in the United States § 1. 8 at 309-10 (2d ed. 1988).

10) *See id.* § 19. 1, at. 787; King v. De Manneville, 5 East 221, 102 Eng. Rep. 1054 (K. B. 1804).

11) その地位向上のためにアメリカ合衆国において，女性たちが用いた「別の領域」というイデオロギーについて，*see* Nancy Cott, The Bonds of Womanhood (1977).

12) 子どもの監護権を与える根拠とされた有責性について，*see* Herma Hill Kay, *An Appraisal of California's No-Fault Divorce Law*, 75 Calif. L. Rev. 291 (1987); Margaret F. Brinig & F. H. Buckley, *Joint Custody: Bonding and Monitoring Theories*, 73 Ind. L. J. 393 (1998).

13) *See generally* Clark, *supra* note 9, § 6. 1, at. 251; Leo Kanowitz, Women and the Law, 46-52 (1969); Barbara Babcock, et al., Sex Discrimination and the Law, 579 (1975).

14) *See* William O'Neill, Divorce in the Progressive Era (1967).

15) これは，一般に「婚姻女性財産法」と呼ばれる州ごとになされた法律の制定によって実現された。*See* Clark, *supra* note 9, § 7. 2, at. 289-90; Joseph Warren, *Husband's Rights to Wife's Services*, 38 Harv. L. Rev. 421, 422-28, 433-46 (1925).

16) *See The Family and the Market*, *supra* note 5, at 1532.

17) *See id.* at 1530-31.

18) *See, e.g.*, Reed v. Reed 404 U. S. 71 (1971) (死亡した子どもの遺産管理人の任命について，父を母より高順位の候補者と指定する法を無効と判示); Stanton v. Stanton, 421 U. S. 7 (1975) (親の子に対する扶養義務について，男児のそれを21歳，女児のそれを18歳と定めた法を無効と判示): Orr v. Orr, 440 U. S. 268 (1979) (離婚後配偶者扶養またはアリモニーについて，もと夫をもと妻と同じように扱うべきと判示).

19) *See e.g.* 1 Blackstone, *supra* note 8, ＊ 447; James Kent, 2 Commentaries on Ame-

RICAN LAW * 190. *See also* Parham v. J. R., 442 US 584, 602 (1979) (「歴史的に，法は，自然の摂理に従って親が子どもに対して抱く愛情が，子どもの最前の利益に適うように親をして行動させるものであると考えてきた。」).

20) 子どもの権利に関する変化を扱ったものとして，*see* Volume 69 (1995) of THE TEMPLE LAW REVIEW devoted to their symposium "*Looking Back, Looking Ahead: The Evolution of Children's Rights.*" *See also* Martha Minow, *What Ever Happened to Children's Rights*, 80 MINN. L. REV. 267, 268-278 (1995) (アメリカ合衆国における子どもの権利運動展開の足跡を辿っている文献); Martha Minow, *Rights for the Next Generation: A Feminist Approach To Children's Rights*, 9 HARV. WOMEN'S L. J. 1, 3 (1986) (子どもの権利についての理論的模索との関係で，権利というものがとりうる新たな形式の可能性の提示という局面で，フェミニストの展開してきた議論が応用可能性と有用性を発揮できると論じている); Lee E. Teitelbaum, *Foreword: The Meanings of the Rights of Children*, 10 N. M. L. REV. 235 (198) (子どもの権利をめぐって展開されている論争を扱っている); Janet L. Dolgin, *The Fate of Childhood: Legal Models of Children and the Parent-Child Relationship*, 61 ALB. L. REV. 345 (1997) (子どもの権利運動の歴史と国連の子どもの権利条約を扱っている).

21) *See*, Olsen, *Politics, supra* note 5, at 10-11. *See also, e.g., In re* Gault, 487 U. S. 1 (1967).

22) *See* Olsen, *The Family and the Market, supra* note 5 at 1533; BABCOCK, ET AL., supra note 13, at 580-83. (女性が婚姻前の姓を維持することを求めて起こした訴訟や立法活動を扱っている。)

23) 妻が自分の姓（すなわちその父の姓）と夫の姓をハイフンで繋げた姓を用い，夫は自分の姓（すなわちその父の姓）を使い続けるというのが，一般に広くみられるパターンである。また，妻と夫それぞれが自分の姓を維持しつづけ，その子どもたちに，その母と父の姓をハイフンで繋いだ，第三の姓を名乗らせるという例もまま見られる。

24) 選択についての現代のフェミニストによる批判について *see generally* Joan Williams, *Gender Wars: Selfless Women in the Republic of Choice*, 66 N. Y. U. L. REV. 1559 (1991); Lucinda M. Finley, *Choice and Freedom: Elusive Issues in the Search for Gender Justice*, 97 YALE L. J. 914, 931-940 (1987) (book review); Kathryn Abrams, *Ideology and Women's Choice*, 24 GA. L. REV. 761 (1990); Alice Kessler-Harris, *Equal Opportunity Employment Commission v. Sears, Roebuck and Company: A Personal Account*, 35 RADICAL HIST. REV. 57 (1996).

25) *See* cites *infra* at notes 26 and 27.

26) *The Family and the Market, supra* note 5, at 1497, 1532 (1983).

27) Frances Olsen, *The Myth of State Intervention in the Family*, 18 MICH. J. L. REF. 835 (1985) (hereinafter *Myth*).

28) *See The Family and the Market, supra* note 5, at 1508-1528; *Myth, supra* note 27, at 861-62.

29) *See e.g.* Amy D. Ronner, *Women Who Dance on the Professional Track: Custody*

and the Red Shoes, 23 HARV. WOMEN'S L. J. 173 (2000) ; Nancy D. Polikoff, *Why Are Mothers Losing: A Brief Analysis of Criteria Used in Child Custody Determinations*, 7 WOMEN'S RTS. L. REP. 235 (1982) ; Mary Ann Mason & Ann Quirk, *Are Mothers Losing Custody? Read My Lips : Trends in Judicial Decision-Making in Custody Disputes* 1920, 1960, 1990, 1995, 31 FAM. L. Q. 215-36 (1997).

30) *See* MICAEL GORDON, THE AMERICAN FAMILY : PAST, PRESENT AND FUTURE 71-92 (1978) ; ANN ORKLEY, WOMAN'S WORK : THE HOUSEWIFE, PAST AND PRESENT (1974) ; BETTY FRIEDAN, THE FEMININE MYSTIQUE (1963) ; KATE MILLETT, SEXUAL POLITICS (1970).

31) *See* BABCOCK ET AL., *supra* note 13, at 572-75. *But see The Family and the Market*, supra note 5, at 1539 (家事労働に賃金を支払う制度を支持する議論について).

32) *See generally* Philip Bereano et al., Kitchen *Technology and the Liberation of Women from Housework, in* SMOTHERED BY INVENTION : TECHNOLOGY IN WOMEN'S LIVES 162-181 (Wendy Faulkner & Eric Arnold eds., 1985) (家事の電化等の技術の発展が主婦の日常に与えた影響について) ; CAROL N. DEGLER, AT ODDS: WOMEN AND THE FAMILY IN AMERICA FROM THE REVOLUTION TO THE PRESENT (1980) ; RUTH SCHWARTZ COWAN, MORE WORK FOR MOTHER : THE IRONIES OF HOUSEHOLD TECHNOLOGY FROM THE OPEN HEARTH TO THE MICROWAVE (1983) ; SUSAN STRASSER, NEVER DONE : A HISTORY OF AMERICAN HOUSEWORK (1982).

33) *See* Frances Olsen, *The Sex of Power, in* LAW AND POWER : CRITICAL AND SOCIO-LEGAL ESSAYS (Kaarlo Tuori, Zenon Bankowski & Jyrki Uusitalo eds., 1997).

34) *See* FRIEDAN, *supra* note 30; Olsen, *supra* note 33.

35) *See* History of Families, U. S. Family, *supra* note 30 and sources cited in note 32, *supra*.

36) *See* ARLIE HOCHSCHILD & ANN MACHUNG, THE SECOND SHIFT : WORKING PARENTS AND THE REVOLUTION AT HOME (1989) (結婚した働く女性は，育児と家事に時間を割かれるため，余暇時間がその夫よりも少ないことを論じている) ; HERTZ, ROSANNA, MORE EQUAL THAN OTHERS: WOMEN AND MEN IN DUAL-CAREER MARRIAGES (1986) ; Catharine E. Ross, *The Division of Labor at Home*, 65 SOC. FORCES 816, 830 (1987) (家の外で働いている女性の76%がほとんどの家事を負担していることについて).

37) *See* Hochschild & Machung, *supra* note 36, at 271-73.

38) *See* Mary Joe Frug, *Labor Market Discrimination Against Working Mothers*, 59 B. U. L. REV. 55 (1979).

39) *See e.g.* Danielson v. Board of Higher Education, 358 F. Supp. 22 (S. D. N. Y. 1972).

40) 暖房についての技術進化や，販売される食材の形態の変化によって，家の方もまた，過去に比べ掃除の必要性が少なくもなったことは確かである。

41) アメリカ合衆国では，教育が，子どものいる親に対してなされる唯一の補助である。子どもの扶養との関係での所得税控除の幅も極めて小さい。これに対してドイツでは養育

扶助が支給される。また，3人以上の子どもがいる家族は，賃貸アパート等からの立ち退き要求を拒否する権利が与えられている。
42) 1990年代にアメリカで展開された「福祉制度改革」や「私たちの知っている今の福祉を終らせよう（"ending welfare as we know it"）」をめぐる政治的言説はこうした見方を反映している。
43) スロヴェニアのナショナリストはこうした政策の意図を率直に語っているのに対し，ドイツでは，人口減少を嘆きそうした傾向を逆転させなければならないといった，より押さえた言い方がなされる。
44) *See e.g.*, JOEL HANDLER, THE POVERTY OF WELFARE REFORM 105 (Yale 1995).
45) Maureen Scully & W. E. Douglas Creed, *The Evolving World of Work and Family: New Stakeholders, New Voices: Diverse Families: Restructured Families: Issues of Equality and Need*, 562 ANNALS OF THE AMERICAN ACADEMY OF POLITICAL AND SOCIAL SCIENCE 47, 61–62 (1999); Ayla A. Lari, *Sharing Alike: French Family Taxation as a Model for Reform*, 37 DUQ. L. REV. 207, 243 (1999); Lawrence Zelenak, *Children and the Income Tax*, 49 TAX L. REV. 349, 357, 361 (1994)（消費者選択の対象としての子どもについて）.
46) *See, e.g.*, ELEANOR E. MACCOBY & ROBERT H. MNOOKIN, DIVIDING THE CHILD: SOCIAL AND LEGAL DILEMMAS OF CUSTODY (1992); Elizabeth Scott & Andre Derdeyn, *Rethinking Joint Custody*, 45 OHIO ST. L. J. 455 (1984); WALTER O. WEYRAUTH, ET AL., CASES AND MATERIALS ON FAMILY LAW: LEGAL CONCEPTS AND CHANGING HUMAN RELATIONSHIPS 459–60 (1994).
47) *See* LENORE WEITZMAN, THE DIVORCE REVOLUTION: THE UNEXPECTED SOCIAL AND ECONOMIC CONSEQUENCES FOR WOMEN AND CHILDREN IN AMERICA (1985) [hereinafter THE DIVORCE REVOLUTION]; Lenore J. Weitzman, *The Economics of Divorce: Social and Economic Consequences of Property, Alimony and Child Support Awards*, 28 U. C. L. A. L. REV. 1181 (1981).
48) *See* sources cited *supra* note 36.
49) 顕著な例として *see* Brown v. Brown, 300 So. 2d 719 (Fla. Dist. Ct. App. 1974) (Boyer, J. dissenting); *see generally* Weyrauth, Katz and Olsen, *supra* note 46 at 131–32 (note by Olsen).
50) *See, e.g.*, Dakin v. Dakin, 62 Wash. 2d 687, 692 (1963)（この判例では，裁判所は「妻には，可能なかぎり，労働市場に出て職を得ることをその義務として要求することがこの州のポリシーであり」「妻は，自分自身を就職のために再教育し，合理的な期間内に自分で自分を養うことができるようになるように動機づけられなければならない」と述べている。）
51) RODERICK PHILLIPS, PUTTING ASUNDER: HISTORY OF DIVORCE in WESTERN SOCIETY (1988).
52) *See* Laura Gatland, *Putting the Blame on No Fault*, A. B. A. J., Apr. 1997, at 50（離婚をより困難にする立法を通じて離婚率の急増を抑えようとした動きについて扱ってい

る); Lynn D. Wardle, *Divorce Reform at the Turn of the Millennium*, 33 FAM. L. Q. 783 (1999) (これらの改革提案を, 好意的な視点から概観); James Herbie DiFonzo, *Customized Marriage*, 75 INDIANA L. J. 875, 957-62 (2000) (改革提案を批判); Laura Bradford, *The Counterrevolution: A Critique of Recent Proposals to Reform No-Fault Divorce Laws*, 49 STAN. L. REV. 607 (1997); Joel A. Nichols, *Louisiana's Covenant Marriage Law: A First Step Toward a More Robust Pluralism in Marriage and Divorce Law?*, 47 EMORY L. J. 929 (1998); Katherine Shaw Spaht, *Louisiana's Covenant Marriage: Social Analysis and Legal Implications*, 59 LA. L. REV. 63.

53) *See* THE DIVORCE REVOLUTION, supra note 47.

54) *See id.* at 338-39 (1985). ヴァイツマンの研究の批判を概観したものとして, *see* IRA M. ELLMAN ET AL., FAMILY LAW: CASES, TEXT, PROBLEMS 294-301 (2d ed. 1991). ヴァイツマンの研究調査によれば73%の女性は離婚により生活水準を悪化させ, 42%の男性は逆にそれを向上させた。ただし, ヴァイツマンが挙げたこの具体的数字については, 多くの異論がある。たとえば, Richard R. Peterson 博士は, ヴァイツマンのデータに基づいたとしても, 生活水準が下った女性の割合は27%, 生活水準を上げた男性の割合は10%になるとしている。Felicia R. Lee, *Influential Study on Divorce's Impact Said to be Flawed*, N. Y TIMES, May 9, 1996, at C 6. *See also* Katharine Webster, *Widely Quoted Figures on Women After Divorce Were Off, Author Admits*, SAN DIEGO UNION-TRIB., May 18, 1996, at A-25.

55) *See* Peter B. Edelman, *Towards a Comprehensive Antipoverty Strategy: Getting Beyond The Silver Bullet*, 81 GEO. L. J. 1697, 1706 (1993) (1991年の国勢調査が, 18歳未満の子どものいる母子家庭の 47.1%が「貧困」のレヴェルにあることを示していることを挙げている); Comm. on Ways and Means, U. S. House of Representatives, 103d Cong., 2d Sess., Overview of Entitlement Programs 393, 1153, 1156 (Comm. Print 1994) (貧困家庭の割合は, 未成年者を抱えた女性を世帯主とする家庭が, 人口調査における全てのグループの中で, 1992年のそれは48.3%と最も高いことを指摘). *See generally* Mary Jo Bane, *Politics and Policies of the Feminization of Poverty, in* THE POLITICS OF SOCIAL POLICY IN THE UNITED STATES 381 (Margaret Weir et al. eds. 1988).

56) *See* sources cited in *supra* note 36.

57) *See* MARTHA FINEMAN, THE ILLUSION OF EQUALITY: THE RHETORIC AND REALITY OF DIVORCE REFORM (1991); Martha Fineman, *Dominant Discourse, Professional Language, and Legal Change in Child Custody Decisionmaking*, 101 HARV. L. REV. 727 (1988); CHILD CUSTODY AND THE POLITICS OF GENDER (Carol Smart & Selma Sevenhuijsen, eds. 1990); PHYLIS CHESLER, MOTHERS ON TRIAL: THE BATTLE FOR CHILDREN AND CUSTODY (1985).

58) *See* Berg v. Berg, 72 Wash. 2d. 532, 533 (1967) (17年前の娘の誕生以来, 家の外で働いたことがなく, また特定の職業に有利な教育を受けたこともなかった妻も「自分で自分を養うことができるようになるようにする義務がある」と判示。); Endres v. Endres, 62 Wash. 2d 55 (1963) (結婚以来, 25年間も外で働いた経験のなかった妻について, 自

身で生計を立てる能力があると認定され,「夫の将来収入に対するアリモニーを担保するための恒久的先取特権は認められない」とした。). *But cf. In* reMarriage of Hitchcock, 309 N. W. 2d 432 (Iowa 1981) (29年間にわたる結婚生活において,「家庭に留まり, 両者の家を守り, ……夫が家のことに煩わされることなくキャリアを積むことを助けた」68歳のもと妻に対し, 財産分与の他にアリモニーの支払いを義務づけた。).

59) *See* Garska v. McCoy, 167 W. Va. 59, 65 (1981), *discussed in* Polikoff, *supra* note 29, at 241-43.

60) Jane C. Murphy, *Legal Images of Motherhood : Conflicting Definitions from Welfare "Reform," Family, and Criminal Law*, 83 CORNELL L. REV. 688, 698 (1998) ; Arlene Browand Huber, *Children at Risk in the Politics of Child Custody Suits : Acknowledging Their Needs for Nurture*, 32 J. FAM. L. 33, 103 (1993 / 1994) ; Taylor Flynn, *Transforming the Debate : Why We Need to Include Transgender Rights in the Struggles for Sex and Sexual Orientation Equality*, 101 COLUM. L. REV. 392, 414 (2001).

61) Mary Joe Frug, *Securing Job Equality for Women : Labor Market Hostility to Working Mothers*, 59 B. U. L. REV. 55, 57-58 (1979) ; Marion Crain, *Feminizing Unions : Challenging the Gendered Structure of Wage Labor*, 89 MICH. L. REV. 1155 (1991) ; Jana B. Singer, *Foreword : Still Hostile After All These Years? Gender, Work & Family Revisited*, 44 VILL. L. REV. 297 (1999).

62) 育児費用は, 従来所得税控除の対象として認められなかった。租税制度は, 家に留まる母親に有利に作用していたといえる。*See* Ayla A. Lari, *Sharing Alike : French Family Taxation as a Model for Reform*, 37 DUQ. L. REV. 207 (1999) (Lari, supra note 45) ; Lawrence Zelenak, *Children and the Income Tax*, 49 TAX L. REV. 349 (1994) (Zelenak, supra note 45).

63) *See e. g.*, Roxana Kopetman, *Life in City's Toughest Neighborhood*, L. A. TIMES, Sept. 16, 1990, at J1, *cited in* Frances Elisabeth Olsen, *Feminism in Central and Eastern Europe : Risks and Possibilities of American Engagement*, 106 YALE L. J. 2215, 2257, n.228 (1997).

64) *See The Family and the Market*, *supra* note 5, at 1530-42.

65) 姓の選択一般について, *see* Kif Augustine-Adams, *The Beginning of Wisdom Is to Call Things by Their Right Names*, 7 S. CAL. REV. L. & WOMEN'S STUD. 1 (1997) ; Merle H. Weiner, *"We Are Family" : Valuing Associationalism in Disputes Over Children's Surnames*, 75 N. C. L. REV. 1625 (1997) ; Lynn M. Curtis, *Sexism and Bias in the Name of Tradition : Missouri's Standard of Inequality Regarding Children's Surnames*, 66 UMKC L. REV. 169 (1997) ; Aeyal M. Gross, *Rights and Normalization : A Critical Study of European Human Rights Case Law on the Choice and Change of Names*, 9 HARV. HUM. RTS. J. 269 (1996) ; Note, Parents' Selection of Children's Surnames, 51 GEO. WASH. L. REV. 583 (1983) ; Lisa Kelly, Divining the Deep and Inscrutable : Towards a Gender-neutral, Child-centered Approach to Child Name Changing Proceedings, 99 W. VA L. REV. 1 (1996) ; Note, *Like Father, Like Child : The Rights of Par-*

ents in Their Children's Surnames, 70 VA. L. REV. 1303 (1984).
66) *See The Family and the Market, supra* note 5, at 1540–42.

[第3講へのコメント]
実質的な平等と改革に向けて

棚村政行

(1) 欧米の家族法改革の意義

　オルセン教授は，歴史的に1970年代後半のアメリカの家族法の改革動向を跡づけながら，日本での家族法改正をめぐる議論も，その実現は必ずしも容易ではないことを強く示唆した。つまり，日本で繰り広げられている自由派と保守派の衝突の結末がどうなるかということは，それほど自明なことではない。しかも，自由派が標榜するアメリカ流の家族法の改正というものが，必ずしも両性の平等といった自由派が真に望むかたちでの家族法改正をもたらすとは限らないと警告された。

　つまり，アメリカにおいて，1970年代後半における家族法制の側面での自由化，平等化は確かに達成された。たとえば，夫婦は，夫主導型の一体ではなく，形式的には独立した個人として，それぞれ特有財産と自由な処分権を有し，またドミサイルを選択し，自己の氏名を保持することもできるようになった。しかしながら，このような婚姻した夫婦間における形式的平等は，必ずしも実質的平等をもたらさなかった。むしろ男性の女性支配の個人化・非政治化は，結果的に国家が家族内に干渉すべきでないとの考えにつながったという。オルセン教授によれば，「家族は政治的な組織であったし，いまもなおそうあり続けている」。そこで，フェミニズム法学や女性の権利に関する訴訟においては，まず，家族の領域にかかわる法律の政治的性質を明らかにしなければならなかったと説く。

　ついで，オルセン教授は，家族と経済または市場とのあいだの相互関係は，多くの国において生じている家事労働をめぐる議論について有用な視点を与えてくれると指摘する。1970年代，女性解放の一形態として，女性が家の外でフルタイムで働くことが一般化されはじめた。家の外で働く女性の数の増加という事実により，家族が法的に平等な私的集団であるとの考えかたが受け入れられやすくなった。妻（母）が夫（父）にもはや金銭的に依存しなくなると，夫婦は独立した存在としてみなされ，夫の収入が妻より多いのは単なる偶然に

すぎないと考えられるようになった。妻の給料は婚姻とは関係のないこととみなされ，ますます家事は自発的なもので，経済とは無関係なものとみられるようになった。しかし，成功を収めた女性は，ごく限られた女性たちであり，大多数の女性は，やりがいを感じない仕事を選択せざるをえず，しかも外での仕事と家事とを両立させなければならなかった。アメリカでも，このようにして，差別は家事により正当化され，家事は市場により正当化され，そして市場は家事により正当化されるという循環論法に陥った。

　オルセン教授によれば，結局のところ，この問題の解決は，男性が家事と子育てを重要な仕事として認識し，職場においてもそのような仕事を調和させることが期待される。また，子育ての負担を社会化するという別の方策も考えられるが，アメリカにおいては失敗に終わっているという。

　教授によれば，両性の平等という理想は，とくに離婚に際しての子の監護の問題，財産分与の問題およびアリモニーの問題に関して，女性に対する不公平な待遇を正当化するのに用いられてきた。女性はフルタイムの仕事を得ることができ，個人的に子育てを選択することもできることになっている。したがって，子の監護をめぐる紛争において，女性は子どもと離れて過ごす時間はマイナスに評価されるのに対し，夫は，子どもと一緒に過ごす時間が積極的に評価されるというダブル・スタンダードも形成されつつある。つまり，女性が外で働いている場合には，裁判官は，そのような女性を子どもよりもキャリアーに関心のある利己的な女性としてみたりする。社会は，子をもつ経済的な余裕のない女性は，子をもつべきでなく，それでも子をもつ女性は利己的であるというように受け取る。逆に，子をもたない女性もまた，利己的な女性として非難されてしまい，女性は仕事と育児で窮地に立たされる。

　オルセン教授は，「アメリカとヨーロッパにおいてもっとも顕著な家族法改革の問題は，形式的平等および個人主義に基づいているように思えるが，これらの改革には限界がある」ということに私たちの注意を喚起する。家族内における民主主義は，家族がある決定をする際，全構成員がその意思決定に参加し，自己の意見を表明する権利を有することを意味する。しかし，現在ですら，妻が家族の意思決定に平等に参加しているとは限らない。女性のために促進された平等は，経済的に事実上劣後した女性の地位を無視した形式的な市場の平等でしかないと批判的である。そして，教授は，方策とすべきはこのような市場

の平等を制限することであり，家族における個人主義の倫理，民主主義の貫徹を力説する。

(2) 日本の家族法改正の動向

　ここで，日本の家族法改正との関連でコメントしたい。1996年2月に，5年越しの慎重な審議を重ねてきた法制審議会は，夫婦別姓選択制の導入と婚外子の相続分の平等化などを盛り込んだ「民法の一部を改正する法律案要綱」を法務大臣に答申し，ただちにこの答申に沿った改正案が国会に提出される予定であった。ところが，自民党内で賛否両論が激しく対立したため，1年以上も改正案が国会に上程されないという異常な事態となった。

　自民党の国会議員を中心とする反対派は，改正要綱のうち，夫婦別姓選択制の導入と婚外子の相続分の差別撤廃に強く異論を唱えている。反対派の主要な論拠は「夫婦別姓を認めると，離婚が増え，家族がバラバラになる」「不倫や婚外子を奨励することになる」「極端な個人主義が横行し，健全な家族制度が破壊される」という点にあり，なかなか鼻息があらい。しかし，この反対派の論拠はとうてい承服しがたい。

　第一に，現在の日本では働く女性が2000万人を超え，結婚しても若い女性の3分の2は仕事を続けている。反対派は，仕事をもつ女性の立場や苦労を全く理解していない。しかも，夫婦別姓選択制は，必ず別姓を名乗れというのではなく，同姓でも別姓でも名乗れるというものにすぎない。現行法は，夫婦がいずれかの姓を夫婦の姓として選択できる建前をとるが，実際には，98.0％は女性が夫の姓に改姓している。現行のシステムは，結婚に関して，使い慣れた姓を夫婦の一方が必ず捨てなければならない点に最大の問題がある。

　第二に，夫婦別姓選択制や婚外子の相続分を平等化すると，家族の崩壊や離婚・不倫を奨励するとの議論も全くの的外れといわざるをえない。現在，家庭内暴力や児童虐待の問題は深刻であり，全国の児童相談所にくる件数だけで1996年当時で4000件（2008年には4万2000件）を超えている。離婚件数も20万6000件と史上最高を記録した。このようなことを家族の崩壊というのなら，夫婦同姓を強制し，親子同姓を強いている現行法のもとでも，一向に減る気配はない。むしろ，社会の急激な変化のため，機能を弱めている家族に対して，法や政治や社会がいかに支援をするかということこそが問題であろう。

第3講　家族と女性　　　179

　第三に，反対派には，どうも現行の夫婦同姓の原則や婚外子差別を温存することで，社会の夫婦や親子，家族をめぐる秩序が守られると誤解しているようだ。しかし，これは，法の役割に対する過大評価というほかない。現実の家族のありかたは多様であり，法律のほかに，宗教，文化，倫理，道徳，慣習などの多数の社会規範が相互に作用しあい，家族を社会的にコントロールしている。夫婦や親子の問題，家族の人間関係を法律が効果的に管理したり，法に愛情や信頼を作りだしたりする機能までは期待できない。

　第四に，そもそも望ましい夫婦像や親子像がひとつしかないというのは，家族も多様化し価値観も多元化した現代にそぐわない。また，法が固定的画一的な理想像を強制することは好ましいことではない。ライフ・スタイルの自由，自己決定というのは，まさにひとりひとりの生きかたを尊重することで，そういう社会が我われの目指す21世紀の社会のありかたではないか。家族という単位，社会や国家のために個人があるのではなく，個々人の幸せの実現のために家族があり，国家や社会があるのではないか。

(3) 第三の改革の方向性

　もっとも，オルセン教授の参考文献にもあるヴァイツマンの研究では，徹底した無責離婚（non-fault divorce）への改革が，有責性を武器とした女性の交渉力を奪い，離婚した中高年女性や子どもたちに著しい経済的苦況をもたらしたとの指摘がある。男女平等の形式的理念が，女性や子どもなどの経済的社会的弱者の地位をさらに低下させたり，男女の実質的格差をさらに広げたりすることには十分警戒しなければならない。破綻主義の導入と離婚給付・養育費の履行確保はワンセットでなければならない。

　オルセン教授の第3講を聞いて，家族法とフェミニズム法学，家族に対する法的規制のありかた，現在日本でも盛んに議論されている婚姻法，離婚法の改正問題などについて，有益な示唆を得ることができた。日本の伝統的法律学は，これまで社会における男性優位の構造を反映して，女性の経験や女性の側からの視点を欠いてきたように思われる。もちろん家族法では，有能な女性研究者が大勢いて，フェミニズム法学の視点が採り入れられつつあるが，私自身も男性中心の学問研究のありかたについて，おおいに反省をしなければならない。

第4講 国際人権法と女性
―― 「人 (MEN)」に女性が含まれるために

　私はこれまでの講で、様々な法的文脈(コンテクスト)における「公と私」のあり方について論じてきた。本章でもまた、これまでとはいささか異なった、いま一つの文脈における「公と私」の問題を扱うことにしたい。今回扱う文脈は、国際法における「公と私」である。国際法には、国際公法と国際私法の区別があるが、ここでこれから展開する議論は、この「公私」の別を対象とするものではなく、前者である国際公法の私的側面に関するものである。

1　国際公法と国際私法の区別

　国際公法と国際私法の区別は、一般の人に必ずしも十分に知られているわけではないので、ここで簡単に整理しておくことにしたい。基本的に国際私法は、異なる国に属する市民同士の関係を規律する法分野である。すなわち、ここにA国とB国とC国があり、それぞれに、A国の市民a、B国の市民b、C国の市民cがいるとしよう。国際私法とは、このaとbとcの間の関係を規律する法分野のことである。この法分野は、ある国の会社と別の国の会社がどのように取引をするか、あるいは、ある国の会社が別の国において商取引を行う場合はどうするのか、といった、経済取引に深く関わる領域である[1]。「A国の人がB国の人に、ある価格である機械部品を供給するという契約を結び、その契約を破った場合にどうなるか？」「A国の人が、契約の一部分につき不履行となった場合、たとえば、商品を提供するべき時期に遅れてこれを提供した場合には、B国の人にはどのような救済が認められるのか？」「そうした場合、契約を解除し、契約の権利義務関係から離脱できるのか、それともそういうわけにはいかないのか？」。こうした問題は、全て国際私法によって取り扱われる。国際私法は、巨額の国際的経済取引に関わる法分野である。

2 国際公法における法の実現

　このように国際私法は、たくさんのお金に関わる法領域であり、世界中の多くの人びとの生活に関わる領域でもあるが、これは本講の主題ではない。本講の主題は、国際公法——当初は異なる国々の間の関係を規律するものとして成立した法領域——である（なお、なぜここで「当初」という限定を付したかについては後述する）。国際公法の主題は、国連、条約、人権などである。アメリカ合衆国では、その実現手段が法と呼べるほどの強制力を備えていないから、国際公法は真の法ではない、と嘲笑的に捉える人が少なくない[2]。「法」の名に値するのは、実行力が担保されているものだけであるというのである。法が破られた場合、警官隊や法執行吏がやってきて、違法行為者を取り押さえたり、その財産を差し押さえたり、あるいはそうした者を牢屋に入れたりできるというのでないかぎり、それは真の法とは言えない、というわけである。

　強制できないとしたら国際法は法と言えるのか?　そういうわけで、アメリカでは、国際法の授業の冒頭を、「一体国際法は「法」なのか?」という議論で始めることが、今日でも一般的である[3]。しかし、こうした国際法に対する批判的捉えかたは、あまりにも単純すぎる。なぜならこうした見方は、複雑で多様な方法によって国際法が遵守されていることを説明できないだけではなく、他の多くの法分野において、法の強制メカニズムがこうなっているからという以外のかたちで、法が人びとの考え方や行動に影響を与えているというところに、法の重要性があるという例が少なくないという、法現象の複雑さをうまく説明できないからである。実際のところ、法の意義は、たとえ強力な強制メカニズムが備わっている分野においてすら、そうした法が実力行使を伴う手段によって実現されうるという事実とはかけ離れたところに存在しているのかもしれないのである。国際法に対する上述したような批判は、国内法（それぞれの国の中で行われている法）の実現についても国際法の実現についても、実際上観察される法というものの複雑な機能を見すごしにするものである。

　日本とアメリカ合衆国の比較　国際法の強制力について、日本では、アメリカ合衆国とは異なった扱いがなされている。実際のところ、日本国憲法には、アメリカ合衆国憲法のそれよりも優れている規定がいくつも存在している。たとえば両性の平等規定[4] がそうである。合衆国憲法中のこの規定に相当する

唯一の規定としては，平等保護条項（Equal Protection Clause）[5]がある。この規定は，人種間の法的平等を要求しているものの，性別（ジェンダー）による差別的取り扱いについては，人種によるそれと同じような厳しい司法審査基準の適用や正当化を要請するものではないとされてきた。[性別による差別を禁止した明文の規定がないため]性別（ジェンダー）による差別には，一般に「中間審査の基準」と呼ばれる司法審査基準が適用されるにすぎないのである[6]。そのうえ，合衆国憲法とは異なり，日本国憲法は日本が条約を遵守すべきことを明文で記している[7]。

ここで，日本では国際法の直接適用が可能であり，アメリカではそれが一般的に否定されているとして，直接適用の有無によって両国の差異を整理することは，前段で私自身が批判した陥穽に自らもはまることを意味するのかもしれない。しかしここで一応，アメリカにおける国際法の国内的効力についての教科書的な説明を示しておくことにしたい。アメリカ合衆国では，多くの人びとが，条約はわれわれの法ではないと考えている。条約が，「自己執行力のある（self-executing）」ものでないかぎり，その条約に強制力を付与するためには，条約を合衆国の法の一部とする行為が必要とされる[8]。そして実際のところ，自己執行力を備えていると見なされる条約はほとんど存在しないため，ほとんどの条約は自動的にアメリカの国の法となることはできず，条約は，合衆国議会やそれぞれの州に，当該条約を遵守するかたちでの法を通過させようと努力する義務を発生させるに留まるということになる。上述したように，国際法の直接強制理論と間接強制理論の区別という教科書的整理を強調することは私の本意ではないが，一応以上が教科書的な説明である。

日本国憲法98条2項は，「日本国が締結した条約及び確立された国際法規」を遵守する義務を課している。全ての公務員は憲法を遵守する義務を負っているのであるから，そのかぎりにおいて，この憲法の規定に従い，彼（女）らはまた国際条約法規の制約にも服するわけである。私の理解するところが間違ってないなら，日本においては，国際条約と日本国憲法の関係に関して以下のような法的議論がなされてきた。すなわち，ある学説は，国際条約は日本国憲法に優位し，そのようなものとして公務員を直接的に拘束すると論じる。これに対し別の学説は，公務員を制約するものは日本国憲法のみであるべきであって，国際条約に公務員が制約を受けるのは，憲法がこれを要求しているからという理由のみによるとする。この第2の見解によれば，憲法こそが最高次の法であ

り，もしその憲法が変更されるのであれば，公務員は国際条約に制約されることはなくなるということになる。しかし，第1の見解によれば，憲法改正によっても，公務員は国際条約遵守義務を免れることはないということになる。

アメリカ合衆国では，公務員は，理論的には憲法にのみ拘束され，そしてその憲法は，ほとんどの条約につき，強制力を与えるものではないと解釈されてきた。合衆国憲法には，第4編第2節に「条約は……国の最高法規である」[9]と定める最高法規条項が存在しているが，それにもかかわらずそうであるとされてきたのである。これに対し日本では，たとえ国際条約が，憲法の上位にあるという解釈がとられない場合であっても，少なくとも公務員の憲法遵守義務を通して，国際条約に拘束されるとされるのである。このため，日本国の公務員は，合衆国の公務員が国際条約を無視することが可能であり，そして実際にもしばしばそうするように，簡単に国際条約を無視することはできないということになっている[10]。条約を国の最高法規として性格づけている憲法の最高法規条項の規定にもかかわらず，合衆国政府によって締結された条約は，通常合衆国裁判所の裁判官やその他の公務員を拘束しないし，ましてや州裁判所の裁判官や州のその他の公務員に対してはなおさらそうである[11]。

アメリカ合衆国における条約をめぐる状況は，実際のところ，ある意味では，上述したよりさらに悪いともいえる。なぜなら，アメリカ先住民と交わした条約については，合衆国最高裁判所は，合衆国議会には条約を無効にする権限があると公式に述べているからである[12]。実際，このやり方は，アメリカ人，特にヨーロッパ系アメリカ人が，アメリカ先住民の人びとから土地を取り上げる際に用いたやり方の1つなのである。われわれは，アメリカ先住民，あるいは「インディアン部族」と次々に条約と締結し，次々にこれを破ってきたのである[13]。

日本における間接強制の例　法学者らの議論を離れて，日本における実際の状況に目を転じると，ある意味でアメリカのこうした状況とそれほど異ならないのではないかという見方が浮かび上がってくる。私は日本で，婚姻関係にない両親のもとに生まれた子どもがおかれた状況を改善する運動を展開している市民団体の活動を身近に観察する機会を得た。国際条約がこの市民団体にどのような影響を与えているかを観察すると，国際法制度の及ぼすプラス面と，その悪用面を具体的によく理解することができる。私は，この市民団体が，外務

大臣に面会を求め，国連の子どもの権利条約（児童の権利に関する条約）をはじめとする国際的取り決めが，日本の国内法の諸規定によって破られているのではないかという件につき意見を交換する席に立ち会う機会を持った。そこで話し合われたのはたとえば，国連の子どもの権利条約は，子どもは「その父母の……地位，活動，表明した意見又は信念」によって差別されてはならないと規定している[14]のに対し，日本では婚姻関係にない両親のもとに生まれた子どもには，婚姻関係にある両親のもとに生まれた子どもの半分の相続権しか認められていないといった問題についてであった[15]。この面談では，3人の公務員が，この市民団体の人びとと，この人びとが訴えているところについて話し合うために，1時間半から2時間ほどの時間を割いた。国際条約法規には，最低限こうした存在意義はあるのである。この1時間半のあいだ，これら3人の公務員は，この市民グループが異議を唱えている日本の国の諸政策は国際法に叶ったものであることを説明しようとした。そこで述べられたことは，本来これらの諸政策が，法務省が所管する事柄であって外務省の関与すべきことではないこと，外務省は既にできることは全て行っていること，そして，これらの諸政策はいかなる条約とも抵触するものではないことなどであった[16]。この市民グループは，こうしたことに加えて，ジュネーブの国連人権委員会に，条約違反の訴えを持ち込もうとしていたが，もちろんそれは日本政府が望まないことであった。このように，条約に依拠し，外務省の時間をとり，ジュネーブに訴えを持ち込むといった手段は，政府に圧力をかける手段として機能している。

　こうした活動に加えて，この市民グループは，各種の国内訴訟を提起している[17]。私には，こうした訴訟が成功を納めるのは時間の問題なのではないかと思われる。なぜなら，日本のいずれかの裁判所が，憲法の定めるところに従い自らの条約遵守義務を認識し，この国際条約法規は，子どもが身分や両親の信念による差別を受けることがあってはならないと定めているとの判断を下すかもしれないと思うからである。

国内法にみられる法実現の困難　　法の自己実現力やその存在効果という意味において，国際法はその他の法形式の法と実際にはそれほど違わないといえよう。ある意味では国際法は，全ての法の典型であるとさえいうことが可能かもしれない。他の分野の法，すなわち一国内に留まる国内諸法もまた，一般的に

は、それらの法が破られた際、即座に行動を起こす公務員によってすぐさま強制されるというわけではない。これらの国内法の存在もまた、政府の役人に、それが破られているのではないかとの苦情に耳を貸すことを余儀なくさせ、人びとの関心を惹起し、その申立についての世論の支持を獲得していくという変化を生み出すための基礎を提供するにすぎないのである。そして、国際法の場合と全く同じように、そうした圧力や世論の支持が十分に強くならないかぎり、法の実現を求める者たちの要求が裁判所によって認められることはあまりないのである。こう見てくると、国内法がその重要性を発揮するやり方と、国際法のそれとのあいだには、かなりの程度共通性がみてとれるのである。国内法は確かに重要であり、国際法は完璧な解決を提供できるわけではない。しかし国内法もまた完璧な解決を提供することができるわけでもないのである。国際法がそうであるように、国内法規や法規範もまた、人びとの考えかたに影響を与えるという意味で重要であり、そうした作用を通じて、ある政策方針を唱導する人びととこれに反対する人びとのあいだの政治的力関係に、決定的な影響を及ぼしうる存在でもある。国内法についても、法の強制は不可能ではあるが、それにもかかわらず大きな影響力を持つという例は少なくないのである。

　国際法の重要性についてはこのぐらいにして、冒頭で述べた国際公法と国際私法の区別の話に戻ることにしよう。既に述べたように、伝統的な国際私法と国際公法の区別は、前者がいろいろな個人や会社が、経済活動を中心とした国際取引に関わる際に関係してくる法であるのに対して、後者は、いろいろな国が、どのようにして戦争を宣言し、条約を締結したりこれに違反したりするかといった事柄に関する法であるという区別である。国際公法という法分野の主体は、伝統的にはそれぞれの独立国家である。

3　国際公法の私的部分としての国際人権法

　国際人権法は、国際公法の一部であるが、この分野は、他の国際法分野に比べ、ずっと最近になって発展した分野である。国際人権法のルーツは幾世紀か前に遡ることができるが、国際人権法というものが存在することになったのは、せいぜいこの65年ぐらいのことであるにすぎない[18]。そして国際法上の人権というものが人びとに真剣に受け止められるようになり、多くの国でこれにつ

いての教育が行われるようになった時期，つまりそうした意味で国際人権法と呼ばれる法分野の存在が現実的な存在となったといえるのは，わずか25年前のことである。

　国際公法は，既述したように，通常国家間の関係，すなわちある国と別の国との関係を規律する法であり，そこでの法主体は全て公的な存在である。しかし，国際公法は国家間を，国際私法は私人間を規律するという，こうした国際法における公と私の区分け，そうした法の伝統的整理の妥当性は，国際人権法の登場によって大きく揺さぶられることとなった。なぜなら国際人権法は，それぞれの国が，自国の国民をどう扱っているのか，虐待してはいないかという問題，すなわちこれまで純粋に対内的な，国内の問題だとされてきた事柄をその対象としているからである[19]。ある国の自国民に対する扱いがあまりにもひどい場合，少なくとも政府自身の手によってそうした残虐行為が行われている場合，それはもはや国際社会の関心事となるのであるとして，国際人権法は，かつてはあくまで国内の私的な対内事項とされてきた関係に介入するのである[20]。

(1) 国際人権法における権利の伝統的分類

　国際人権法については，その基礎理念や起源，そしてそれらの標準的な分類の仕方などについて，既に多くが書かれてきた。従来の分類方式に従えば，国際人権法は3つの世代に分類される[21]。市民的・政治的権利は，このうちもっとも古い権利とされており，その発展は65年ほど前に遡る。これらの権利は明らかに国家に対する消極的権利である。国家が，自国民を政治的に虐待したり，その市民としての権利を侵害したりしたような場合，国際人権法の問題とされうるのである。これが第1世代の人権である[22]。

　第2世代の人権は経済的・社会的・文化的権利である。政治的・市民的権利に比べ，これらの権利については，より議論のあるところである。これらの権利は，第1世代の人権が，政府に対し，人びとを抑圧してはならない，人びとの政治的自由や市民的権利を否定してはならないといったように，政府に対し不作為を要求する消極的権利であることを越えて，積極的な権利を創造しようとする。経済的・社会的・文化的権利は，政府に積極的に行為をなすことを要請する権利である。この意味で，権利というものに，単に政府に対する諸種の

禁止を内容とする消極的権利だけでなく，積極的権利というものもあると考えるのである。すなわち，政府は，単に人びとの生活に干渉せずにその勝手に任せておけばそれですむというわけではなく，場合によっては，人びとに一定の物を供給する義務を負う場合がある[23]。この点が第2世代の人権概念に対する異論の要点になっている。特に，人びとが政府に対し長いあいだ懐疑の目を向けてきたアメリカ合衆国のような国にあっては，なおさらそうである。

こうした第2世代の人権についての論議を越え，さらに議論の分かれる，その次の世代の人権，第3世代の人権について多くの議論が展開されるようになってきている。これらの人権について議論する人びとは，この第3世代の人権を，集団的な権利，あるいは民族や国民（people）の権利として捉えている[24]。この第3世代の人権として議論されている人権には，自決権（right to self-determination），先住民の諸権利[25]，人間開発への権利[26]（right to development），保護された環境への権利[27]（right to a protected environment）といった権利がある。

(2) 男性と女性にとっての人権の普遍性

「人権」すなわち「人としての権利」という概念の背景にあって，こうした権利を正当化しているのは，全ての人が，ある種の基本的な権利・自由・利益というものを持っており，したがってそれらは広く全ての人によって享受されており，そうでなければならないという考え方である。すなわち，それらの権利は普遍的なものであって，全ての人が持っており，全ての人に等しく享受されなければならないという理念である。

女性の人権侵害の態様にはさまざまなものがある。その1つは，これまで伝統的に人権と認知されてきた諸種の権利が政府によって侵害される場合である。既述したように人権には3世代に分類されるような各種のものがあるが，そのうち女性よりも男性によってより多く享受されてきた権利は少なくない[28]。世界には，男性には諸種の政治的・市民的権利の享受を認めても，女性にはそれを否定している国々がある。アフガニスタンはその明らかな例であった。ソビエトによって支持されていた政府の支配がアメリカ合衆国とその連合軍によって不安定化され，血みどろの内戦状態のなかから首都を制圧し，国内のほとんどの領域に対する実効支配を確立したのがタリバンであった。タリバンは，

ほとんどの人びとが明らかな人権侵害であると認めるような方法で,そして彼らがほとんどの男たちに対してはしないような冷酷なやりかたで,女たちを取り扱った[29]。もちろんアフガニスタンの例は,極端な,それゆえに簡単な例である。たとえばスイス,ついこの間まで女たちの投票を認めていなかった[30]。多くの国々の女性の状況を調査したNGOは,女性と男性のあいだには,実際の人権保護についての基本的な格差が存在していることを発見している[31]。これまで唱えられ,認められてきた上述したような3世代に分類される各種の人権が,男たちと同じように女たちにも適用されることを確保することは,女性の権利の保障にとても重要なことである。

(3) 「私」的なものとしての女性の権利

女性の人権の保障のためには,しかし,これをはるかに超えた取り組みが必要である。女性の人権は,上述した「普遍的」人権として標準化された各種世代の人権を超えるものであるとのより広い視野に立った主張が展開されるようになり,この見解について多くの議論が闘わされるようになってきた。オーストラリアのフェミニスト研究者であるヒラリー・チャールズワースは,3世代に分類される人権には,重要な共通点がある,それは「これらの権利が典型的な男性たちの人生経験に基づいて築き上げられてきたものであり,これらの人権概念は現在の様式のままでは,とても女性たちが直面している差し迫った最悪の危険のほとんどに応えることはできない」[32]と主張している。女たちが直面しているこれらの差し迫った危険に応えるために,女性の人権保護を唱える人びとは,国際人権保護の法的枠組を拡大し,家庭内における女性の虐待や,性的虐待に対する女性への保護をこのなかに含めるように主張しており,その試みが多くの論議を呼んでいるのである[33]。

(4) 「公私」の区別に対する二重の挑戦

女性の人権保護拡大に向けてのこうした動きは,国際法における公(パブリック)私(プライヴェイト)の区別に対するさらなる新たな挑戦を意味している。既に述べたように,国際人権法という法分野の発展は,国際公法は単に国家間の関係を規律するだけではなく,国家とその市民との関係にも及ぶという変化をもたらした。これは,公私の区別に対する最初の挑戦であった。女性の人権という国際人権法の新た

な分野の発展は，女たちの受けている被害の多くが，直接政府官憲の手によるものではないという意味において，この公私の区別に対する第2の挑戦となっている。しかしここで重要なことは，女性に対する虐待の多くが，ある意味では政府によって正当性を与えられてきたということである。これらの虐待は，長年にわたって，一国内の私人間に生じる私的な虐待として扱われてきたのであるが，こうした虐待を可能とし，容認し，温存するうえで，政府が果たしてきた役割の大きさに鑑みて，こうした人権の侵害に対して政府に責任があることを説得的に論じるさまざまな理論が展開されるようになってきたのである[34]。

女性に対する家庭内の虐待を，国際公法の領域に組み入れるうえで乗り越えられなければならなかった第1の障壁は，国際公法は主権国家間の関係を規律するに留まるべき法領域であるとの観念であった。我われはこの障壁を乗り越え，国際社会のレベルにおける人権という考え方を確立し，それぞれの国は，よその国がどのようにその国の市民を取り扱うかにつき正当な関心と利害を持ちうるのであるという認識が共有されるようになった。しかし，女性に対する家庭内の虐待が国際公法上のテーマとして扱われるためには，第2の障壁が乗り越えられる必要があるのである。この第2の障壁は，我われが単に政府が（政府官憲や政府の職員を通して）直接人びとになにかをするという次元を越えて，自国内のあるグループの人びとが別のグループの人びとになにかをすることを許容し，容易にしていることを問題としようとする際に，その姿を現してくる。国際人権法という考え方——すなわち国が自国市民をどのように扱うかということは，対内的な「私的」な事柄ではなく，国際社会にとっての公的関心事であるという理解——にようやく慣れてきたと思うやいなや，家庭という私的な領域において，私的存在である市民が同じく私的存在である市民にどのような虐待を加えているかということもまた，もはや「私的な」関心事ではないのだという理解に適応しなければならなくなったのである。アメリカ合衆国を含め，こうした「人権」の拡大に適応しかねている国は少なくない[35]。

4 人権としての女性の権利をめぐる論争

1994年の人口と開発に関するカイロ会議以降，特に1995年の北京会議（第

4回女性会議）以降,「女性の権利は人権である（Women's rights are human rights)」とともに「人権は女性の権利でもある（Human rights are women's rights)」というスローガンは多くの人の心を捉え，広く人口に膾炙するようになった。このため我われは，国際人権法の発展を強く支持するコミュニティのあいだにおいてさえも，ついこの間まで，この「女性の権利」という考え方が容易に受け入れられはしなかったことを忘れてしまいがちである[36]。

(1) 普遍性

まず第1に，女性の権利という権利概念のたて方は，国際人権法にとってきわめて重要な人権概念の普遍性を損なうものであるという批判が，国際人権法の唱道者によってなされたことを指摘しておかなければならない[37]。国際人権概念は，本来的に利他的で普遍的なものであるのに対し,「女性の権利」という権利の構成の仕方は，利己的，自己中心的権利概念として理解されたのである。すなわち，女性の権利保護の拡大は，全ての人間に「人としての権利」を保障しようという，国際人権法の基礎である普遍性に基礎づけられた理想主義とは逆に，自分たちだけの権利を主張する女たちの権利主張であると受け取った人びとがいたのである[38]。

(2) プライヴァシーと女性の権利の葛藤

さらに第2に，国際人権の伸張に熱心な人びとのあいだには，こうした女たちの動きを，単に人権理念をこま切れにしその本質である普遍性を損なおうとしているのみならず[39]，人権理念に対するより直接的な脅威を与えるものとしてこれを捉える人びとも存在した。「女性の人権」（反対者の言葉を借りれば，女性の「人権」と呼ばれているにすぎないもの）のさらなる問題点は，これらの権利の主張が,「真の」普遍的人権理念と矛盾するというものであった[40]。第1世代の人権，すなわち市民の政府に対する市民的・政治的権利との関係が問題とされたのである。これらの権利には，しばしば，自宅という空間と家族関係についてのプライヴァシーの権利が含まれている場合が多い。チャールズワース言うところの「女たちの直面するもっとも差し迫った危険」を取り上げることは，これらの危険のほとんどが，まさに私的な家庭の場で発生している

ために，第1世代の市民的政治的人権によって保護されているはずのプライヴァシーの権利が侵害されることになるのではないかということが問題とされたのである[41]。

実際のところ，「女性の権利」という権利構成に反対する人権論者たちのこうした議論がもはや聞かれなくなったことは，国連女性会議のもっとも注目されるべき成果の1つであろう。女性の抑圧についての国際社会における認知へ向けて，初めて強力な支持を打ち出したウィーン人権会議に始まり，カイロ，北京と続いた一連の国連会議の流れは，「人権としての女性の権利」に反対する議論を一掃したように思われる[42]。家族のプライヴァシーや「女性の人権」は人権概念の普遍性を解体するといった議論は，このところしばらく聞かれなくなっている。いずれこうした動きへの揺り戻しが起こり，これに伴ってこうした反論も息を吹き返してくることが予想される。したがってこれらの議論を単に過去のものと片づけてしまうべきではないと思われるが，現在のところは一応議論は収まった状態となっている。

(3) 女性の権利の文化的特異性

第3の反論は，第1とは全く逆の方向からの反論であった。既述したように，第1の反論は，「女性の権利」はその普遍性において十分ではないというものであった。しかしこうした主張とは逆に，「女性の人権」という構成は，あまりに普遍的にすぎるという批判がなされたのである。特に発展途上にあるさまざまな国のあいだから，「女性の人権」の定義過程において，より力の強い先進諸国の女性たちが，不当に大きな役割を果たしているとの異議の声が挙がったのである[43]。より豊かな国々の女たちは，最も助けを必要としている女たちの差し迫った危険や欠乏ではなくて，より強い力を持つ国々の女たちの必要や問題状況を基礎に，「女性の人権」を定義しがちだという批判である。

この第3の批判には，上述した議論との興味深い親和性を見いだすことができる。ヒラリー・チャールズワースが，3世代に分類される普遍的人権に共通しているのは，「これらの権利が典型的な男性たちの人生経験に基づいて築き上げられてきたものであり，これらの人権概念は現在の様式のままでは，とても女性たちが直面している差し迫った最悪の危険のほとんどに応えることはできない」と，指摘したことを思い出してみよう。これらの人権は普遍性を持つ

とされてきたが，それらは実際のところ男性的な普遍性であるという主張である。そしてここでは，豊かさにおいて劣る国々の女たちが，「女性の権利」について，これと同じような批判をしているのである。普遍的なものであるとして主張される「女性の人権」は，ほとんどの女たちの最も差し迫った必要に応えてはいない，と。男性と女性が大きく異なった経験をし，その抱える問題を大きく異にすると全く同じように，異なる国々の女性たちは，異なった経験をし，その抱える問題を異にするのである。このことは，人種，社会階層，民族，性的志向などに関しても言えることである。

本質主義に対する批判と「文化帝国主義」　こうした議論は，しばしば，本質主義者と反本質主義者との間の議論として整理されてきた[44]。全ての女性には共通する特質があり，全ての女性は「本質的に」同じであると仮定する議論は，一種の「本質主義」であると批判されるのである。また同じように，より豊かな国々の女たちが，女性運動において支配的な力を持ち，「女性の人権」の中身を定め，「女性の人権」を定義する過程において，より豊かではない国々の女性たちより大きな役割を果たすという傾向は，これらのより豊かではない国々の既得体制擁護派が，「女性の人権」は「文化帝国主義」[45]の一態様であるとの性格づけを与えることに道を拓くことになる。私は，こうした本質主義批判，文化帝国主義批判を真剣に受け止めることが重要であると考える。なぜなら，"人権侵害"の申立に対する我われの咄嗟の反応は往々にして我われの狭い経験に基づいてなされがちであり，そして，"人権侵害"の有無は，本来我われの通りすがりの偏見によってではなく，それが当の被害者たちに実際にどのような影響を与えているかによって判断されるべきだからである。

批判を超えた生産的見方　これと並んで重要なことは，女性の人権保護をめざす動きが，「本質主義」批判や「文化帝国主義」批判によって，頓挫させられるようなことがあってはならないということである。われわれが女性運動の外に見いだすのと同じようなヒエラルヒーが，女性運動の内側においても，少なくともいくばくかは再生産されるということが，ここでの基本的な問題である。そして，この点に関して重要なことは，論理上，本質主義に対する批判には終点がありえないということである[46]。豊かな諸国の女たちが自分たちの関心事を無意識に全ての女性の問題として普遍化してしまいがちであるのとちょうど同じように，それより貧しい諸国の女たちも，また自分たちの必要を，

全ての貧しい女性の問題として普遍化してしまう傾向があるのである。こうした議論は留まるところを知らないのである。たとえば，インドのような国においても，インドにおける女性の権利の問題を定義する際には，より豊かなインドの女性たちは，それより貧しいインドの女性たちより大きな影響力を持つ可能性が高いのである。もしわれわれが，インド国内のより貧しい女性の権利に焦点を当てようとすれば，異性愛の貧しいインド人の女性のほうが，同性愛の貧しいインド人の女性より大きな役割を果たすことになる可能性が強い。そして，同じ同性愛の貧しいインド人の女性のあいだにおいては，身体障害のない同性愛の貧しい女性の方が，貧しいインドの同性愛の女性の権利を定義するうえで，身体障害のある同性愛の貧しいインドの女性よりもより多くの影響力を行使する可能性が高いのである。本質主義を避けようとする努力には，論理的な終着点は存在しないのである。

　男性の人権団体がそうしたように，ひとたび「普遍的な人権」という権利構成から遠ざかれば，人権概念の断片化と崩壊が避けられなくなると結論づけることは誤りであろう。ここで大事なことは，どこまで人びとの固有な必要性を人権概念に汲み入れるべきかという判断は，正しい一般化のレベルを抽象的な思考方法を通じて論理的に探り当てるといったような性格のものではありえず，優れて政治的な選択であるということを十分認識することである。それは，どのレベルの一般化こそが最も効果的でありうるのかという，政治的な選択でしかありえないのである。そしてそうした政治的判断の際に問われるべきは，どのレベルでの抽象化と普遍主義化が，国際協力のうえで最も効果があり，かつ選択されたレベルの一般化によって当該カテゴリー内で発生する抑圧，すなわち貧しい女性たち，同性愛者たち，障害者たちへの抑圧が最も少なくてすむであろうかということなのである。我われは，最も重大な困窮とはなにか，そしてこれに応えるうえで最も効果的な方法はなにかという評価に基づき，政治的選択をしているのである。

5　権利論批判

　最後に2つの点に触れておきたい。第1の点については簡単に，第2点についてはやや詳し目に。第1の点は，女性の権利と人の権利（人権）についての

議論は，一般に「権利論批判」と呼ばれている問題への言及なしには十分なものとはなりえないという点である。この批判は，社会的変化に対するあるパターン化された理解や考察の仕方に対して向けられている一般的批判である。アメリカ合衆国の自由主義者の多くは，社会的変化を，（相対的に弱小な人びとからなる特定の社会的集団に対する，あるいは人びと一般が享受する）権利を確立しそれを擁護していく過程として，抽象的にこれを捉え，理論化して理解している。たとえば，フェミニストのなかにも，自らの目標を女性の権利の確立とその擁護として理解している人びとがいる。こうした社会的変化の概念化に対しては，それを批判し，あるいは擁護する，相当多くの著作が公にされてきている。こうした批判の多くは，批判法学の諸研究によって展開され，権利論批判とそれに対する反論は，批判人種法理論とフェミニスト法学研究によって展開されてきている[47]。

6　ヴェールと国際的フェミニズム運動

　私がここで論じる点は，西側のフェミニズムから大きな影響を受け，かつこれを批判している，ヨルダン出身のパレスチナ人，レマ・アブ＝オデの著作[48]にその多くを負っている。アブ＝オデは，彼女自身は西側のフェミニズムに深く染まり，これを高く評価していることを認めつつも，西側のフェミニズムから距離をおいた，その外部者として自己を位置づけてきた。彼女は，西側の，フェミニズムと呼ばれている既にそれなりに確立した思想体系に，パレスチナ人女性としての彼女からみて，どのような活用可能性があるかを発見したいという立場から，これに近づくのである。

　ヴェールに対する西側の批判　アブ＝オデ教授が提示する文脈（コンテクスト）は，イスラム教の女性が自らの体をヴェールで覆い隠すことの意味に関する西側諸国の数々の単純な見方の批判となっている。ヴェール着用の強制は女性の尊厳への重大な侮辱である，と捉える西側フェミニストは少なくない。たとえば，フェミニスト・マジョリティというアメリカの女性人権団体は，ヴェール問題を，アフガニスタンにおけるタリバン支配批判の中央に据えている[49]。こうした焦点の当て方は，このグループがアフガニスタン人女性の援助のために組織化しようとしたアメリカ人女性たちの注意を喚起し，支援を活性化させ運動に推進力

を与えるシンボリズムとしては大きな役割を果たしたと思われる。しかし、ヴェールよりもはるかに深刻な多くの人権被害が、アフガニスタン女性たちに強いられていることを考えると、ヴェールに焦点を当てることは、タリバンが女性や社会に対して加えている被害を矮小化してしまうことになるのである。そのうえ、ヴェールが力づくで女たちに強要されているわけではないことを考えると、西側のヴェールに対する見方は、自らヴェールの着用を選択している女性たちへの非難、すなわち、被害者非難に限りなく近いものとなってしまっているのである。

ニュアンスを含んだヴェールの擁護　アブ=オデはその著作のなかで、西洋化されたパレスチナ人教養人として自らを措定し、ヴェールを被っている妹とのあいだに、ヴェールをどのように捉えているかをめぐって、対話を展開している[50]。アブ=オデは、ヴェールを被らなければならないという外からの圧力と、女性自身の内側からの圧力の両方が働いていることを明らかにしている。イスラム圏の保守的な国々では、ヴェールの着用は法律によって義務づけられている。しかしながら、法律による義務づけが存在しない、より自由主義的な国々でも、女たちには外からの圧力がかかってくる。男たちは個別に、さまざまな嫌がらせを通して、女たちにヴェールを被るように圧力をかけるのである。ヴェールを被っていない女性は、ヴェールを被っている女性に比べ、より多くのセクシャル・ハラスメントや、街角でのハラスメントを受けるのである。

　ヴェールによって自らの体を覆うことを強く促す力は、女性の内面に内発的なかたちでも存在しており、この心の作用は、女性自身が自らの身体とセクシュアリティをどのようなものと受け止めるかということにも大きな影響を与えている。部分的には強制されているとはいえ、自らの選択としてヴェールを被ることを選んでいる個々の女性を非難することなく、外からの強制と選択の自発性とがない交ぜになっているそうした状況を理解することは可能なはずである。アブ=オデの描写は、ヴェールを被る女性が置かれている状況が、本質的にはアメリカにおけるそれとそれほど異ならないことを示している。なぜなら、アメリカにもまた、女性の行動を規定する内なる力と外なる力の協働を見いだすことができるからである。たとえば、女性たちは、履き心地の悪い、そしてしばしば危険を伴うハイ・ヒールや中ヒールの靴を履く。一方で、そうすべきであるとの外からそれを強いる力が働く場合があるとともに、そうした靴を履

けばより「女らしく素敵に見えるワ！」とささやく内なる声によっても動かされる場合もあるのである。このように，人びとに働く外なる力と内なる力は，ともに，それぞれの女性が，自分が女性であることの意味を規定する際に作用するし，また周囲の人びとが彼女に女性であることの意味を押しつける場合にも作用するのである。

資源としての西側フェミニズム　西側のフェミニズムは，ヴェールを被ることを選んだ女性たちとって，直接的には役に立たないかもしれない。しかし，間接的にではあるが，非西側の諸国の内部におけるぶつかり合いを浮かび上がらせる作用をもちうるのである。さらに，非西側諸国のなかにおけるそうしたぶつかり合いは，今度は逆に，西側の諸習慣に対して新たな見方を提供してくれもするのである。ラマ・アブ＝オデは，西側のフェミニズムの限界を認識し，それを批判しつつも，そこから何らかのプラスの意味を引き出すことが可能であることを示している。西側フェミニズムが生み出した諸価値とそれを支える諸資源は，西側世界とそうではない世界の文化的違いを理解することによって初めて，非西側世界の人びとにとっても積極的な価値ある資源となりうるのである[51]。

日本への示唆　日本の女性たちによって生み出された諸価値や諸資源についても，おそらくこれと同じことが言えるのではないかと思われる。特に日本より豊かでないアジアの諸国にとって，日本のフェミニズムはきわめて有用でありうるものと推察される。しかしそれは，文化的違いを認めるかたちで，これらの価値や資源を提供する場合に限られるのではないだろうか。日本が他国の全ての問題を解決するといった図，あるいは日本の女性が他のアジアの女性の問題を解決するといった図を想定すべきではない。文化の違いに敏感であることで，日本の女性たちによって生み出された諸資源はより有用になりうるといったアプローチの仕方こそが大切である。日本は特殊でも，典型でもないのである。

資源について　実際現実には，貧困，性的志向による差別，障害者差別など，さまざまに異なる課題を抱えた多様な女性たちが，一国のレベルにせよ，一地域のレベルにせよ，自らの足で共に立ち上がることなくして，女性の地位向上はありえない。しかしそうした際，国際社会における人権規範は，場合によっては大いに役立つ資源となりうる[52]。より豊かな国の女たちが（そして

貧富による以外のあらゆるヒエラルヒーの上位にいる者たちが），自分たちの見方には限界があるということをわきまえ，文化帝国主義に陥る可能性とそれが引き起こす諸問題に対する感受性を磨けば磨くほど，そしてそれぞれの国の女性たちが，国際社会の助けは必要としているものの，他の文化圏の女性たちの方向づけによるのではなく，自分たち自身のやり方でこの課題に取り組む必要があるということを理解すればするほど，国際人権規範は，大きな力となりうるのである。

　日本のフェミニストが生み出してきた，他国の女性たちに役立ちうる資源にはさまざまなものが含まれる。日本の女性たちによって創造され，涵養されてきた価値は重要な資源であるが，運動を組織化する経験や，資金力もまた重要な資源である。日本のフェミニズムの知的，学問的，文化的資源は，他国のフェミニストたちが，その国の女性たちが差別との闘いに勝利するに必要な道筋をつけ，こうした動きを促進する上で役立つこともあろう。しかし，資金力もまた，重要な資源である。強調しておきたいことは，他国の女性たちのあらゆる問題を解決しようと気負い込むのではなく，資源を提供しようとする姿勢の重要性なのである。

7　女性器縫合と国際フェミニズム運動

　最後に，以上に述べてきたことと，これに関する私の希望に留保をつけさせ，事態はそれほど楽観を許すものではないのではないかと危惧させるひとつの例に触れておくことにしたい。それは，これを非難する側からは「女性器切除」（female genital mutilation, FGM），これを擁護する側からは「女性器割礼」と呼ばれている，女性器縫合（infibulation）をめぐる状況に関係している。「女性器切除」という問題は，アメリカのフェミニストたちの心を強く捉えた[53]。アメリカの女性たちはこの問題に強い好奇心をそそられ，この問題に心を奪われている。しかし私には，その様子は，アメリカ人女性たちによる何らかの問題回避，あるいは正面から認めたくないなんらかの不満の存在を示しているように思えてならないのである。アメリカ人たちは，この女性器縫合問題を，きわめてもって回ったやり方で，なにか自分たちを悩ましている別の問題を解くために利用しているのではないだろうかと。

女性器縫合をめぐる西側の論争　この問題をめぐって展開されているやりとりは以下のようなものである。アメリカのある女性グループは，女性器縫合は問題外だ，なぜなら，それは女性の体を傷つけ，その健康を害する女性の抑圧の一種であり，それは女性から性的喜びを奪おうとするものであり，究極的な女性自身の否定である，と主張する[54]。さらに進んで，「これは未開で野蛮な行いだ」と糾弾する人びとが一方の側にいる。そして他方の側には，「そうねえ，よくわからないわ。だって文化が違うんだし，施術しているのは女性たちなんだし，私たちに判断できることじゃないわ。よかれと思ってすることが逆に仇になるかもしれないじゃない」とこれに応じている人びとがいる[55]。一方は「女性の人権侵害よ！」と言い，他方は「文化帝国主義はやめるべきだわ。これは文化の違いの問題よ！」と応酬する。現在のところ，この議論の応酬は留まるところを知らぬ状況にあるが，この論争のあり方の問題点は，このことはどちらの側の議論が正しいのかといった単純な問題ではないことに，人びとが気づいていない点にある。この問題が，果たしてそれほど多くの関心を集めるべき価値ある問題なのか，そして，アメリカや他の豊かな国のフェミニストが，女性器縫合がどれだけの関心を集めるべきかを決定するということで果たしてよいのか，ということこそが問題なのである。

　私自身の女性器縫合についての見解は，以下のようなものである。確かにこれは，あまりよい慣行とは言えない。確かにこの行為は正当であるとは言えないが，しかしその程度は，アメリカ人女性がバストを大きくするために外科手術を受けていることが正当とは言えないのと変わらない。この豊胸手術を，女性の外科医が執刀するようことにしたところで，事態が改善されるわけでもない。女性器縫合が行われている文化圏の多くでは，実際に女性が施術に当たっているが，このことは，それが良い慣行であることを意味するわけでもないのである。

視線と資源の分配について　私が子どものころに聴いた寓話によって，私がここでより大きな問題と呼ぶものを説明してみたい。これは，大きな工場──職場における盗みをできるかぎり減らすことに意を用いていた工場──で一生涯働いてきた男の物語である。会社側は，工場の門のところに警備員をおき，工員が工場から持ち出すものを厳重にチェックさせていた。この寓話の主人公は，ネコ車（一輪の手押し車）を押し押し，門のところにやってくる。車のう

えは，見たところ山盛りのおがくずが載っている。そこで警備員は怪しく思い，そのおがくずの山のなかに手をつっこんで，そのなかに何か隠していないかを注意深く調べた。しかし何もみつからず，しぶしぶ男を帰らせた。次の日も，男は再びおがくずいっぱいのネコ車を押して現れた。次の日も，また次の日も，同じようにやってくる男にますます疑いを募らせた警備員は，ますます注意深くおがくずのなかを探したが，なにも見つけることができなかった。このようにして幾年もの歳月が過ぎ，ついに男が退職する日を迎えた。その日，警備員は言った。「今日でとうとう最後だなぁ。10年ものあいだ，ワシは毎日おまえの運んでくるおがくずのなかを調べにゃならなかった。おまえがなにかを企んでたことはわかっておる。それがなんだったかいい加減に教えてくれ。」ネコ車を手に，男はニンマリと笑って言った。「ネコ車を盗んでたのさ！」。

　アメリカ人やヨーロッパ人たちによって闘わされてきた議論のなかには，傾聴すべきものも少なくない。しかし女性器縫合を「未開だ」とか「野蛮だ」と呼ぶことは，やはり間違っているであろう。そうした態度は，他の国々の不当な否定的評価に結びつくし，健全ではない形で，我われをそうした習俗から遠ざけることになる。たしかに，施術の担い手が男性か女性かは，問題に無関係ではない。しかし，それほど重要なことではない。他国とのあいだの問題状況の基本的共通性や類似性を見ようとせず，自分の国において自分たちに向けられている虐待について気持ちを軽くするために，他国の状況を利用するというあり方は深刻な問題である[56)]。

　しかしながら女性器縫合をめぐる論争に関して私が最も深刻な問題であると考えるのは，この問題が占める比重のあまりの大きさであり，このことが，その実践に直接に関わっていない人びとの，あまりに大きな関心の的となっていることである。こうしたセンセーショナルな関心のもたれ方は，本来あるべき議論のあり方を歪めてしまいかねない。この問題をめぐる西側の大騒ぎは，女性器縫合が行われているサハラ砂漠以南その他の地域の女たちに，この問題へ十分に関心を払い，これを優先的に取り上げるような方向への圧力となるからである。なぜなら，それらの国々で女性器縫合について研究している女性は，ヨーロッパやアメリカで開かれる会議に最も招かれやすく，その論文が翻訳され，西側で公刊される可能性が最も高いアフリカ人女性ということになる。アフリカ人女性および男性にとって，はるかに重大な意味を持つ主題——しかし

それほど西側の興味を引かない主題——を研究するアフリカ人研究者には訪れないような形で，これらの女性は注目を集めることになるのである[57]。たとえば，アフリカ人自身が直面している困難の克服との関係では，乳幼児死亡率や妊婦死亡率の方が，この主題よりもより重要で中心的課題であるかもしれない。この問題は，シニカルな女性が，注目を浴び，有力なフェミニストたちに自分を認めてもらいたいと望んで行動するという，単なる外面的・表層的な問題に留まらない。これは内面的な問題でもあるのである。なぜなら，それはとても魅惑的だからである。誰でも，自分の仕事を評価してもらいたいし，自分が，この世界で起きている変化の最先端にいるのだという実感を味わいたいという誘惑にかられるのである。「もしあなたが，あなたとあなたが研究対象にしている人びとにとって本当のところはより重要なことであるかもしれないこのテーマの代わりに，私が興味深いと感じているこちらのテーマに取り組めば，あなたを賞賛しますよ」と告げられて，自らのアジェンダに変更を受けないということは，実際とても難しい。我われにはみな，我われの仕事の評価がなされる空間の影響を受け，自らの研究関心が歪められる可能性があるのであり，そうならないように細心の注意を払うようにしなければならない。

　おがくずのなかに何が隠されているか，すなわち，我われがどれだけこの風習について理解し，あるいは理解してないか，そしてこの風習がどのような内面的広がりを持ち，どのような作用を引き起こしているかが問題ではないのである。問題は，我われがこれにどれだけ注意を払い，そのことが本来のアジェンダを歪めてしまっているかなのである。歪められてしまったアジェンダ，すなわち，おそらくは過剰な資源をこの争点に費やし，アフリカ人女性たちのより重要な問題解決のために必要な諸資源を，増やしたというよりむしろ費消してしまった可能性，それが，気づかぬまま毎日盗まれ続けたネコ車なのである。

1) *See, e.g.*, Kenneth C. Randall & John E. Norris, *A New Paradigm for International Business Transactions*, 71 WASH. U. L. Q. 599 (1993).
2) *See* Anthony D'Amato, *Is International Law Really "Law"?*, 79 NW. U. L. REV. 1293 (1984)(「アメリカでは，多くのまじめな法学生が，「国際法」という用語に対して，まるで「なんというか，それは真に法とはいえないんじゃないですか。ただ，それを専門にしている弁護士や学者が，それを「法」だと呼ぶことに，専門家としての職業的利益があることは知ってますが……」とでもいわんばかりの一種の不真面目さを見せる。」「あるいは，

彼らは，それを法である，あるいは法に準じたもの，法に近いものという前提に立って議論することに同意してくれることもある。だが，「でも，強制的に実現することができないんだから，それは本当は「法」とはいえませんよね。」と付け加えることを忘れない。」). See also, MARTIN DIXON, TEXTBOOK ON INTERNATIONAL LAW 1 (2000) (「「国際法」が主要な法律家や法学研究者たちの多くから，あざけりの対象とされ，あるいは無視されてきたという指摘は，決して過言ではない。これらの人びとは，第1に，異なる国家間の関係を規律する何らかのルールの存在自体を，第2に，それが「法」の名に値するかを，そして第3に，現実に主権国家を制御する効果を持つのかに対し，疑問を提起し続けてきた。」).

3) See, e.g., BARRY E. CARTER & PHILLIP R. TRIMBLE, INTERNATIONAL LAW 31-78 (3rd ed. 1999) (このケースブックの最初の章には，「国際法は本当に法か？」と題する節が設けられている).

4) 日本国憲法第3編第14条は「すべて国民は，法の下に平等であって，人種，信条，性別，社会的身分又は門地により，政治的，経済的又は社会的関係において差別されない」と定めている。

5) アメリカ合衆国憲法第14修正第1節。

6) See Craig v. Bowen, 429 U. S. 190, 197 (1976) (性別に基づく区別が合憲であるためには，「それが重要な政府の目的達成に資するものであり，かつその目的達成に実質的関係性を有する必要がある」と判示。).

7) 日本国憲法98条2項。

8) See RESTATEMENT (THIRD) OF FOREIGN RELATIONS LAW OF THE UNITED STATES : INTERNATIONAL LAW AND AGREEMENTS AS LAW OF THE UNITED STATES § 111 (3) (「アメリカ合衆国の裁判所は，国際法と合衆国政府が他国となした協約に効力を認めることを義務づけられている，但し，自動執行力のない協約については，これを具体化するに必要な措置がとられていないかぎり法としての効力を与えられることはない。」) (1987).

9) アメリカ合衆国憲法第4編第2節。

10) See Jordan J. Paust, Self-Executing Treaties, 82 AM. J. INT'L L. 760 (1988).

11) See, e.g., Chae Chan Ping v. United States, 130 U. S. 581 (1889) (1888年10月1日制定の中国人排斥法 (25 Stat. 504) が中国との既存の条約に違反するという事実は，その有効性に何らの疑義を差し挟むものではない。なんとなれば，条約は合衆国議会の制定法より高次の法であるわけでもなく，その立法により修正されることも，廃棄されることもありうるからである。そうした修正や破棄が賢明もしくは正当なものであるかは，司法審査の対象とされるべき問題ではない，と判示。).

12) See Lone Wolf v. Hitchcock, 187 U. S. 553, 566 (1903) (「インディアンとの条約の諸規定を破棄する権限が存在する」と判示). See generally WILLIAM C. CANBY, JR., AMERICAN INDIAN LAW IN A NUTSHELL (2nd ed., 1988) 91-96. (「インディアンとの条約について最も理解されていなかった事実のひとつは，それが合衆国議会によって一方的に破棄されうるということであった。」Id. at 91).

13) See generally, FRANCIS PAUL PRUCHA, AMERICAN INDIAN TREATIES : THE HISTORY

OF A POLITICAL ANOMALY (1994). *See also* WILCOMB E. WASHBURN, RED MAN'S LAND/ WHITE MAN'S LAW 59-97 (2nd ed., 1995) (19世紀および20世紀のアメリカン・インディアンとアメリカ連邦政府の関係を歴史的に概観した文献。).

14) 子どもの権利条約第2条2項。同条について, *see generally*, SHARON DETRICK, A COMMENTARY ON THE UNITED NATIONS CONVENTION ON THE RIGHTS OF THE CHILD, 67-84 (1999). 子どもの権利条約一般については, *see generally*, A. GLENN MOWER, JR. THE CONVENTION ON THE RIGHTS OF THE CHILD : INTERNATIONAL LAW SUPPORT FOR CHILD (1997). 子どもの権利条約についてのフェミニスト的アプローチに関して, *see generally*, Frances Olsen, *Children's Rights : Some Feminist Approaches to the United Nations Convention on the Rights of the Child*, 6 INT'L J. L. & FAM. 192 (1992).

15) *See* Yukiko Matsushima, *Controversies and Dilemmas : Japan Confronts the Convention, in* CHILDREN'S RIGHTS : A COMPARATIVE PERSPECTIVE, 125-144 (Michael Freeman ed., 1996).

16) 日本政府は「条約の第2条は相続制度までその対象としていると解釈できないので, 非嫡出子の相続分について規定する日本国民法第900条4項は同条約と抵触しないと主張した。」*Id.* at 132.

17) *See id.* at 134-36.

18) 国際人権法の発達についての入門書として HUMAN RIGHTS IN INTERNATIONAL LAW (Theodor Meron ed., 1984) がある。*See also* Peter Cumper, *Human Rights : History, Development and Classification, in* HUMAN RIGHTS : AN AGENDA FOR THE 21ST CENTURY 1, 2 (Angela Hegarty & Siobhan Leonard eds., 1999) ; United Nations Declaration of Human Rights, G. A. Res. 217A, U. N. Doc. A/810, at 71 (1948).

19) フェミニストによる国際法研究においても, 国際法における公私二元論の批判が見られる。*See* Hilary Charlesworth, Christine Chinkin & Shelley Wright, *Feminist Approaches to International Law*, 85 AM. J. INT'L L. 613 (1991). フェミニスト国際法学の他の文献として, たとえば以下のものがある。Mary Elizabeth Bartholomew & Drucilla Cornell, *Women, Law, and Inequality : Rethinking International Human Rights*, 16 CARDOZO L. REV. 154 (1994) ; Hilary Charlesworth, *The Public/Private Distinction and the Right to Development in International Law*, 12 AUSTL. Y. B. INT'L L. 190 (1992) ; Christine Chinkin & Shelley Wright, *The Hunger Trap : Women, Food, and Self-Determination*, 14 MICH. J. INT'L L. 262 (1993) ; Karen Engle, *International Human Rights and Feminism : When Discourses Meet*, 13 MICH. J. INT'L L. 517 (1992) ; Judith Gardam, *A Feminist Analysis of Certain Aspects of International Humanitarian Law*, 12 AUSTL. Y. B. INT'L L. 265 (1992) ; Frances Olsen, *Children's Rights : Some Feminist Approaches to the United Nations Convention on the Rights of the Child*, 6 INT'L J. L. & FAM. 192 (1992) ; Celina Romany, *Women as Aliens : A Feminist Critique of the Public/Private Distinction in International Human Rights Law*, 6 HARV. HUM. RTS. J. 87 (1993) ; Kristen Walker, *An Exploration of Article 2 (7) of the United Nations Charter as an Embodiment of the Public/Private Distinction in International Law*, 26 N. Y.

U J. INT'L L. & POL. 173 (1994) ; Marilyn Waring, *Gender and International Law : Women and the Right to Development*, 12 AUSTL. Y. B. INT'L L. 177 (1992). また，国際人権法における女性の地位については, *see* WOMEN'S RIGHTS HUMAN RIGHTS: INTERNATIONAL FEMINIST PERSPECTIVES (Julie Peters & Andrea Wolper eds., 1995) [hereinafter WOMEN'S RIGHTS HUMAN RIGHTS] ; HUMAN RIGHTS OF WOMEN: NATIONAL AND INTERNATIONAL PERSPECTIVES (Rebecca J. Cook ed., 1994) [hereinafter HUMAN RIGHTS OF WOMEN].

20) *See* Hilary Charlesworth, *Feminist Methods in International Law*, 93 AM. J. INT'L L. 379 (1999).

21) *See* Stephen P. Marks, *Emerging Human Rights : A New Generation for the 1980s?*, 33 RUTGERS L. REV. 435 (1981). *Cf.* Hilary Charlesworth, *What are "Women's International Human Rights"?*, *in* HUMAN RIGHTS OF WOMEN, *supra* note 19, at 58-59 (「人権における世代のメタファーは，国連システムにおいて発達した人権の中に，優劣関係があることを含意するため，その適否については争いがあるところである。国際社会においてかつては支配的な勢力であった西欧諸国は，一般的に，市民的政治的権利を，国際的保護が最も重要な権利であると見なしてきた。これに対し，社会主義国や開発途上国は，通常，経済的，社会的，文化的権利の最も強力な支持母体であった。また，集団的権利や people's rights については多くの発展途上国が，特別の関心を寄せてきた。」).

22) *See* Marks, *supra* note 21, at 437-38. *See also* Charlesworth, *supra* note 21, at 71-73 (「市民的政治的権利，特に個人の暴力からの保護に関わる諸権利を定義する際に，公私の区別がジェンダー化された形で作用することが最も顕著となる」ことを論じている). *See also* Celina Romany, *State Responsibility Goes Private : A Feminist Critique of the Public/Private Distinction in International Human Rights Law*, *in* HUMAN RIGHTS OF WOMEN, *supra* note 19, at 84-113 (「市民的政治的諸権利を，個人の市民としての公的生活，公共圏に属するものと構築し，家族的私的親密圏におけるそうした権利の侵害から保護することを無視している国際人権法の枠組」を批判している).

23) *See* Marks, *supra* note 21, at 438, 439. *See also* Charlesworth, *supra* note 21, at 74-75 (「第2世代」の人権もまた，公共圏と私的親密圏とのあいだの垣根を乗り越えることができていないとして，これを批判).

24) *See generally*, Karel Vasak, *For the Third Generation of Human Rights : The Rights of Solidarity*, Inaugural Lecture to the Tenth Study Session of the International Institute of Human Rights, Strasbourg, 2-27, July 1979 ; Philip Alston, *A Third Generation of Solidarity Rights : Progressive Development or Obfuscation of International Human Rights*, 29 NETH. INT'L L. REV. 307, 319 (1982). *See also* Charlesworth, *supra* note 21, at 75-76 (「第3世代」の人権を批判). 第3世代の人権は，「コミュニティ全体の福祉を特定の個人の利益の上位に位置づけることを最優先課題とする」(*id.* at 75.) 発想に基礎づけられている。「そうした権利は，一見したところ，その生活が，自律的個人としてというより，他者との結びつきや関係性，あるいは家族，集団，コミュニティといったものを中心として展開している女性たちにとって多くの恩恵をもたらすようにみえる」もの

の,「第3世代の理論的展開や,実際にそれがどのようなものをもたらしたかを検討してみると,女性たちに多くをもたらしはしなかったことがわかる」(*id.*)。*See, e.g.,* KUMARI JAYAWRDENA, FEMINISM AND NATIONALISM IN THE THIRD Word (1986) (国家主義的運動において,女性が,複雑で,しばしば矛盾に満ちた位置におかれてきたことを示す資料が提示されている。).

25) *See, e.g.,* Siegried Wiessner, *Rights and Status of Indigenous Peoples : A Global Comparative and International Legal Analysis*, 12 HARV. HUM. RTS J. 57 (1999) ; Keith D. Nunes, *"We Can Do . . . Better" : Rights of Singular Peoples and the United Nations Draft Declaration on the "Rights of Indigenous Peoples"*, 7 ST. THOMAS L. REV. 521 (1995).

26) *See, e.g.,* Philip Aston, *Making Space for New Human Rights : The Case of the Right to Development* 1 HARV. HUM. RTS. Y. B. 3 (1988) ; THE RIGHT TO DEVELOPMENT IN INTERNATIONAL LAW (Subrata Chowdhury ed., 1992) ; *cf.* Rhoda E. Howard, *Women's Rights and the Right to Development, in* WOMEN'S RIGHTS HUMAN RIGHTS, *supra* note 19, at 301-13 (サハラ砂漠以南のアフリカ地域における女性の権利と人間開発の権利の潜在的衝突可能性について論じている。).

27) *See, e.g.,* Melissa Thorne, *Establishing Environment as Human Right*, 19 DEN. J. INT'L L. & POL'Y 55 (1992).

28) 「1995年の国際連合の人間開発報告書は,「今日,いかなる社会においても,女性は男性と同じ機会を与えられていない」と,あまりに当たりまえなこととして知られている事実を,きわめて淡々と述べている。」(Berta Esperanza Hernadez-Truyol, *Women's Rights as Human Rights―Rules, Realities and the Role of Culture*, 21 BROOKLYN J. INT'L L. 605, 607 citing United Nations Development Programme, Human Development Report 1995 at 29 (1995)). *See also* Charlotte Bunch, *Transforming Human Rights from a Feminist Perspective in* WOMEN'S RIGHTS, HUMAN RIGHTS, *supra* note 19, at 14, 11-17 (男性は享受しながら女性は享受できなかったその他の市民的政治的権利についての資料を提示し,「そうした人権侵害が毎度のことのように報告されながら,こうした女性の政治参加,集会・言論の自由,市民としての権利の否定に対して,「人権」の名の下に強い抗議がなされたことはない」ことを指摘している。).

29) *See* Nancy Gallagher, *The International Campaign Against Gender Apartheid in Afghanistan*, 5 UCLA J. INT'L L. & FOREIGN AFF. 367 (2000).

30) スイスにおける女性参政権の歴史について簡単にまとめたものとして,*see* LEE ANN BANASZAK, WHY MOVEMENTS SUCCEED OR FAIL : OPPORTUNITY, CULTURE AND THE STRUGGLE FOR WOMAN SUFFRAGE 144-45 (1996).

31) *See, e.g.,* AMNESTY INTERNATIONAL, WOMEN IN THE FRONT LINE : HUMAN RIGHTS VIOLATIONS AGAINST WOMEN (1991) ; HUMAN RIGHTS WATCH, GLOBAL REPORT ON WOMEN'S HUMAN RIGHTS (1995).

32) Charlesworth, *What are "Women's International Human Rights"?*, *supra* note 21, at 58-84.

33) *See, e.g.*, Rhonda Copelon, *Intimate Terror: Understanding Domestic Violence as Torture, in* HUMAN RIGHTS OF WOMEN, *supra* note 19, at 116-52; Kenneth Roth, *Domestic Violence as an International Human Rights Issue, in* HUMAN RIGHTS OF WOMEN, *supra* note 19, at 326-39; Joan Fitzpatrick, *The Use of International Human Rights Norms to Combat Violence Against Women in* HUMAN RIGHTS OF WOMEN, *supra* note 19, at 532-71.

34) *See generally* Rebecca Cook, *State Accountability Under the Convention on the Elimination of All Forms of Discrimination Against Women, in* HUMAN RIGHTS OF WOMEN, *supra* note 19, at 228-26. *See also* Rebecca Cook, *State Responsibility for Violations of Women's Human Rights*, 7 HARV. HUM. RTS. J. 125-75 (1994).

35) *See, e.g.*, FRANK NEWMAN & DAVID WEISSBRODT, INTERNATIONAL HUMAN RIGHTS 43-44 (2nd ed., 1996). アメリカではいまだに批准されていない、女性差別撤廃条約の批准との関係で、合衆国議会上院の国際関係委員会は以下のような留保を設けるよう勧告している。

(1) アメリカ合衆国の憲法および各種の法は、政府が関わる全ての活動および非政府関係の活動の相当部分との関係で、差別に対する広範な保護を確立している。しかしながら、個人のプライヴァシーと私的行為に対する政府による介入からの自由は、われわれの自由で民主主義的な社会における基本的な価値のひとつとして認められているものである。アメリカ合衆国は、この条約が、特にその第2、第3、および第5条において、広範な私的行為の規制を要求していると理解する。アメリカ合衆国は、アメリカ合衆国の憲法および各種の法によって義務づけられている以外のいかなる私的行為に関して、法を制定し、あるいはその他の対処をする義務を引き受けるものではない。

36) 最近の批判について、*see, e.g.*, Diane Sabom, *Is the U. N. Women's Agenda Riding Roughshod Over Religion?*, 15 INSIGHT MAGAZINE 40 (Sept. 6, 1999)（国連のあるNGOの代表を務めるSabomは、「"女性の権利は人権である"という標語の言外の意味は、これらの女性の権利を、1948年の世界人権宣言によってその保障が宣言された、普遍的に認知された人権と同等の扱いを受けさせることにある。駱駝がテントに入ってくれば、その居場所をつくるために、なにかをテントの外に出さなくてはならない」と論じている。). *Cf.* Christine Bell, *Women's Rights as Human Rights: Old Agendas in New Guises* 139, *in* HUMAN RIGHTS: AN AGENDA FOR THE 21ST CENTURY (Angela Hegarty & Siobhan Leonard eds., 1999) (「〔人権としての女性の権利という〕この表現の多義性は、フェミニストたちの要求のエッセンス、すなわち人権保護プロジェクトの中に女性のそれを含めることの要求と、このプロジェクトが目的としているところのラディカルな再定義の要求とを上手に捉えている」と述べている).

37) *See, e.g.*, Elizabeth B. Lurie, *Will the Beijing Platform Benefit the World's Women?*, 11 INSIGHT ON THE NEWS 18 (Sep. 18, 1995)（北京会議で採択された行動綱領は、「人権の普遍性を矮小化してしまうような不要な特権を女性たちに与えることで、各国政府が女性を2級市民に追いやることを許してしまうものである」と論じている); Hilary Charlesworth & Christine Chinkin, *The Gender of Jus Cogens*, 15 HUMAN. RIGHTS

Q. 63, 75 (1993) (「女性たちが特別の価値を見いだすであろう権利を一つのカテゴリーとして括り出すことに対して，それは人権の普遍性の質と一貫性を損なうであろうとの批判が巻き起こるであろう」との認識を示している). *See also* Marks, *supra* note 21, at 452 (「さまざまな要求や価値が，見境なく，それが人権であると宣言されてしまえば，人権という理念一般を弱めてしまうことになるであろう」と論じている).

38) 男性に優位するものとして女性の地位と権利の向上を図るラディカルフェミニストたちが，ラディカルなジェンダー・アジェンダに沿うように，「女性の権利」を利用していると論じるものとして，*see.* Lurie, *supra* note 37.

39) *Cf.* Charlotte Bunch, *Women's Rights as Human Rights: Towards a Re-Vision of Human Rights*, 12 HUM. RTS. Q. 486, 488 (1990) (女性の権利は人権であるというスローガンの裏に潜む最も狡猾な神話は，それらの権利が些末な権利と扱われており，死活の問題とは捉えられていないという主張なのである。これほど真実から遠いものはない。セクシズムほど恐ろしいものはない。女性であること自体が，まるで命に関わることでもあるかのような仕方で「被害」を提示する証拠集めが急速に進行している」と論じている).

40) 北京会議の行動綱領を支持するフェミニストたちは，「「女性の」権利であると主張されている事柄のために，普遍的人権について広く受け入れられている理解」を覆そうとしているとする主張について，*see* Lurie, *supra* note 37.

41) *See* Bunch, *supra* note 39, at 488 (西欧の多くの人びとによって，国家による市民的政治的諸自由の侵害の問題としてのみ認識されてきた人権に関する狭い定義が，女性の権利について議論を深めていく際の障害となることを指摘して); Mary Robinson, *A Selective Declaration: Women's Human Rights into the New Millennium*, HARV. INT'L REV. 60, (1999) (「国際人権法が，女性たちの問題をその関心事として取り上げるようになるようこれを変革することは，長きにわたって強固な支配を続けてきた諸種の観念と闘うことを意味している。そのなかの一つが，経済的社会的文化的権利に対する市民的政治的権利の優位であり，このアンバランス自体が，権利はジェンダー中立的であるとする約束を欺くものである」と主張.).

42) *See generally* Elisabeth Friedman, *Women's Human Rights: The Emergence of a Movement* in WOMEN'S RIGHTS, HUMAN RIGHTS, *supra* note 19, at 18–35). *Cf.* Arvonne S. Fraser, *Becoming Human: The Origins and Development of Women's Human Rights, in* WOMEN, GENDER, AND HUMAN RIGHTS 15–64 (Marjorie Agosín ed., 2001) (国際人権法分野における女性の権利獲得運動について，「女性にとっての人権の保護とはなにかを見定め，女性も男性も平等な社会の構成員であるという理想を実現しようする営みをめぐる，思想や運動の進化」の足跡を辿っている) (*Id.* at 15).

43) *See* Charlesworth et al., *Feminist Approaches to International Law*, *supra* note 19, at 616–21.

44) *See generally* Jane Wong, *The Anti-Essentialism v. Essentialism Debate*, 5 WM. & MARY J. WOMEN & L. 273 (1999); Tracey E. Higgins, *Anti-Essentialism, Relativism, and Human Rights,* 19 HARV. WOMEN'S L. J. 89 (1996).

45) *See, e.g.,* Chandra Talpade Mohanty, *Under Western Eyes, in* THIRD WORLD

WOMEN AND THE POLITICS OF FEMINISM (Chandra Talpade Mohanty et al. eds., 1991) (西欧のフェミニズムが，文化帝国主義的であり，自民族中心主義的な普遍主義にすぎないことに対するクラシックな批判。).

46) *See* Anne C. Dailey, *Feminism's Return to Liberalism*, 102 YALE L. J. 1265 (1993) (フェミニスト法理論を編集した書物 (FEMINIST LEGAL THEORY : READINGS IN LAW AND GENDER (Katharine Bartlett & Roseanne Kennedy eds., 1991) の書評のなかで，「本質主義の底なしの深い淵 (essentialist abyss)」の深さを認めつつ，「反本質主義の立場からの批判が出つくした後，われわれに残されたのは，「自己」というものに関わる政治のように思われる。……反本質主義がその深奥においてわれわれにもたらすのは，自己懐疑と精神分裂的な衝動によって麻痺させられ，茫然自失とさせられた虚弱状態である」と指摘。) (*Id.* at 1272, 1274).

47) *See generally* Frances Olsen, *Liberal Rights and Critical Legal Theory*, *in* CRITICAL LEGAL THOUGHT : AN AMERICAN-GERMAN DEBATE 241 (Christian Joerges & David M. Trubek eds., 1989) ; Radhika Coomaraswamy, *To Bellow Like a Cow : Women, Ethnicity and the Discourse of Rights*, *in* HUMAN RIGHTS OF WOMEN, *supra* note 19, at 39, 47 (文化の違いと関連づけつつ，権利を権利自体として批判する，有用で興味深い議論。).

48) Lama Abu-Odeh, *Post-Colonial Feminism and the Veil : Considering the Differences*, 26 NEW ENG. L. REV. 1527 (1992).

49) *See* Gallagher, *supra* note 29, at 387, 388.

50) Abu-Odeh, *supra* note 48, at 1537.

51) *See generally* Frances Olsen, *Feminism in Central and Eastern Europe*, 106 Yale L. J. 2215 (1997).

52) *See* Maria Suarez Toro, *Popularizing Women's Human Rights at the Local Level : Methodology for Setting the International Agenda*, *in* WOMEN'S RIGHTS HUMAN RIGHTS, *supra* note 19, at 189-94.

53) *See* Olsen, *supra* note 51, 2223-24 n.46 (1997). Charlesworth らは，FGM（女性器切除）に対するアプローチをめぐって存在する，第一世界と第三世界のフェミニストのあいだの緊張関係は，第三世界のフェミニストたちの問題が西欧のフェミニストたちによって無視されたり，誤解されたりすることの好例であると指摘している。Hilary Charlesworth *et al.*, *Feminist Approaches to International Law*, *supra* note 19, at 619. *See generally* Karen Engle, *Female Subjects of Public International Law : Human Rights and the Exotic Other Female*, 26 NEW ENGLAND L. REV. 1509 (1992) (西欧のフェミニスト諸派が，クリトリス切除にどのような反応を示すか，あるいは示すであろうかを探求している。).

54) *See, e.g.*, Kay Boulware-Miller, Female *Circumcision : Challenge to the Practice as a Human Rights Violation*, 8 HARV. WOMEN'S L. J. 155 (1985) ; Nahid Toubia, *Female Genital Mutilation*, *in* WOMEN'S RIGHTS, HUMAN RIGHTS, *supra* note 19, at 224-37.

55) *See, e.g.*, Alison Slack, *Female Circumcision : A Critical Appraisal*, 10 HUM. RTS. Q. 437 (1988).

56) *See* Olsen, *supra* note 51, at 2225.
57) *See id.* at 224, n.47.

[第4講へのコメント]
エッセンシャリズムと国際水準

神長百合子

　オルセン教授は，第4章において，国際法とくに国際人権法の効力について，それが実効的な強制力として働く（＝法社会学でいう法の道具的機能）以外にも重要な働きを持つことを論じている。その議論を跡づけるものとして，ここでは，国際人権法の持つ「象徴的機能」について考えるとともに，女性の権利保障との関係で国際法が突き当たる困難の原因が法に内在する「男性性」にあるという問題に言及する。

　強制力の有無とはむしろ無関係に，日本では国連の人権条約を (1) 国際世論からするプレッシャーとして (2) 学説を通じて (3) 国内法に対する批判，あるいは (4) 国内法改正の方向性を示すモデルとして用いることが従来行われてきた。わが国で最初に体系的に「法女性学」を提唱した金城清子教授の議論はその典型である。国際人権法は，とくに女性，子ども，障害者，少数民族などのマイノリティにとっては，強力な後押しとなる。

　そこで，国際人権条約は，わが国では，国家に課せられた人権保障の範囲を一般的に拡大する目的で，上述の学界での議論のみならず，NGO の主張から政府答弁に至る政治の場で引用されてきた。その結果，国際人権条約の趣旨が，国内立法に反映されることもある。1985年に成立した旧男女雇用機会均等法も，女性差別撤廃条約を批准することに伴って国内法を整備する目的をもっていた。同様に，わが国における女性の権利に関する基本法である男女共同参画社会基本法の制定（1999年）には，北京会議の成果が色濃く現れている。国際人権法が裁判において援用されることはないが，2004年に初めて，女性差別に関してその規範性に正面から言及した和解調書がつくられた。

　このように，国内的に強制力を持たない規範である国際人権法は，実際には，象徴的機能において大きな存在となっている。ここで言う象徴的機能とは，第1に，当該の法が存在することによって，その法の表現するメッセージが社会に影響を与えることであり，第2に，法が存在しているということ自体が，その法の対象とする問題のコントロールが成功しているというイメージとなって，

その社会の現行（法）秩序がまっとうなものであるという安心感を社会構成員に与えることである。そうした象徴的機能のゆえに，各国の現行（法）秩序はその国の社会的現実の如何に関わらず，国際人権法という大枠の中にあるということによって，その正当性を主張できる可能性を持つ。女性差別撤廃条約を批准した日本の現行（法）秩序は，さらに，男女共同参画社会基本法を制定することで象徴的機能を増幅させることに成功したと考えることもできる。

それと同時に，象徴的機能は，そもそも法が「ことば」をもって構成されているところから生じるわけであり，法にはことばそのものの性質である「意味の重畳性」が内包されるのである。それゆえ，法は，必ずその意味（解釈）をめぐる争いを予定することになる。そこから，法的闘争が重要になるとともに，法的闘争に関わる当事者間の地位の平等ないし対等性が必要となるのである。

しかしながら現実には，女性の人権をめぐる法的闘争は，女性の社会的地位が低い事実を反映して，「企業や上司 対 女性従業員」，「国家等の公的組織 対 女性」，「夫（舅・姑）対 妻」というように法的闘争の相手方との関係において対等ではない。その意味では，国際人権法による女性の人権の保障（＝人権の解釈をめぐるたたかいの根拠の設定）と同時に，そのたたかいを実効的なものにするための法廷の設置，そして出訴手続の保障が必要となる。

それに関して私は，特にジェンダーにかかわる国際的には認められた人権が上記のようにわが国の裁判所において保障されていない現実を解決するために，個人の被害女性が直接訴えることのできる「国際人権法廷」ともいうべきものが必要ではないだろうか，という問題提起をオルセン教授のセミナーにおいて行った。その後，欧州裁判所が積極的な女性の権利擁護に動いているという事実が，法社会学の研究（Rachel A. Cichowski, "Women's Rights, the European Court, and Supranational Constitutionalism," *Law & Society Review*, Vol. 38, No. 3, 2004, pp. 489-512）でも明白に示された一方，女性差別撤廃条約の選択議定書による個人通報制度が国際的には成立している。しかしながら，この問題提起をした際にフロアから国際私法研究者（女性）の即時の反論があり，このような要求は素人の議論にすぎないとして国内手続優先が延々と述べられたことを思い出さざるを得ない。本稿の冒頭にあげたオルセン教授による国際人権法の位置づけの議論は，法の専門家の側の視野狭窄に対する警告ではないだろうか。

さらに，オルセン教授は，「女性の人権」を擁護することが人権の持つ普遍性を侵し，家庭と家族のプライベートな領域への侵害をもたらすと，「人権保護活動家」たちが非難するという事実に言及している。この事実はまさに，「人権」の概念に女性固有の問題領域が含まれて来なかったことを示すものではないだろうか。すなわち，家庭と家族のプライヴェート性の名の下に，家族の柱と位置づけられた男性（夫や父）によって女性に対する（いかに男性本人は善意であろうとも）「コミュニティの強制」が生じているだけでなく，それが当然視されているという問題であり，法的平等が実力支配を内蔵していることを意味している。フェミニズムの側にも人権保護活動家と同様の議論があるという指摘については，まず，過去において戦略として「人権保護活動家」との共闘は有効であったこと，さらに現在でも，「すべての人の人権」という範囲での人権の主張は，（とくに法律関係者の）耳に快いことが原因として考えられる。しかし同時に，女性の人権が「すべての人の人権」の中に相対化され埋没させられ，フェミニズム自体も女性の人権を特別に主張することはもはや過剰だと考えるようになるならば，そこには，象徴的機能の持つ沈静化作用に絡めとられてしまう危険性が示唆されている。

そのようなことが生じるのは，法の「男性性」についての理解が不十分であるところに原因があるのであって，普遍的な人権概念に過度の期待をかけることでもある。国際人権法の男性性については，南アジア諸国の女性にとって救済になっていないことからもわかる。オルセン教授の分析は，国際人権法の発展段階の3番目として，民族等の集団的自決権が国際的に承認されそれが国内法に優越する例（Shar Bano 事件）を提示した。民族的な慣習（法）の優越という方向性が持つ女性にとっての危険は，日本を含め近代西欧法を継受してきたアジア・アフリカ諸国においては，近代法（普遍的人権）の定着しないままに，伝統的コミュニティに居場所を指定されるところにある。女性に対するコミュニティの強制というオルセン教授の議論には，首肯できるのである。

最後に，女性の人権擁護は「女性」の状況について普遍性を過度に主張するものだという「エッセンシャリズム／文化的帝国主義」批判，すなわち，人種，民族，階級，性的指向などと同様に，女性は国ごとにその社会に固有の経験があるというオルセン教授の議論に関しては，慎重な吟味が必要である。わが国では，戦後の民主化に代表されるように，伝統社会およびそこでの女性の位置

づけから脱するためにひとえに普遍性を根拠として女性の（近代的）人権を追求してきた。エッセンシャリズム批判が、わが国では文化的伝統を否定するものだとして「ジェンダー・フリー」という語の公立学校における使用を禁じた東京都を支持することになるなどの形で、女性抑圧の論拠を提供することになってしまうのを恐れるものである。たしかに、文化の差異を理解することの重要性を「ヴェール」の議論はよく表しており、ヴェールをつけることが実は社会的活動に参加するための担保・保障という働きをしていることは理解できる。しかし素直に見るならば、ヴェールが必要となる社会的現実自体が、女性に対する抑圧的環境を反映しているだけのようにも思われる。「国ごとの固有の経験の尊重」の名の下に家制度が日本国憲法制定時に温存されたとしたならば、今日の日本女性はヴェールと同様の男尊女卑の外被をまとい続けていたであろう。エッセンシャリズムとの批判を恐れるあまりに、ヴェールの問題性の指摘と、ヴェールが必要でない社会形成への参画を、女性解放先進諸国のフェミニストは自粛してはならないと考える。

　同様に、アジアで多く見られるが、個人の対決主義的権利主張は、文明と進歩の表象ではなく、社会の機能不全の症候かもしれないとする議論がある。わが国においては、近代法（とくに人権保障）を否定する伝統的紛争解決礼賛、さらにはポストモダンの立場からする類似の議論がある。これらの危険性は、日本においてはとくに、フェミニズム不要論につながるところにある。日本の社会は、伝統的に「配慮」社会であり、ギリガンの言う「配慮」価値は先取りされているというのである。デボラ・ロードの皮肉（Deborah L. Rhode, *Justice and Gender*, 1989, p. 312）を参照するまでもなく、権利主張を抑制してきた日本が人間尊重社会として機能しているとはとうていいえない。エッセンシャリズムと非難されようとも、女性全体の権利の確立のために、法と裁判を通じた個々の女性による権利主張に助力していくことは、日本のフェミニズムにとって、これまでと同様、これからの課題ではないだろうか。

第5講　性に関する権利，生殖に関する権利，そして性的暴力からの自由

　本講の論題——すなわち，性に関する権利（sexual rights），生殖に関する権利（reproductive rights），そして性的暴力からの自由（protection against sexual violence）——について，まず提起されるであろう疑問は，これら3者に共通するものは一体何かという疑問であろう[1]。私がまずはじめに説明しておきたいのは，1つの講義のなかで，この相異なる3つのテーマを並べて取り上げることにどのような理由があるのかである。アメリカ合衆国で——そしておそらくは世界中の多くの国々で——，これらの3つのテーマを結びつけるもの，それは，暴力というものがもっている意味とその原因，特に女性に対する暴力についての意味と原因が一体どこにあるのかという問いである。そこに隠されている問いは，女性に加えられる暴力が，女性と男性のジェンダーによる分断（gender division）の基底部分を構成しているのではないか，そして，果してそうであるとすればそれはどれだけ重要なのかという問いである。われわれの社会の男性と女性のジェンダー化において，すなわち，人が社会的に男性として，あるいは女性として構築されているそのあり方において，暴力が何らかの役割を果しているのであるとすれば，それは一体どのような役割を担っているのか，という問いである[2]。この「ジェンダー化」には，もちろん女の子に生まれた幼児を女性に，男の子に生まれた幼児を男性へと育て上げる当該社会の文化的プロセスも含まれている。そしてそのプロセスを通じて，われわれは性的欲望のあり方を構築し，暴力に対する受け止め方をも作り上げていくのである。

1　性と暴力の相互関係

　性的権利，生殖に関する権利，性的暴力からの自由，というこれら3つのテーマに共通する隠れた論点は，性的要素の含まれた暴力は，どの程度まで，稀にしか存在しない，そして存在してしまっている場合には，たまたま不幸にし

て存在してしまっている異常な行為にしか過ぎないとして理解されるべきなのか，あるいはむしろ，どの程度まで，今日地球上の多くの場所で女性と男性が暮らしている生活環境の基幹部分を構成してしまっていると理解されるべきなのかという問いである。

これと関連して，暴力そのものもまたどの程度ジェンダー化されたものであるかも問われる必要があろう[3]。暴力はどの程度男性性の一部となっているのか，そしてそれは社会によって異なっているのかも。アメリカ合衆国では他の多くの国々と比べ，暴力が男性性の重要な構成要素となっていると考えられる[4]。そしてこうしたアメリカ文化は他国に強い影響を及ぼしてもいる。さまざまな暴力的行為に走る多く人びとにとって，そうした力の行使は，男っぽくかっこいいものと受け取られている。重要な点は，これが少数の人びとのみが体験する異常な逸脱行為にすぎないのか，それともむしろこのことがより広く，［我われの社会において］セクシュアリティというものがどのように構築されているかを映し出しているのではないか，である。映画やテレビドラマにたびたび登場する暴力シーンの人気ぶりは，暴力が，相当多くの男たち——自らは暴力を振るったりすることのない多くの男たちを含め——の心を捉え，おそらく（男として）かっこいいと受け止められていることを示しているのかもしれない[5]。

これらの問いへの洞察媒体としての法　これらの疑問や，この3つのテーマへのこうしたアプローチについて考察を進める前に，これらの疑問やこのアプローチが，これまでの講義で私が法や法学研究というものについて繰り返し述べてきたこととどのように関係しているかについて述べておきたい。性に関する権利，生殖に関わる権利，そして性的暴力からの自由をめぐるさまざまな重要な法的争点を，多くの法律家は，法はどうあるべきであり，目的とする結果を実現するために法はどのように強制されるべきか，という問題として捉える。そこで彼（女）らは，どのような法を創るべきか，あるいは改正すべきか，どのような法が実行可能でありそうでないのか，どのような法的変更が良いのか悪いのか，といった問題の立て方をする。しかしより広い次元で法を理解しようとした場合，法を道具として捉えるこうした理解を超えた視点が必要になる。法を改良・変更し，あるいはより実効性あるものとしようとする研究ももちろん重要である。しかし法学研究はまた，もっと広いひろがりのなかで，暴力と

ジェンダーの関係を探るためのさまざまな鍵を提供し，上述したような各種の疑問について考察を進める上できわめて有効な手がかりを与えてくれる可能性を秘めてもいる。そこに法学研究が果たしうる重要な研究意義を見いだすことができるのである。

性的虐待とジェンダー間不平等　私は，この分野で制定されてきた各種の法律，これまで発展してきた各種の法理論，そしてこれらの分野における各種の法的決定に与えられてきた正当理由を注意深く分析することは，性と社会に関する多くの基本的な問いに答えを見いだす上で有用であると考えている。女性の性的搾取は，女性の隷属の原因であるのか，それともその結果であるのかといった疑問もその1つである。たしかに，ある意味では，答えはその両方であり，この問題について真の変革をもたらしたいと思えば，この原因と結果の両者のからまり合いについて十分な認識を持つ必要がある。

なぜ女性が性的に搾取されるのかといえば，女性は全体として男性全体より貧しく，そして経済的弱者が経済的強者によって搾取されやすいというのはこの世の常であり，それがその原因であるということはある程度まで真実であろう。同じように，社会的弱者は強者によって搾取されがちであり，そして男性は全体として女性全体より権力を持っているということもまた事実である。

しかしまた，男性による女性の性的搾取が女性の無力化の原因となっているということもまた真実であるように思われる。男たちは，女たちを経済的に自立させると，女たちが結婚しなくなる，あるいは婚姻関係に留まらなくなるという不安を表明することがしばしばある[6]。男たちという社会集団には，女たちという社会集団を全体として他者に依存することを余儀なくさせ，相対的に力のない状態に留めておくことに利己的で性的な集団的利益があるのかもしれない。そうであるとすれば，女たちが経済社会的に男たちに従属させられているがゆえに性的に搾取されている程度は一体どこまでか，あるいは女性の性的搾取のゆえに経済的社会的に男性に従属されている程度は一体どこまでなのかが問題となる。どちらが第1次的で，どちらが第2次的であるのか？　その原因と帰結の連鎖の間に，軽重の違いが存在するのかが問われなければならない。

人工妊娠中絶に関する法的規制のあり方がこの問いに関して提供してくれる洞察　たとえば，人工妊娠中絶の分野を見てみよう。人工妊娠中絶は世界の多くの国

で認められているが、女性が中絶手術を受けるにあたって充たさなければならない諸要件や甘受すべき諸制限——それらは、時として、女たちが飛び抜けならなければならない"サーカスの輪くぐりの輪"に喩えられたりもする——は国によってさまざまである[7]。これらの法の研究は、我われに何を教えてくれるであろうか。そうした研究は、おそらく、生殖について女たちの選択肢を狭め、あるいはそうした選択をなす方法やその際の環境を規制しようとする男たちの努力のうち、一体どこからどこまでが、彼らの、女たちのセクシュアリティをコントロールしたいという衝動に対する対応としてなされてきたのかを探り当てるために役立つと思われる。すなわち、女性の妊娠をコントロールしようとする男たちの努力が、どれだけフロイトのいう女性の「ペニス羨望 (Penisneid)」とちょうど逆の「子宮羨望」——すなわち子宮の欠落と子どもを創造する能力の欠如という現実に対する男たちの反応——という面を備えているか?[8] 果して女性の性的搾取を終わらせることなしに、何らかのかたちで経済的平等や経済的正義を実現することがそもそも可能なのか不可能なのか? 女性を性的に搾取できるという可能性が、女性の経済的地位を低く留めておこうとする誘因としてどれほど強く作用していて、それをやめさせることが女性の経済的地位改善のためにどれだけ有用なのか?……といった問いに。

この問いの実際的政治的重要性　それとも、反対に、もし何らかの方法で女性の経済的地位の平等を達成することが可能であったとしたら、そうした経済的地位の平等それ自体によって、おのずから女性の性的搾取はなくなる、ないしは激減するのであろうか。古典的マルクス理論において国家が消えてなくなるように、経済的平等が実現すれば女性の性的搾取も消えてなくなるのであろうか[9]。

　もちろん、女性の経済的搾取を終わらせようとする試みも、女性の性的搾取を終わらせようとする試みも、おそらくともに生産的な活動であろう。ここで問われているのは、この両者のうちどちらか一方が時間の無駄なのかという問いではない。改革を目指す者たちがそのエネルギーを注ぐ際に、そのどちらか一方に重点を置いた方がより効果的であるという関係が、果して両者の間にあるのかが問われているのである。さらに問われなければいけないのは、どちらに重点を置いた方がより効果的かという問いに、法学研究や法の実態研究が、どのような見通しを与えてくれるのかである。法の研究は、果して、有効な

洞察やヒントを与えることができるのだろうか？　これらの問いについて、私自身、きれいに割り切れた答えを用意できているわけでは決してないが、とりあえず現在のところどのように考えているかについて論じてみることにしたい。

2　性と生殖に関する権利：「プライヴァシーの権利」がもたらした恩恵と限界

　性に関する権利および避妊手段へのアクセスは、アメリカ合衆国ではプライヴァシーの権利の名のもとに、一定程度の憲法上の保護を受けるようになった。1965年のグリスウォルド対コネティカット判決（Griswold v. Connecticut）において、アメリカ合衆国最高裁判所は、婚姻関係にある男女も含め、妊娠を回避するための避妊具使用を禁止したコネティカット州の州法を無効とした[10]。グリスウォルド判決において最高裁は、こうした法は憲法に反するプライヴァシーの侵害であり、したがって法としての効力を与えられてはならないと判示したのであった。

　性と生殖に関する権利の源としての「プライヴァシーの権利」　"プライヴァシー"という言葉自体は合衆国憲法のなかに見いだすことはできないが、1965年のグリスウォルド判決以前から、憲法の保障するプライヴァシーの権利という概念は、既に発展をはじめていた[11]。裁判所はまた、結婚した夫婦にさえ避妊手段の使用を禁止している点において、コネティカット州法は、アメリカの基本的・根本的理念に反するということを強調した。この法が有効だとすると、われわれは、警官が私人の家へ入ってきて、「夫婦の寝室という神聖な領域[12]」を捜索する図を思い描かねばならないことになるが、そんなことが果してできるだろうかと論じたのである。このプライヴァシーという権利概念──すなわち、警官に人びとの寝室を捜索させない権利──は、グリスウォルド判決の7年後になされたアイザンシュタート対ベアド判決（Eisenstadt v. Baird）[13]で、さらに発展させられた。アイザンシュタート事件は、結婚した夫婦によってではなく、避妊具を用いる自由を求める未婚の女性によって提起された訴訟であった。この判決で裁判所は簡単にグリスウォルド判決を拡大して、婚姻関係にない人びとが避妊具にアクセスする権利を認容している。アイザンシュタート判決は、プライヴァシーの権利の問題であるということの意味は、人びとが避妊具を取得したり使用したりすることに、国家は関与すべきで

はないという意味であることを明らかにした[14]。避妊は国家の関心事であってはならないのである。プライヴァシーの権利は，このような基本的な権利への干渉を禁じているのであり，したがって避妊具へのアクセスは憲法によって保護されているという権利の構成の仕方である。裁判所はこのようにして，判断の基礎を，男性と女性の平等にではなく，プライヴァシーの権利に置いたのであった。

生殖に関わる権利の保護を平等権に求める可能性　グリスウォルド判決とアイザンシュタート判決が，なぜその判決の基礎を平等権にではなくプライヴァシー権に置いたのかといえば，その理由は少なくとも部分的には，アメリカ憲法において，プライヴァシーと自己決定権についての諸概念が，女性の平等についての諸概念よりも早くに発達したからに他ならない。女性の平等権が憲法上の初めての保護を受けたのは1971年のことであり，これはグリスウォルド判決から6年の後，アイザンシュタート判決の1年前のことであった[15]。すなわち，アメリカ合衆国の憲法において，女性は男性と平等なのであるという理念がその発展をはじめたのは，グリスウォルド判決から6年も経ってからであった。このことが，アイザンシュタート事件を提起した女性が未婚のまま避妊具へのアクセスを求めたとき，彼女が，ジェンダーの平等ではなくプライヴァシーの権利を強調した，少なくとも部分的理由であった。

　彼女は，性的自由についての平等な権利を主張することもできたはずである。なぜなら，問題とされた法は，その形式においてジェンダーに中立的ではあったが，実際には，女性が使用するほとんどの避妊具の配布を禁止していたのに対し，男性が避妊および感染症予防のために用いるコンドームの配布は認めていたからである。したがってこのことを根拠に，彼女は平等権侵害の主張を展開することが可能であったはずであった。しかし彼女は，そうする代わりにプライヴァシーの権利を主張し，その権利構成に基づいて勝訴している。アイザンシュタート事件で，プライヴァシーの権利という権利構成に訴えることが優利であった理由は，憲法上の女性の平等権が1972年当時においてまだ生まれたばかりの権利にしかすぎなかったというだけではない。プライヴァシーと自己決定の領域という考え方には，性と生殖に関する諸権利に関する，女性のみならず男性の利益も含まれていたからである。

人工妊娠中絶と生殖に関する権利：プライヴァシー権による基礎づけの限界

1973年には，妊娠中絶の権利に関する有名なロー対ウェード判決（Roe v. Wade）16) が下されたが，これはグリスウォルド対コネティカット判決をさらに押しひろげた判決であった。ロー判決は，1965年のグリスウォルド判決で樹立され，アイザンシュタート判決で未婚女性の避妊具へのアクセスを保護するために拡張されたプライヴァシーの権利は，女性が人工妊娠中絶を求める権利にも保護を与えるものであると判示したのであった。裁判所は，同じプライヴァシーの権利が，女性が人工妊娠中絶を選択するという権利，とりわけ平均的懐胎期を3期に分けた場合の第1期，および第2期のそれにつきに厚い保護を与えるものであると判示したのである17)。

グリスウォルド判決，特にアイザンシュタート判決は，批判を招き議論を呼んだが，妊娠中絶についての判決はより一層の論争を引き起こした。ミソジニスト 18)――女性を嫌悪する人びと――や，キリスト教原理主義者たちを中心とした宗教右派勢力は，ロー判決と中絶手術の施術そのものに攻撃を加え始めた 19)。中絶反対者たちは，同じようにこれらの判決を批判していたカソリック教会から相当量の経済的支援を受けていた。ほとんどは陰に隠れてではあったが 20)。こうして妊娠中絶を選択する権利を認めたロー判決に対する社会的攻撃はかなり実質的で強力なものとなったのである 21)。

妊娠中絶手術に対する公的資金援助　妊娠中絶手術を受ける権利をプライヴァシーの権利の名のもとに憲法上の権利として保護しようとする論理構成のあり方，すなわち，個人の自律的な決定や個人的私的な決定に，警官その他の政府の役人の介入や侵害を受けない権利，という権利の論理は，攻撃が中絶手術に用いられる公的基金に向けられたときに，とりわけその脆弱性を露呈することになった 22)。アメリカ合衆国では――そして私が調査したすべての国でそうであったが――裕福な人びとは，つねに安全な医療的人工妊娠中絶手術を受けることができる。したがって実際に重要な問題は，そうではない女性が安全な中絶手術を受けることができるかである 23)。人工中絶に関する権利は，"一人にしておいてもらう"権利［プライヴァシーの権利］として確立し，しばしばそうした権利として擁護されてきたため，人工中絶を攻撃する人びとは，女性が，中絶をするか否かという私的な決定に関して国家から"一人にしておいて"もらいたいのであれば，公的な扶助をあてにすべきではないと論じることが可能であった 24)。ここで確認しておきたいのであるが，妊娠中絶に関する

女性のプライヴァシーを保護するという考え方と，妊娠中絶のための公的扶助を打ち切ることとの間には必然的な関係があるわけではない。プライヴァシーによって妊娠中絶の権利を基礎づける法的枠組のもとでも，公的扶助を求める権利を正当化する法的議論は十分可能である[25]。ここで指摘したいことは，平等権によって基礎づける場合に比べてプライヴァシーによって基礎づける場合のほうが，公的扶助に対する攻撃に対し脆弱ではないかという点である。実際，その後の憲法法理の変遷の結果，公的扶助を擁護する議論は敗れ去ってしまった。プライヴァシー権構成のもとでは，公的扶助を受ける権利を擁護することはできなかったのである。

経済的不平等と人工妊娠中絶に関する法　妊娠中絶に対する公的扶助の否定は，きわめて不公正な結果をもたらすことになった。中絶に関係する公的資金のあり方についての憲法判例は，まずはじめに，最も貧しい社会層，すなわち自ら中絶手術の費用を払うことが全くできない人びとを直撃したが，その後の法の展開は，より広い範囲の女性たちに及ぶことになっていった。妊娠中絶に関与する公的資金流入停止の動きは，個々の州が，その州内の州立病院をはじめとしてその公的資金援助を受けている病院に対して，個人開業の医師が当該病院を利用して中絶手術を行うことを禁止できるというところにまで及んだからである[26]。この時点で，「公的資金による妊娠中絶」の制限の動きは，中産階級にも影響を及ぼしはじめたのである。

当初は自分で手術費用を賄うことができないような貧しい女性たちからその機会を奪うに留まっていたこうした判例法理は，アメリカ合衆国においては，次第に中産階級の女性たちにも深刻な影響を及ぼすようになっていった。中産階級の女性たちを患者に持つ医師は，一般に公立病院を利用していることが多い。いまや州は，妊娠中絶手術のために公立病院を使用することを禁止することができるようになったため，そういう規制のなされた州では，これらの医師は施術を行えなくなった。近くに，中絶手術を禁止しているカソリックの私立病院の他に，公立の病院は存在しない地域は少なくない。すなわち，自分で手術費用の負担をすることができる中産階級の女性たちも，彼女を医療活動の対象としている医師が公立病院の施設を利用することができなくなったために，中絶手術を受けられなくなったのである。このため，多くの人びとが，プライヴァシー権という概念や，妊娠中絶へのアクセスをプライヴァシーの権利を用

いて保障しようとしたアプローチを，公的資金との関係で露呈させられたその限界や，結果として多くの女性たちに妊娠中絶へのアクセスを保障することができなかったという理由で，その当否は別として，次々に非難するようになってきた[27]。

3　ドメスティック・ヴァイオレンス：「プライヴァシーの権利」の危険性

　妊娠中絶へのアクセスを守るための法的な基盤を，プライヴァシーの権利，自律の権利，あるいは一人にしておいてもらう権利などに求めることについて，多くの女性たちが懸念を抱いている理由は他にもある。家庭の自律的領域確保という理由で家庭内での出来事をプライヴァシーの保護の対象とする法のあり方は，長い間，男たちの女たちに対する暴力，一般にドメスティック・ヴァイオレンスと呼ばれている暴力や性的虐待を，公衆の目から覆い隠し，これらに対する効果的な公的取り組みを遅らせてきた[28]。アメリカ合衆国においては，人びとがこの「家庭に関するプライヴァシーの権利」という理念を乗り越え，これらの問題に対する公的取り組みを認めるに至るまで，フェミニストたちは多くの困難に直面しなければならなかった。夫が妻を殴る時，それは単に私的な（＝個人の）不幸にすぎないとする人びとの捉え方を変え，ドメスティック・ヴァイオレンスの問題を政治の課題として取り上げていくうえで，この「家庭のプライヴァシー」という考え方を批判することがきわめて重要であった。ドメスティック・ヴァイオレンスに対する人びとの態度を変えるために，プライヴァシー概念の批判が必要であったのである[29]。

　ドメスティック・ヴァイオレンスにおける成功　　長くそして難しい闘いの後，いまや多くの人，あるいはほとんどの人は，夫が妻を脅し暴力を振るうことは，夫と妻の間の個人的な問題，私的問題として放置されるべきではなく，刑事的処罰の対象とされるべき卑劣な暴力であると考えるようになってきた[30]。既に指摘したように，この「家庭のプライヴァシー」という概念はつねに不公平なやり方で利用されてきた。夫が妻を殴れば，それは私的なこととされ，しかしもし妻が銃で夫を撃てば，たとえそれが正当防衛でなされた場合ですら，突然公的な問題と受け止められてきた[31]。このように，問題はプライヴァシー概念そのものにあるのではなく，プライヴァシー概念の操作，その用い方にあ

ったわけであるが,こうしたことのため,プライヴァシーの権利を用いることに対して,それがどういった議論であるにせよ拒否反応を示す女性たちは少なくない。

このように,近時急速に,家庭における男による女に対する暴力は,単に私的な愚行ではなく,公的な悪行とみなされるようになってきたわけであるが,これはフェミニズム運動の展開と,「公私」の区別のあり方に対する批判の成功によるところがきわめて大きい[32]。この成功はしかし,重要な成功ではあるがまだ不完全な成功にしかすぎない。なぜならば,ドメスティック・ヴァイオレンスの発生を止めることには成功していないからである。人びとのこの問題に対する態度は,被害の実態よりずっと早く急速に変化したのである。

法の限界と失敗:被害者に対する社会的非難の継続　では,それはどのような変化であり,また変化ではなかったのであろうか。たとえば,ドメスティック・ヴァイオレンスの被害者を責めるその責め方は変化した。しかし被害者を責めること自体は続いている。アメリカでは,当初は暴力を振るう夫を置いて逃げる妻が非難されていた。しかし今度は,夫の暴力にもかかわらず逃げ出さない妻が非難されるようになった。以前には,多くの人は,夫に暴力を振るわれる妻は,夫へのつくし方が足りないのであって,妻がもっと夫に気に入られるようにしさえすれば,夫は暴力を振るわなくなると考えていた。妻は夫のもとを離れるべきではなく,そうしたもめごとは私的であって,社会はこれを公的問題として取り上げるべきではないと考えていたのである。しかしこうした態度は,ほとんど一夜にして急激に変化した。今度は,暴力夫のもとに留まっている妻に責めを負わせる声が圧倒的多数となったのである。すなわち,妻は夫のもとから逃げ出さないでいたのだから,夫の暴力は大したことのないものであったに違いない,というわけである[33]。もし本当に夫が暴力を振るっていたのであるとすれば,そこから逃げ出そうとしない妻は気が狂っているか,男みたいな女に違いない,という捉え方である[34]。かくして,なぜ妻は逃げ出さなかったのかということが議論の中心とされるようになったのである[35]。

こうした人びと態度の変化は,まるで手のひらを返すような変わりようであった。そうした変化が起きた時,その変化の移行の過程において,暴力を振るう夫であってもその下に留まり事態の改善に努力するか,それとも夫と別れ新たな人生を始めるか,妻にはそのどちらかを選択できてしかるべきではないか

といった議論が展開されるということはなかった。世論は，夫が暴力を振るっても妻は我慢するのが当然であるという態度から，そんな夫のもとからはさっさと逃げ出すべきであるという態度に一夜にして変わったのであった。

ドメスティック・ヴァイオレンスの現実　「なぜ逃げない？」という疑問設定の残酷さは，1つには，こうした問題の切り口によって，人びとが，実際に逃げ出さなかったのだから夫は暴力を振るわなかったに違いない，もし振るっていたとしたら，彼女は男性的性格で，結構それを楽しんでいたに違いないと結論づけてしまったところにある。しかし，妻が暴力夫のもとから逃げ出さないことには，多くのもっともな理由があることが，諸種の研究から明らかになってきた[36]。彼女がそうした暴力的関係から逃げ出せない理由のひとつは，彼女が逃げ出そうという行動にでる，まさにその時こそ，その身が最も大きな危険にさらされるからである[37]。アメリカでは，夫によって妻が殺害された事件の多くが，妻が夫のもとから逃げようとした時，あるいは逃げた直後に起こっているのである。

ドメスティック・ヴァイオレンスは多くの国々の秘密にされている恥部である。多くの国が，自国にはそうした問題は存在しないとしてきた。しかし，女性たちが力を得てこの問題と取り組むようになるにつれ，この問題が，いかに一般に信じられてきたよりずっと広く社会にはびこっている問題であるかが明らかになってきた。したがって，どこぞこの国にはドメスティック・ヴァイオレンスは少ないという考察は，実は，どこぞこの国は，ドメスティック・ヴァイオレンスの存在を隠蔽するのに長けているか，という考察であるかもしれないのである。

ドメスティック・ヴァイオレンスの遍在　もちろん，自分の下から逃げ出そうとする妻を夫が殺害するに至った場合には隠蔽は難しい。アメリカでは，夫が別居中の妻を殺害するに至った事件，そしてしばしば，その妻との間にもうけた子どもまで殺してしまう事件が少なくないのであるが，そうした事件についての統計的数字は把握されているし，また，最近ではそうした事件に対する社会的注目度も高くなってきてはいる[38]。しかし，そうしたニュース報道は日常茶飯事と化してしまっているともいえる。というのも，女性が殺されているのが発見された時，人びとは「なぜそんなひどいことを？」という反応を示すが，往々にして，夫やボーイフレンドが被害者との別れ話に逆上して殺害する

に至ったとわかると,「なんだそうだったのか」という態度に変わってしまうからである。いずれにせよ,殺人にまで至らないようなドメスティック・ヴァイオレンスについては,これを隠蔽し秘密にしておくことができても,殺人事件を隠蔽することは相当に難しい。したがってその数字はドメスティック・ヴァイオレンスについてのひとつの指標とすることができる。たとえば,夫による妻の殺害は,日本ではアメリカのように広く見られるわけではないようである。このことから,証明することはできないにしても,日本では全体としてのドメスティック・ヴァイオレンスもアメリカほど広範なひろがりを持った問題ではないかもしれない。

ドメスティック・ヴァイオレンスは改善する前に悪化するのか？　しかし,妻や元妻の殺害事件の多さ少なさが,ドメスティック・ヴァイオレンスという問題の広がりの違いをダイレクトに反映するかというと,そう単純ではないことにも留意が必要である。なぜなら,女が抑圧に対して抵抗をはじめると男はより暴力的になるものだからである[39]。ドメスティック・ヴァイオレンスと取り組みはじめることで,他の国々においても,殺人に至る事件が増加することは避けられないのであろうか。そうでないことを祈るばかりである。ドメスティック・ヴァイオレンスにせよ,いじめその他どのような種類の暴力であっても,社会はそれを許すべきではないし,どのようなことがあっても,前進する他に道はない。ドメスティック・ヴァイオレンスをなくそうと努力しはじめることで,たとえ一定の期間殺人に至ってしまう例が増加しようとも,我々はやはり,全てのドメスティック・ヴァイオレンスを撲滅するための道を進むべきであろう。それが困難な道でありうることを充分覚悟しつつ。

4　性的暴力とこれに対する社会の認識

多くの性的な虐待の諸類型は,時としてセクシュアル・ハラスメントやレイプでさえも,しばしば私的で個人的なこととされてきた。これまでハラスメントやレイプは,よくない行い,よくないやり方として受け止められはしたものの,このプライヴァシーの領域という観念の存在ゆえに,しばしば,それが本来受けるべき法的なコントロールの対象とはされてこなかった。アメリカの多くの男性,そして一部の女性たちは,こうしたセクシュアリティに関わる人び

との私的領域に対して，国家が大きすぎる権限を持つことを許すことに消極的である。こうした人びとの抵抗観が，デート・レイプが犯罪として真面目に取り上げられないことにつながっている[40]。

(1) レイプを真剣に受け止める

　私は，日本のフェミニストの法律家たちから，ここ日本でも，レイプはあまりにしばしば，真面目に取り上げられていないと聞かされた。日本の男たちは，レイプによる被害の深刻さを軽視し，いまだにそれを笑い話の種にする傾向がみられると……。その結果，被害者は孤立化させられ，信用してもらえず，自分で自分を責めるほかにない状況に置かれていると。私がロー・スクールの学生であったころ，アメリカでも男たちがレイプについて冗談を言うことは，一般に社会的に許容されていた。それはたとえばこんな具合であった。

　女はスカートをめくられているのだから，ズボンを降ろしている男よりずっと早く走れるはずである。だから，レイプされたなんて理屈は通るわけがない，といった論を面白おかしく展開する。

　あるいはまた，こんなジョークもあった。

　レイプされた尼僧は，加害者にこう言った――「まあなんてことをするの！2度も辱めを受けたなんて，院長様になんと説明したらいいんでしょう。」

　「2度だって？」

　「ええ，だってもう1度なさるんでしょう？」

　アメリカのフェミニストたちは，レイプは真面目に受け取られるべき深刻な犯罪であって，その抑止のためにきちんと処罰がなされるべきであることを認めさせるために，大変な苦労を味わわされたのである。

(2)「セックスじゃなくて暴力 (Violence, NOT Sex)」としてのレイプ

　その際採用された問題への取り組み方は，レイプはセックスの問題ではなく，暴力の問題なのだということを明確にするというアプローチであった[41]。レイプについて冗談を言っていた男たちは，それをセックスの問題であると捉えていたから冗談の対象とできたのである。これに対し，女たちは，「ねえいい，よく見てよ！　レイプはセックスじゃなくて，暴力なのよ！」と言ったのである。このアプローチの仕方は，いろいろな意味で効果的であった。男がレイプ

に関する冗談を言った時，女は「そんな冗談笑えないわ。レイプはセックスじゃなくて暴力の問題なのよ！」と言い返しさえすればよかった。そうした冗談を言えば，ひんしゅくを買い，非難されるようになると，冗談を言うことは愉快なことではなくなったため，男たちはまことに早く，そうした冗談を言わなくなった。レイプはジョークでは済まされない暴力的犯罪であり，レイプは暴力の問題であってセックスの問題ではないという意識は，人びとの性的暴力に対する捉え方・扱い方をいろいろな面で大きく変容させ，実際に，レイプに関するいくつかの法律改正にも結びついていった[42]。

(3)「セックスじゃなくて暴力」というスローガンの限界

　しかしながら，この「レイプは暴力の問題であってセックスの問題ではない」ことを強調する戦略にも，そしてこのスローガンの背後にある意識のあり方にも，1つの限界があった。第1に，後から話を聞くことになる多くの人びとにとって，特におそらく多くの男性たちにとって暴力とは思われないような，しかし被害者にとっては充分に怖ろしい力や脅かしによって犯されるレイプが存在するからである。女性にとっては十分に暴力的であり，力ずくの行為であっても，男性の目には，単に力強く男性的であるにすぎないと映るような場合もあるのである。たとえば，映画「風と共に去りぬ」のなかに，レッド・バトラーが彼女の意志に逆らいつつ，ベッドをともにするために，スカーレット・オハラを抱えて階段を上っていくという有名なシーンがある[43]。映画では，このシーンはほとんどの聴衆が，スカーレットはそうされても当然のように振る舞ったと受け止めるように構成されており，翌朝のシーンでも，昨夜の出来事がスカーレットにとっても良かったこととして描かれている。これと同じように，デートしているカップルが，女性が男性との性的関係を持つことを拒んでいたとしても，男性の側が，自分はそれに値すると思い込んでいた場合，ほとんどの男性がそれを"暴力的"とは思わないやり方で，レイプに及んでいる場合がある。女の側が，苦痛を覚える，あるいは，大けがすることも辞さない程度に至るまでの抵抗を示さなければ，男性は（そして一部の女性もまた），その男の行為を「暴力の問題であって，セックスの問題ではない」とは認めないからである。

(4) 暴力であるとともにセックスでもある（Violence AND Sex）レイプ

第2に，疑問の余地なく暴力的なレイプであると認識されるような事例においてでさえも，レイプは単に暴力の問題でしかないというわけではない。それはやはりセックスの問題でもありうるのである。もし暴力というものが，多くの人びとにとって刺激的，あるいは魅力的なものでないとすれば，大衆文化が，あれほど多くの，暴力を描いたもので溢れるといった現象は起きないはずである。「レイプは暴力の問題であってセックスの問題ではない」というスローガンは，無理やりの，あるいは力ずくの性交であっても，それがセクシーと感じられる場合には，それをレイプであると認識することを難しくしてしまうのである。さらに，たとえ力や暴力が加えられたことが明らかな事例においてすら，それにもかかわらず，そこでのぶつかりあいがセクシーに感じられることはあるのであり，もしそうであれば，男たちは，それはレイプであったはずがないと考えるかもしれないのである。こうしたことは，いわゆるデート・レイプ（date rape），あるいは知人によるレイプ（acquaintance rape）──すなわち，これまで被害者となんらかの関係のあった，あるいはあったと主張する男性によるレイプの場合にしばしばみられるのである。男性が，結婚をしようとしていた女性をレイプした場合，あるいは既に結婚をしている女性をレイプした場合には，特にそうである。人がもし，レイプを単に暴力の問題であってセックスの問題ではない，と理解すると，こうした事例における力ずくの性交を，レイプと認識し，それは犯罪であって，これもまた暴力のひとつの形態であるということを理解することがより難しくなるのである。

(5) レイプ禁止法に関する男たちの利益

レイプを取り締まる法律は，はじめは男たちによって，男たちの視点から制定された。このため，法律制定にあたっての主たる関心事項は，以下の2点にあったものと思われる。まず第1に，自分たちの妻や娘など，彼らが愛する者たちの保護，そして第2に，自分たちおよびその友人たちに対して，レイプの嫌疑がかけられることを予防する，という2点である。まず第1点についてであるが，立法者の最大の関心は，彼らが守ろうとする女たちに，脅かしや力ずくで性交を強いようとする，よそ者の男，あるいは知人とは言えないような男たちに対する防御であった。立法者たちは，自分の娘がつきあう相手として選

ぶ男を，充分認めたり信用したりしていたわけではなかったにしても，彼らは，レイプに関する法の定めを，主としてそうした男たちから娘たちを守ることを狙ったものとは捉えていなかったと思われる。また，立法者たちは，自分たち自身が，自分の妻に対して課する性的要求から妻たちを守るべきものとして，レイプに関する法のあり方を考えるなどということは，当然のことながらしなかった。また，第2点についていえば，男たちは，彼らの女の知り合いが，彼らあるいは彼らの友人に，虚偽に，あるいは報復的に，レイプをされたと申し立て，濡れ衣を着せるかもしれないことを恐れたであろうと推測される。さらに，もし積極的で強引なリードの仕方がレイプとみなされるようなことになれば，女とセックスをすることがより困難になるかもしれないと懸念したであろうことも容易に推測される。また，他の犯罪と同じように，人違いによる冤罪の防止もその関心事であったであろう。

(6) レイプ禁止法に関する女たちの利益

　女性運動の高まりを受けて，女たちは法に影響を及ぼしはじめた。以前より多くの女たちが，議員となり，弁護士となり，あるいは裁判官となって法に関わるようになったのである。こうして，女性たちが，レイプ法に対して女たちの声を反映するように求めるようになると，女たちのレイプについての見方は男たちのそれと大きく異なっていることが明らかになっていった。まず，レイプの被害について，従来とは異なる見方が提示されるようになった。レイプは，もちろん，打撲傷やより深刻な身体的被害，死の恐怖や，望まない妊娠や性病の罹患の危険を引き起こす，物理的な身体攻撃である。またレイプは，深刻な精神的情緒的被害をも引き起こす。とりわけ，レイプ・サヴァイバー[44]たちが語り始めたように，レイプは，その被害者たちの，安全に対する感覚や，自己の体に対する統一感や無欠感を，あるいは，自らの体や生活を自分でコントロールできるという感覚を，さらには他人を信じようとする意欲や信じることができるという能力を，非常に深いところで傷つけるということがわかってきたのである。

　レイプを，レイプする側や，レイプされる女性の父親や夫の視点からではなく，レイプされた側，あるいはされるかもしれないと恐れる側からみることで，この犯罪に対して異なった理解がなされるようになってきた。レイプとは，全

くのよそ者が，守られていない女たちを手あたり次第に捕まえて犯すという犯罪というだけではない。レイプはまた，女たちが知っている男が，性交を強要するという問題でもあるのである。知りあいの男によってレイプされた被害者の心の傷は，そうでない場合と同じように深い。あるいは実際にはしばしばより一層深いのである。なぜなら，人間信頼が傷つけられる程度において，デート・レイプや知人によるレイプは，より深刻な被害を生むからである。

(7) 配偶者間レイプ

こうした，視点の転換に起因する変化として，よりドラマティックなのは，夫の妻に対する性交の強要をどうみるかについてであった。男たちは，自分の妻たちが自分たち自身から保護される必要があるなどとは考えてみたこともなかったし，自分たちの娘や他の愛する女性たちが，その夫からの保護をレイプ法に求める必要があるかもしれないということを検討することには，大きなためらいがあったに違いない。夫の視点からすれば，セックスの強要は，夫婦間のミス・コミュニケーションや夫婦仲の悪さを示すものであるかもしれないが，犯罪などではありえず，もちろん，「真の」レイプというものとはほど遠いものであろう。しかし，妻の方からすれば，夫への信頼が厚ければ厚いだけ，レイプされた妻の信頼は大きく傷つけられるのである。笑いを誘おうとしつつではあったが「もし自分の妻をレイプできないとしたら，一体ほかに誰をレイプできるんだ？」と発言した男性の議員がいた。しかし，もちろん妻はそんなふうに考えるわけはない。「自分の夫からすら，性的安全を得られないのだとしたら，一体ほかに誰といれば安全だというの？」と考えるであろう。女がレイプの加害者を知っていればいるほど，その裏切りから受ける被害はより深刻なのである。

　［かくして，婚姻関係にある当事者間でそもそもレイプは成立しないとする法のあり方の是非が公的議論の対象となっていくに従い］自分自身の夫が，無理やり性交渉を強いることなどありえないと思っている女性たちも，妻の性交渉への同意は必要ではないとする法に反感を示しはじめた。また，女たちは，婚姻関係がギクシャクしている場合において，自分たちが嘘の告発をするかもしれないという可能性について，男たちとは違って，ほとんどもしくは全く心配しなかった。自分の息子や，その他彼女たちが大切に思っている男たちの妻が，そうした嘘

の告発をするかもしれない、などとも考えなかったのである。

(8) デート・レイプまたは知りあいによるレイプ

このようにして、「デート・レイプ」や「知人によるレイプ」は、次第に深刻な問題として取り上げられるようになっていった。そして、女たちが自分たちの経験について語り始めると、そうしたレイプが、それ以前に考えられていたよりずっと普通に存在してきたことが明らかになった。妻や恋人を愛していると主張している男たちから彼女たちに加えられる物理的な暴力が、実際にどれほどの範囲に及んでいるかについて、社会が認識を深めるにつれ、男たちが愛していると呼ぶ女たちをレイプすることもあることが、より信憑性を持って受け止められるようになっていったのである。

(9) 配偶者間レイプの刑事犯化

レイプについての配偶者免責特権を撤廃しようとする動きは、1975年から90年にかけて、大きな展開を見せた。こうした運動の強力な推進力となったのは、Laura X と名乗る女性による一連の活動であった。彼女は、"National Clearinghouse on Marital Rape（配偶者間レイプ全国情報交換所）"という団体を設立し、これに関する新聞記事や訴訟事件の準備書面その他の文献・資料を収集し、この問題に取り組む弁護士や活動家たちに提供した。法の変更の大部分は、議会による立法によって実現されたが、いくつかの州では、裁判所がレイプ訴追に対する配偶者免責を否定したり、そうした免責を違憲であると判示することで、法の変更が達成されていった。

5 法と政治と性的暴力

このようにして、アメリカの女たちが、レイプはセックスの問題ではなく暴力の問題であるという社会の認識の確立にほぼ成功を収め、男たちがレイプに関する冗談を言わなくなる――少なくとも女たちの居る前では――と、次のステップを踏み出すことが可能になったように思われた。そこで女たちは、レイプは暴力の問題ではあるが、それと同時にセックスの問題でもあることを認めるという危険を冒すことに踏み切った。たとえ通常の男性が正常な性交渉であ

ると思うような事例のなかにも，その本質においてレイプである場合が存在しうるということを主張しはじめたのである。たとえ男たちがセクシーであると感じるような場合でも，女たちにとっては暴力である場合があるのである，なぜなら，男性にとっては，暴力的であることとセクシーであることが両立しうるからであると。

(1) レイプの脱政治化

　こうした運動の初めのころ，すなわち我われが，レイプは暴力の問題であってセックスの問題ではないと主張していたころ，レイプはジェンダーに関わる問題ではないと主張することは難しいことではなかった。なぜなら，そこでの争点は，いかにして暴力を止めさせるかであり，心ある男たちは，女たちがそうであると同じように，暴力をなくすことには賛成であったからである[45]。したがって，そうした場合においては，レイプ法をどのようにしたら効果的な法律に改めることができるかという問題は，主として，知性のある人びとによって解決可能な技術的な問題であった。頭の良い法的思考のできる人びとが知恵を出し合って，どのようにしたらレイプを防止することができるかを考えればよい，という問題として理解されたのである。なぜなら，こうした思考の方法に従えば，これは政治の問題ではなく，男性と女性の利益の衝突の問題や，競合する利益の間の争いの問題でもなかったからである。この段階では，それは，この世の平和を愛する賢い人びとが，いかにこの暴力的虐待と闘うか，ということがらであったのである。

(2) レイプの再政治化

　しかしながら，女たちが，レイプは暴力の問題である一方で他方においてセックスに関わる問題でもあることに気づくようになると，男たちの態度が微妙に変化していくことに気づかされることになった。なぜならそれは，彼らにとって，単に「暴力に反対するか」といったことより，もっとずっと複雑なことがらに関わる要素をはらみはじめたからである。それはどういうことか，誤解を恐れずにストレートにいうなら，レイプ法の緩やかな適用によって利益を受けるのは，単に凶暴なレイピストに留まらないのであって，実はそれは，男性全体に及んでいるからである。それは聞きようによっては，あまりにひどい言

い方に聞こえるかもしれない。しかしそう即断するまえに，以下のような思考実験にお付き合いいただけないであろうか。もしわれわれが，レイプの発生をきわめて少なくするような，厳格な法を制定したとしよう。そうした場合，本当はレイプしていないにもかかわらずレイプの罪を着せられてしまう誤判の件数は，たしかに一定程度増加することになろう。しかし逆に，現行のレイプ法は，そうした可能性を回避ないしは極小化するように実に注意深く作られており，そのために性的虐待を抑止する効果を発揮し得ない場面も多く存在している[46]。

　緩いレイプ法によって男性が享受している利益は他にもある。それらはより複雑なものではあるが……。心ある男性は，女性たちがレイプの恐怖におびえながら生活を送らなければならない状況を，決して望んでいるわけではない。しかし自分が女性を守ってあげることができることに喜びを感じる男性は少なくないであろう[47]。なぜなら，「自分の女たち」を守ってあげることができる男だと思えることは，男心をくすぐるからである。娘に早く帰宅することを望むアメリカの父親たちは，なぜ娘が早く戻ってくるべきかについて，挙げることができる理由が［緩いレイプ法の下では］もう一つ増えるのである。あるいは，女性にデートを申し込むアメリカの男性は，もしかすると彼女はOKしてくれるかもしれないと思える理由がもう一つ増えるのである。なぜなら，一人で外出すること，あるいは女友だちと外出することは，彼と外出するより危険だからである。妻の意志に反して性交を強要することなど思いもよらぬ男たちも，法的にはそれが認められている状況下では，その紳士的態度を誇りにすることができるのである。もし配偶者によるレイプが犯罪とされるならば，妻が性交を望まない時や妊娠を恐れている時に，無理強いしないことを，美徳であり，紳士的であると主張することはできなくなってしまうであろう。夫が妻をレイプすることが法的に許容されている社会にあっては，妻をレイプすることなど考えられないという男性のそうした態度は立派なことと賞揚される。しかし，配偶者によるレイプを犯罪と定める社会にあっては，こうした立派な夫の態度は褒めそやしの対象としてではなく，当たり前のこととして扱われることになるであろう。女性に利益を与える法の改正は，男性に負担を負わせるものであり，逆もまたしかりなのである[48]。

(3) 同意とジェンダーをめぐる政治

レイプ法を実際に適用することの難しさの理由のひとつは，同意の抗弁にある。多くの事例において，女性が性交渉に同意したのかしなかったのかを証明することは難しい[49]。同意がなかったことの証明責任を訴追側に負わせた場合，デート・レイプや配偶者間のレイプの訴追に成功することは特に難しくなる。アメリカのいくつかの法域では，法律を改定して，同意を，その主張者側が事実の証明責任を負う積極的抗弁（affirmative defense）とすることで，被告人側にその立証責任を負わせている[50]。こうした法改定は，ある種のレイプを訴追することを少しは容易にしているものの，事実認定者が，同意があったはずであるという認定をする傾向は，いまだに根強いものがある。

(4) 同意に関する思考実験

レイプの発生を減少させるための，もっとラディカルな法改定は，レイプの告発に対しては，そもそも同意は抗弁とはならないとすることであろう。これは，レイプを厳格責任犯罪化することを意味する[51]。こうすることは，男性が女性と性交渉を持った場合はいつでも，後で，彼女がそれがレイプであったといえば，それはレイプとして扱われるということを意味する。これまで社会が，強いられた性交渉に対して寛容であったという長い歴史の存在ゆえに，こうしたアイデアは，男性にとってあまりに不公平であり，ほとんどの人の目には，それはあまりに極端であると映るであろう。

男性だけでなく女性の多くも，性的自由を侵害するとして，このような仮想の法に反対するであろう。そうした法は，女性を，性交渉について法的に有効な同意を与えることができないという意味で，まるで子どものように扱うものであるとの反論もなされるかもしれない。しかし実際には，そうしたルールが法となっても，女性は，これまでと同じように性交渉に同意することは自由である。要は，法的拘束力のある同意を与えることができなくなるにすぎないだけである。こうしたルールが，女性の性的自由を実際に制限することがあるとすれば，それは，男性が後の訴追を怖れて性交渉に消極的になることによって発生する。そしてもし，男性のそうした怖れによって，女性の望む性的接触の機会や自由が制限を受けるという事態が発生した場合には，法的に拘束力のある同意を与える方式——ただし，女性が「同意」を強要されたり，同意があっ

たという虚偽の主張がなされないような方式——を考案することは可能である。たとえば，当該女性の知人である2名の証人の前で，自由意志に基づいて署名された同意書は24時間有効である，といった方式である。こうした提案は，多くの人にとって，奇抜な，あるいは滑稽な提案に映るであろう。しかし，こうした法的ルールの変更は，レイプ法をより実効性を持った法とし，女性の性的自己決定権を強化するであろうことは間違いないといえよう。

(5) 結 語

こうした法的ルールのあり方について真剣に考えてみることが有用である理由のひとつは，女性が同意の存在を肯定しないかぎり性交渉を犯罪とするという法が，男性と女性に与える影響は非常に異なったものであることに気づくところにある。この思考実験が示すように，レイプに関する他の法もまた，男性と女性に非常に異なった影響を及ぼしているのである。したがって，レイプ法の改正には，単に頭脳の優れた人びとが集まって，合意された目標を達成するために最も効果的な法のあり方を考えるということでは済まされない要素が含まれている。それは，政治的な闘争(バトル)であり，われわれが，一体どれだけ女性を保護し男性を危険にさらすのかということをめぐる闘いなのである。それは，我われが，どれだけ女性に不便を負わせ，男性に不便を負わせるかという闘いでもある。そしてそれはまた，法がレイプと断じ抑止しようとするやり方には少し足りない強引さを発揮することにやぶさかではない男性の負担において，はっきりと自己を主張することの苦手な女性をどれだけ保護するかという問題でもあるのである。

6 セックスと暴力の関係と人工妊娠中絶

性と暴力の関係性に関する理解を深めることによって，われわれは多くの現行法について，よりつっこんだ批判を行うことが可能となる。例を挙げよう。今日の合衆国の過半の州のレイプ法は，レイプが認められるためには，女性が最大級の抵抗，もしくはそれに準じた要件を満たすことを求めている[52]。これは言い換えれば，女性による最大級の抵抗に満たない抵抗は，正常な性交渉の一部として理解されているということである。この法的要件の存在は，抵抗

する女性との性行為を楽しみと感じる男性が，重大な刑法違反の罪に問われることなく，多くの女性の被害者に対してそうした性交渉を繰り返すことを認めるということを意味している。また，生命への危険を覚えて，抵抗しようとはしなかった女性は，刑事レイプ法から何らの保護も得られないということをも意味している。もし，暴力というものがセクシーなものとして感知されるとすれば，レイプと認めて欲しくば女性にもって抵抗せしめよと求めるこうした法は，レイピストにとって，レイプをよりセクシーにするという効果をもたらしていると言える。

女性に対する暴力としての人工妊娠中絶の禁止　性と暴力の関連性の認識は，妊娠中絶を制限している法の持つ多くの意味をも明らかにしてくれる。望まない妊娠が女性に訪れた場合，その多く，あるいはほとんどの場合といってもよいであろうが，妊娠中絶を禁止する法の存在は，実際に中絶を思いとどまらせる効果を発揮することはできないのが実情である[53]。女性たちは，死の危険を冒してでも，子どもを産むか否かの自己決定を貫こうとするのである。中絶を禁止したり制限したりする法は，女性が妊娠中絶手術を受ける環境条件に大きな影響を与えるものの，中絶を諦めさせることはほとんどできないのである。こうした視点から見たとき，妊娠中絶を制限する法は，女性に対する暴力の一形式であるという側面が浮かびあがる。すなわち，こうした法は，厚生政策の問題や人口政策の問題，あるいは——現在のアメリカ憲法の下で女性の中絶を受ける権利を保障するための法的基盤となっている——プライヴァシーの問題ですらなく，それはむしろ，女性に対するコントロール，言い換えれば，男性という社会グループと女性という社会グループのあいだの相対的力関係に関わっているのである。

人工妊娠中絶禁止とレイプの正当化　人工妊娠中絶というテーマの重要性は，それをめぐる動きのイデオロギー性に端的に現れる。アメリカにおける多くの反中絶運動家たちの示す怒りと暴力と，多くのレイピストが示す敵対と暴力には，ある種の共通項を見てとることができる。アメリカの反中絶運動イデオローグたちの行動は，個々の女性たちを口汚くののしり，中絶手術の行われているクリニックに爆弾をしかけ，医師やそこで働く人びとの殺人にまで及んでいる[54]。これらの人びとは，自らを「プロ・ライフ（pro-life，生命保護派）」と自称し，「生まれるに至っていない子どもたち」を見捨てておけないために

そうした運動を展開しているのであると主張する。しかし，彼らの行動は，生命に対する創造的なこだわりというよりも，むしろ女性に対する怒り，さらには女性に対する嫌悪と恐怖によって動機づけられているように見うけられる。妊娠中絶という争点が，なぜこれほどまでの暴力的なミソジニーをアメリカの反中絶運動家たちのあいだに引き起こすのか，という点をこそ，われわれは注視しなくてはならない。

人工妊娠中絶の禁止と女性の労苦への低い評価　アメリカにおける妊娠中絶をめぐる議論にはまた，女性たちが従事してきた賃金の払われない労働の評価という問題が関わっている[55]。アメリカにおいて妊娠中絶が重要な問題である理由の一つは，このことが〔社会において〕妊娠・出産というものがどのように理解され尊重されているかに関係がある。受精した卵子を体内に宿し，懐胎期間を経て子どもとして産み落とすという，女性が自ら引き受けることを選んで行う労苦については，何らかの評価が与えられ，クレジットが与えられてしかるべきではないであろうか。しかし，反中絶運動家たちは，妊娠出産というものを，女性たちが，自らの意志によって選んだり選ばなかったりできる，自発性に基礎づけられた労苦として理解されるべきではなくて，まるで庭の木が育つような，何か自然なこととして取り扱うのである。社会を構成する人びとが自ら進んで前に出てきて，たとえば，「2ヵ月の胎児は，生まれ出た子どもと何ら変わることがない」と口々に言い始めたのである。それは，その体内において胎児を子どもへと育て産み出すという女たちの労苦を，まったく無価値なものへと引き下げる行為である。それは，女たちからすれば，言ってみれば，子どもを産むことができるという能力（ability：できるということ）を，反対に障害（disability：できないということ）へと，有利なものを不利なものへと転換させられてしまうことを意味する。

女の目からみた中絶と人の生命　中絶を制限するということは，そうした選択を否定された女性に対する人格への侵害である。妊娠した女性が，自分の体内にある胎児とどのような関係を築いてきたかは，各人によってさまざまである。ある女性にとっては，初期の中絶は，受精卵が子宮に着床することを妨げる避妊方法の実施とそれほど違うことではなく，さらに，そうした方法による避妊は，受精自体を妨げる避妊とそれほど違うことでもない。しかしまた，ある女性にとっては，避妊することは潜在的存在としての赤ちゃんを失うことと

同じように嘆くべきことであり，妊娠する能力の喪失は，ほとんど流産と同じぐらいの痛手を与える。さらに，できることなら妊娠したくなかったと思う女性の多くが，それにもかかわらず，中絶しないという選択をしていることもまた事実である。ここで重要なことは，妊娠した女性が，その人個人の判断としてそうした選択を行うことと，社会が彼女に代わって選択をしたり，彼女とは何の関係もない第３者が，彼女に対して，あるいは他のどんな女性に対してであっても，妊娠中絶はまかりならないと命じるということは，全く違うということである。中絶を禁止することは，個人の尊厳領域への侵入であり，その効果において，重大な女性に対する暴力の一形態なのである。なぜなら，中絶が犯罪とされる時，それは多くの女性に死をもたらし，さらに多くの女性に生涯残る健康被害をもたらすからである[56]。中絶を制限する法律は，多くの女性の精神を傷つける。それらの法律は，妊娠した女性が直面することになるかもしれないそうした選択の困難さや，妊娠したわが身をどうするかをめぐって，彼女自身の内面において繰り広げられることになるかもしれない良心の呵責や倫理的葛藤に対して，ほとんど何も応えてくれはしない。女性のセクシュアリティに力を用いて近づくこと，力によって無理やり女たちを妊娠させること，そして，女たちに無理やり妊娠を継続させること，これらは全て暴力である。たしかにそれぞれの場合によって程度に違いはある。しかしまた，そこには驚くほどの類似性も存在するのである。

結　論　女性に対する暴力の形は実に様々であり，それに対してどのように闘うことができるかも様々である。しかし，女性に対して振るわれる暴力の多くは，女性の男性に対する従属とセクシュアリティのあり方と深く関わっている。これらの諸種の形態による女性に対する暴力［＝不当な力］の行使は，女性の性的権利と生殖に関する権利を制限するものであり，この２つは相互に関係しているのである。女性のセクシュアリティと生殖能力の統御，ないし統御しようとする試みに付随する暴力と，女性に対する暴力に随伴して存在するセクシュアリティのあり方とは，ともに認識されなければならない。子どもを産むことの強制，情緒的・性的アクセスを要求する者による無理強いされた性交渉や暴行，レイプや［現行法の下では］レイプと見なされるには至らない性交渉の強要。こういった様々な暴力の形態のあいだに横たわる類似性を見いだすことは有用である。我われがもし真剣に，女性の地位を向上させたいと望む

なら，そして，女性たちの人生から本当に暴力を取り除くことを望むなら，これらの性に関わるさまざまな暴力の形態のあいだのつながりを認識することは，そのための有用な第一ステップなのである。

1) 性に関する権利と生殖に関する権利は，いろいろな意味において重なり合いがあるが，そうではないそれぞれの独自性も持っている。性に関する権利には，望まない性的接触や注視からの自由とともに，自らが望むかつ安全な，性交渉に限定されない性的行動を行う積極的自由も含まれる。生殖に関する権利はこれに対して，妊娠，そして性交渉の結果としてもたらされることがらに対して選択する権利を中心に構成される。女性が性交渉を持つこと（あるいは持たないこと）を強要されたり，そのための圧力をかけられた場合には，性に関する権利と生殖に関する権利がともに侵害される。避妊手段と人工妊娠中絶へのアクセスは，直接的に生殖に関する権利に影響し，間接的に性に関する権利に影響を与える。

  生殖に関わる権利は，1993年のウイーン世界人権会議 (Report of the World Conference on Human Rights, Vienna, 14-25 June 1993 (A/CONF.157/24 (Part I)), chap. III.) および，1994年の人口と開発に関するカイロ国際会議 (Report of the International Conference on Population and Development, Cairo, 5-13 September 1994 (United Nations publication, Sales No. E. 95. XIII. 18), chap. I, resolution 1, annex.) において国際的な認知を受けた。1995年の第4回女性に関する世界会議は，女性の生殖に関する権利を再確認するとともに，「自己のセクシュアリティをコントロールする権利——性に関する権利の基礎をなす——は，その人権の不可分な部分を構成し，それなくして女性はその他の人権を十分に享受することはできないとする，画期的な考え方を前面に打ち出した」(http://www.iwhc.org/index.cfm?fuseaction=page&pageID=22. Visited April 12, 2002)。

2) *See, e.g.*, Michael Kimmel, *Challenging Macho Values: Practical Ways of Working with Adolescent Boys* (book review), 103 AMER. J. OF SOCIOLOGY 241 (1997) (著者たちは，暴力を，ジェンダー（社会的文化的に構築された性別）への不適合の表れではなく，むしろ男性性の規範的定義のうちにしっかりと位置づけられると見ている。「我われは，男性的暴力は，意図的，意識的な，ある目的性を持ったものであると考える。それは，男たちや少年たちによる，男性的なパワーとコントロールのシステムを作り上げこれを維持しようとする試みに由来する。」)。

3) 最近次々に発生した，社会の注目を集めた学校における銃乱射事件の殺人犯たちは，全て，女の子に振られたり，いじめにあったり，あるいはゲイだと呼ばれて，その"男らしさ"を脅かされた白人少年たちであったことを指摘した文献として，*see generally*, Marina Angel, The School Shooters: Surprise! Boys are Far More Violent than Girls and Gender Stereotypes Underlie School Violence, 27 OHIO N. U. L. REV 485 (2001)。

4) たとえば，「アメリカ合衆国において支配的な男性の社会化プロセスは，伝統的な男性の諸種のジェンダー役割を暴力と深く結びつける男性性のコード，覇権的で制限的なコードを刷り込んでいくプロセス」であることを指摘する研究や記事が近時増加していること

を指摘するものとして, Luoluo Hong, *Toward a Transformed Approach to Prevention : Breaking the Link Between Masculinity and Violence*, 48 JOURNAL OF AMERICAN COLLEGE HEALTH 269 (2000). また, アメリカン・フットボールがアメリカで最も人気のあるスポーツとなったことの背景として,「伝統的な男の力, 強さや暴力に溢れた姿へのあこがれと, 女のような男となってしまうのではないかという恐怖の間に置かれた男性に, それが明確な答えを用意してくれるという点が大きな役割を果たした」と指摘する文献として, Jerome Rabow, *What Do Men Want?* (*book review*) 3 GENDER & SOCIETY 407, 408 (1989).

5) *See* S. Robert Lichter et al., Center for Media and Public Affairs, Merchandizing Mayhem : Violence in Popular Entertainment 1998-1999 (visited Mar. 7, 2002) at www.cmpa.com/archive/viol98.htm (アメリカの映画, テレビ番組, および音楽ビデオに見られる暴力についての調査結果について報告している). *See also* Margaret Moore, Sex and Violence : European Censorship of American Films, 11 WTR ENT. & SPORTS L. 1, 18 (1994) (「いくつかの研究によって, 暴力性のきわめて強い映画を多く見せられた, 大学生ぐらいの年齢の男性は, そうした映画を見せられなかった男性と比べて, 暴力に対する抵抗がずっと弱くなり, 実際の性暴力被害者に対しても冷淡になることが明らかになっている」ことが指摘されている。).

6) *See* Duncan Kennedy, *Sexual Abuse, Sexy Dressing and the Eroticization of Domination*, 26 NEW ENG. L. REV. 1309, 1328 (1992).

7) *See* RITA J. SIMON, ABORTION : STATUTES, POLICIES, AND PUBLIC ATTITUDES THE WORLD OVER 10-53 (1998) (西欧, 東欧, アジア, オーストラリア, アフリカ, 中東, 中南米, および北米のそれぞれについて, いくつかの国を例にとりつつ, 人工妊娠中絶について現行法がどのような定めを置いているかをまとめている). *See also* Frances Olsen, *Feminism in Central and Eastern Europe: Risks and Possibilities of American Engagement*, 106 YALE L. J. 2215, 2249-51 (1997) (東欧および中欧における妊娠中絶の可否および制限の内容が取り上げられている); *cf.* Sara L. Walsh, *Liquid Lives and Liquid Laws: The Evolution of Abortion Law in Japan and the United States*, 7 INT'L LEGAL PERSP. 187 (1995) (日本とアメリカについて, 宗教的, 社会的, 経済的および政治的要因が, 妊娠中絶に関する法の発展にどのように影響しているかを検証している。).

8) 「子宮羨望」の存在を同定しこれに検討を加えた, 精神分析理論を展開した幾人かの理論研究者をリストアップしたものとして, *see* Sherry F. Colb, *Words That Deny, Devalue, and Punish : Judicial Responses to Womb Envy?*, 72 B. U. L. REV. 101, 140 n.3 (1992). 幾人かの精神分析理論家がこの男性にみられる現象の存在を発見し, これを子宮羨望と名づけている。*See, e. g.*, Karen Horney, *The Flight from Womanhood*, *in* FEMININE PSYCHOLOGY 54, 60-61 (Harold Kelman ed., 1967) (「私がそうしたように, それなりの長い期間女性の精神分析に携わった後に初めて男性患者の治療を始めると, この妊娠, 出産や, 母となることに対し, また乳房や授乳行為に対し抱かれている羨望のあまりの強さに対し驚きを禁じ得ないという印象を抱くことになるものである。」(*quoted in* JANET SAYERS, MOTHERS OF PSYCHOANALYSIS 100 (1991)); Eva F. Kittay, *Rereading Freud*

on *"Femininity" or Why Not Womb Envy?*, 7 WOMEN'S STUD. INT'L F. 385 (1984)（女性性に関するフロイトの男性中心的な理解を前提とした場合，子宮羨望という理解は，その体系の一貫性と抵触するため，伝統的な精神分析理論は子宮羨望という認識を形成することがなかったことを説明している）; Betty Yorburg, *Psychoanalysis and Women's Liberation*, 61 PSYCHOANALYTIC REV. 71, 73-74 (1974)（女性解放運動の社会的コンテクストの観点から，ペニス羨望，子宮羨望の心理学的理論について考察するとともに，どのようなものがペニス羨望の基盤となっているかを明らかにしている。）.

9) *See* KARL MARX & FREDERICK ENGELS, THE COMMUNIST MANIFESTO (1970)
10) Griswold v. Connecticut, 381 U. S. 479 (1965).
11) *See, e.g.*, Pierce v. Soc'y of Sisters, 268 U. S. 510 (1925)（親の子どもの教育に対する州の介入を制限）. *See generally* Samuel Warren & Louis Dembitz Brandeis, *Right to Privacy*, 4 HARV. L. REV. 193 (1890); Erwin Nathaniel Griswold, The Right to Be Let Alone, 55 Nw. U. L. Rev. 216 (1960).
12) 391 U. S. at 485.
13) Eisenstadt v. Baird, 405 U. S. 438 (1972).
14) *Id*. at 453（「もしプライヴァシーの権利が，何らかの意味をもつとすれば，個人が——結婚していようといなかろうと——母または父となるか否かという，その人の人生に根本的な影響を与えずにはおかないような事柄について，国家（州）から望まない介入を受けない権利というものを意味しないでいようはずがない。」）.
15) *See* Reed v. Reed, 404 U. S. 71 (1971)（遺産管理人として同じような適性を有する男性を女性よりも優先するアイダホ州の制定法を，第14修正の平等保護条項に違反し違憲であると判示）.
16) Roe v. Wade, 410 U. S. 113 (1973).
17) *Id*. at 163, 164.
18) ミソジニーに関する文献については，*see generally* DAVID GILMORE, MISOGYNY: THE MALE MALADY (2001)（ミソジニーを世界各国に見られる現象として，文化人類学的，比較文化的視点から捉え，その社会心理学的起源を探求している。）; MISOGYNY IN THE WESTERN PHILOSOPHICAL TRADITION (Beverley Clack ed., 1999)（プラトンからオズワルド・スペングラーに至るまでの西欧哲学の著作を渉猟し，ミソジニーの哲学的根源を探求し，これを提示しようとする試み。）; MISOGYNY IN LITERATURE (Katherine Anne Ackley ed., 1992)（「文化を超え，時代を超え，ジャンルを超えて，文学の中で［ミソジニーが］どのように扱われ，またどのように顕われているか」を検証している。）; DIANA H. COOLE, WOMEN IN POLITICAL THEORY: FROM ANCIENT MISOGYNY TO CONTEMPORARY FEMINISM (2nd ed, 1993). 辞書 Webster's Unabridged Dictionary (1978 ed.) が "misogyny"（語源はギリシア語の misogynia）が単に "hatred of women（女性に対する嫌悪）" と定義していることに触れた後，ギルモアはミソジニーを「どのような社会においても何らかの明白な形で存在している女性に対する非合理な恐怖心または嫌悪」と定義したうえで，ミソジニーは「文化的諸制度，文書，儀礼，その他の観察可能な行動に，すなわち行為・行動のなかに何らかの形で具体的に表れる」ことを強調している。(Gilmore,

supra. at 9).アックリは「ミソジニーは,西洋の文化に深く根付いた伝統である。それは,明確な形で表明される女性に対する嫌悪や軽蔑だけに留まらず,こうした態度がその背景にあることを窺わせる間接的な表現や微妙な振る舞いに至るまで,社会全体にわたって,さまざまな形態をとって存在している」と述べている。MISOGYNY IN LITERATURE, *supra* at xi.

19) ロー判決と妊娠中絶に対するこうした原理主義的なキリスト教による攻撃の際に用いられるレトリックがどのようなものかを知るために,Christian Radio というラジオ番組のスターとして有名な Dr. James Dobson の例をみてみよう(なお,彼は「精霊と協働してできるかぎり多くの人びとにイエス・キリストの福音を及ぼすこと,特に,その目的を,伝統的な価値と家族制度の維持に尽力することを通じて達成すること」(from website http://www.family.org/welcome/aboutfof/a0005554.html viewed March 5, 2002) をその使命として定めている Focus on Family という団体の代表も務めている)。Dobson はまず,自分が慈しみ深くジョッシュという名前の小さな少年の世話をしていた様を語り,次いで,その少年が遊んでいるのを見ていた時「突然ある悲しみが私を訪れたのです。1973年最高裁がその抹殺を合法化してから殺された2500万人の小さい赤ちゃんたちのことを思ったからです」と続ける (Dobson and Bauer, *Children at Risk* 2, 3 1990, *cited in* KERRY N. JACOBY, SOULS, BODIES AND SPIRITS : THE DRIVE TO ABOLISH ABORTION SINCE 1973, 98 (1998))。*See generally* ROSALIND POLLACK PETCHESKY, ABORTION AND WOMAN'S CHOICE 252-62 (Rev. ed., 1990) (キリスト教右派の興隆とその中絶禁止運動との関わりを描いている)。

女性たちもまた,中絶禁止運動に関わってきた。ただし一般にリーダー的存在としてではないが。*See* FAYE D. GINSBURG, CONTESTED LIVES : THE ABORTION DEBATE IN AN AMERICAN COMMUNITY 172-97 (1989) (カソリック教会や PTA で積極的に活動している63歳の未亡人から,子どもが生まれ専業主婦になるまでは,大学で教師を務め,またグラフィック・デザイナーでもあった31歳の女性にいたるまで,中絶に反対する7人の女性の生の声を取り上げている)。*See also* Kristin Luker, Abortion and the Politics of Motherhood 94 (1984) (中絶禁止を支持する女性は,「伝統的」価値観,すなわち「男性は公的世界や仕事に向いており,女性は家にあって子どもを育て,夫を愛し面倒をみることに向いている」という考え方をする傾向にあることを指摘。)。

20) *See* ROSALIND POLLACK PETCHESKY, ABORTION AND WOMAN'S CHOICE 253 (Rev. ed., 1990) (「National Catholic Reporter によれば,The National Committee for a Human Life Amendment (a NCCB [National Conference of Catholic Bishops] lobby) は,ニュー・ヨークの大主教区から最大の寄付を受けた。」*Id*. at 279, n.27)。*See generally* KERRY N. JACOBY, SOULS, BODIES AND SPIRITS : THE DRIVE TO ABOLISH ABORTION SINCE 1973, 27-46 (Chapter 2, In the Beginning : The Abortion Abolition Enterprise as a Catholic Moral Crusade) (1998).

21) 注22および注26に挙げられた判例参照。*See also* Planned Parenthood of Southeastern Pennsylvania v. Casey, 505 U. S. 833 (1992) (ロー判決の中核的部分,すなわち,胎児が自力生存可能になるまでは女性に中絶を選択する権利があり,国家(州等)の

不当な介入なしにこれを受ける権利がある、という部分にロー判決の先例としての意味を限定。）.

22) *See* Maher v. Roe 432 U. S. 464, 479 (1977) （医療的にみて正常な妊娠に対して中絶につき公的扶助を受ける憲法上の権利は存在しないと判示。）; *see also* Webster v. Reproductive Services, 492 U. S. 490, 504, 522 (1989) （中絶手術に公的資金が用いられることを禁止することを合憲と判示。）; Harris v. McRae, 448 U. S. 297, 326 (1980) （医学的に問題を抱えた妊娠状態にある貧しい女性に関しても、中絶手術について経済的援助を受ける憲法上の権利は存在しないと判示。）; Beal v. Doe, 432 U. S. 438, 444 (1977) （医学的に正常な妊娠に対して州がその制定法でメディケイドの受給権を禁止しても連邦法には反しないと判示。）.

23) *See* Petchesky, *supra* note 20, at 156 （「ロー対ウェード判決以前は、毎年行われる何十万という中絶について、金持ちや中産階級の女性たちは病院や医者の診療所などで安全で衛生的な手術が受けられるのに対し、貧しい女性たちは不衛生な裏通りでのそれというように、社会的階級によって分離されていたのである。」）. なお、富有層の中絶手術へのアクセスについて、*see* Rosen, *Psychiatric Implications of Abortion: A Case Study in Social Hypocrisy, in* ABORTION AND THE LAW 72, 89 (David. T. Smith ed., 1967).

24) *See* Rhonda Copelon, *From Privacy to Autonomy: The Conditions for Sexual and Reproductive Freedom in* FROM ABORTION TO REPRODUCTIVE FREEDOM: TRANSFORMING A MOVEMENT 27, 38 (Marlene Gerber Fried ed., 1990 （「消極的権利としてのプライヴァシーは、……自律的な決定をすることを後押しする物質的条件や社会的関係を形成することに助力を与える責任から国家を免除してしまう。」）.

25) 中絶を選ぶ権利をプライヴァシーの権利として構成した場合も、その施術費についての補助を受けるところまでこの権利の射程に捉えることは可能であったはずであるという議論について、*see* Leslie Friedman Goldstein, *A Critique of the Abortion Funding Decisions: On Private Rights in the Public Sector*, 8 HASTINGS CONST. L. Q. 313 (1980).

26) *See* Poelker v. Doe, 432 U. S. 519, 521 (1977) （セント・ルイス市が、市営の病院で、選択的中絶手術を行うことを不許可とすることは憲法に違反しないと判示。）; *see also* Webster, 492 U. S. at 511 （公務員でない外科医とその患者は、公共機関の運営する施設を中絶手術のために使用する憲法上の権利はないと判示。）.

27) *See* Frances Olsen, *Unraveling Compromise*, 103 HARV. L. REV. 105, 113 n. 37 (1988). *See also* LAWRENCE TRIBE, AMERICAN CONSTITUTIONAL LAW §§ 15-10, at 1353 (2d ed. 1988) （「ロー対ウェード判決で、抽象的な個人的プライヴァシーの権利として中絶を受ける権利を勝ち取った女性たちは、ハリス対マクレイ (Harris v. McRae) 判決で、その権利を行使するために必要な公的資金を求める上で、極めて弱い立場に立たされることになった。」）.

28) *See, e.g.*, CATHARINE MACKINNON, FEMINISM UNMODIFIED 101 (1987); Reva B. Siegel, *The Rule of Love: Wife Beating as Prerogative and Privacy*, 105 YALE L. J. 2117 (1996) （婚姻関係のプライヴァシーを保護するために、裁判官たちが妻に対する暴力事件に介入せずとしたことついて論じている）; ELIZABETH M. SCHNEIDER, BATTERED WOMEN

& FEMINIST LAW MAKING 87 (2000)(「法の変化と改革を実現するうえで, このプライヴァシーというレトリックが思想的に重大な障害となった」と論じる). *Cf.* Elizabeth Schneider, *The Violence of Privacy, in* THE PUBLIC NATURE OF PRIVATE VIOLENCE: THE DISCOVERY OF DOMESTIC ABUSE 36, 49 (Martha Albertson Fineman & Roxanne Mykitiuk eds., 1994)(「プライヴァシーという概念がどのように女たちに対する暴力を許容し, それを後押しし, 激化さえしたか」について探求するとともに, 虐待された女たちが逆にプライヴァシーという考え方を活用する可能性も探っている。).

29) *See* SCHNEIDER, *supra* note, at 87 (「ドメスティック・ヴァイオレンスを社会問題として取り上げる運動が興こって, 暴力の実態が人々の目にさらされるようになると, ドメスティック・ヴァイオレンスはもはや純粋な私的問題ではないと理解されるようになり, 公共的に論議され対応されるべき問題であるとの捉え方が次第に広がっていった。」). アメリカにおけるドメスティック・ヴァイオレンス問題の深刻さは, 今や真剣に取り上げられるべき問題であるという認識を形成しつつある。たとえば, アメリカ合衆国最高裁判所は, 次のように述べている。:

平均的にみて, この国では, 12ヵ月間に, およそ200万人にのぼる女性が, その男性のパートナーによって深刻な暴力の被害を受けている。1985年の調査によれば, 過去1年のあいだに, およそ8人に1人の割合で, 夫が妻に暴行を加えたことが報告されている。[アメリカ医師会]は, この数字は「実際の数字より低い」数字であるとみている。なぜなら, こうした出来事の性格上, 被害者は被害にあったことを認めたがらないし, こうした調査では, きわめて所得の低い貧困層の女性や, 英語を上手に話せない女性, ホームレスの女性などは, その調査の対象から漏れてしまうのが通例だからである。……アメリカ医師会によれば, 「家庭内暴力の研究者たちは, 実際の数字はおそらく上記推定数の2倍にのぼるであろうと推測している。すなわち, 深刻な暴力の被害者は, 毎年400万人にのぼるであろう」ということである。

こうした研究によって明らかになった, ドメスティック・ヴァイオレンス被害の社会への蔓延ぶりからすると, その生涯において夫から暴力を受けた経験のある女性は, 全体の5分の1から3分の1にも及んでいることになる。……したがって, こうした数字を日割りで計算すれば, アメリカでは毎日, 1万1000人の女性が, 彼女の男性パートナーから重い暴力を振るわれている計算となる。こうした暴力の多くは, 性的暴力を含んでいる。……そのうえ, 妻に対する暴力が存在する家庭では, しばしば子どもに対する虐待も存在する。(Planned Parenthood v. Casey, 505 U. S. 833, 891-92 (1992))

いまや, ドメスティック・ヴァイオレンス, または, パートナーまたは元パートナーからの女性に対する暴力は, 児童および高齢者に対する虐待を含む, より大きな問題である家庭内暴力の一つとして位置づけられている。1970年代に, 女性たちがその親密な関係において起きている物理的な力による虐待について公の場で語り始めるまで, 高齢者に対する虐待が公共的な関心の的とされていた (Lisae C. Jordon, *Elder Abuse and Domestic Violence: Overlapping Issues and Legal Remedies*, 15 AM. J. FAM. L. 147 (2001))。今では, 児童虐待, ドメスティック・ヴァイオレンス, および高齢者に対する虐待について十分理解し, 適切な対応ができるよう, 弁護士や裁判官をトレーニングする方向で, 改

善の動きがみられる (Eloise Rathbone-McCuan, *Elder Abuse Within The Context of Intimate Violence*, 69 UMKC L. REV. 215 (2000))。

30) *See* Warren v. State, 255 Ga. 151, 366 S. E. 2d 211 (1985) (州のレイプ法が、婚姻関係にある者の間の適用を黙示的に排除しているという主張を認めなかった).

31) Frances Olsen, *Constitutional Law: Feminist Critiques of the Public/Private Distinction*, 10 CONST. COMMENT. 319, 323 (1993).

32) 「私的親密領域と公共的領域という公私二元論は、ほとんど2世紀に及ぶフェミニストたちの著作活動と苦闘の中核的部分をなしてきた。フェミニズム運動はそれに尽きるとすら言える。」CAROLE PATEMAN, THE DISORDER OF WOMEN: DEMOCRACY, FEMINISM AND POLITICAL THEORY 118 (1989), *cited in* Sally F. Goldfarb, *Violence Against Women and the Persistence of Privacy*, 61 OHIO ST. L. J. 1 (2000). *See, e.g.*, Frances E. Olsen, *The Family and the Market: A Study of Ideology and Legal Reform*, 96 HARV. L. REV. 1497 (1983).

33) こうした不信の念は、たとえばメリランド州の裁判官の次のような言葉にその例をみることができる。「私はあなたの言うことが全く信じられない。……私が信じられないという理由は、たとえば私があなたなら、もし誰かが私を銃で脅すようなことをしたら、私はそんな人間とはとても一緒に暮らし続けることなどできない。だから……私は、とうていそんなことがあなたに起こったとは信じることはできない。」(Maryland Gender Bias in County Report 1993, *cited in* Martha E. Mahoney, *Women's Lives, Violence, and Agency, in* THE PUBLIC NATURE OF PRIVATE VIOLENCE: THE DISCOVERY OF DOMESTIC ABUSE 59, 73 (Martha Albertson Fineman & Roxanne Mykitiuk eds., 1994)).

34) *See* Raoul Felder & Barbara Victor, GETTING AWAY WITH MURDER 17 (1996) (「歴史家 Elizabeth Plack によれば、「なぜ彼女は逃げ出さなかったのか？」という疑問は、1920年代に初めて問われた。当時社会学者は、ドメスティック・ヴァイオレンスの虐待を受けた女性たちがそれにもかかわらずそうした人間関係に留まるのは、彼女たちの知的レベルが低いか、もしくは精神遅滞にあるためであると信じていた。1940年代になると、彼らは考え方を変え、暴力を受けている女たちが暴力を振るう夫らと切れずにいるのは、そうした行為を男っぽく感じているためであり、殴られることを喜んでいるからであると考えるようになった。」).

35) *See generally* Martha R. Mahoney, *Legal Images of Battered Women: Redefining the Issue of Separation*, 90 MICH. L. REV. 1, 5 (1991) (「なぜ彼女は逃げ出さないのか？」という疑問が、ドメスティック・ヴァイオレンスについての社会的論議および法的論議双方において、いかに支配的な影響力を発揮したかを検討した上で、これを批判している). Mahoney は、次のようなソーシャル・ワーカーの話を紹介している。「ドメスティック・ヴァイオレンスについて話をすると、それがどのような場であろうと、必ずといってよいほど誰かが決まって「なぜ逃げないだろう／なぜ逃げないの？」という質問をしてくるの。そこで私が、「じゃあ彼女は一体いつ逃げ出すべきだったの？　どのタイミングで？　それはたとえば、男が家具をぐちゃぐちゃにした時？」そうすると沈黙が返ってくるの。そうするとみんなにやっとわかるのよね。それってね、女にとっては、男が家具

を叩きつぶすの目の当たりにするって，どちらかというと普通のことだから。私の話を聴いている女性たちの多くは，そんな風な光景を見たことがあるものよ。そしてそうしたものを，「結婚」って名前で呼んできたし，それを「どうにかやっていく」ことだと思っているのよ。」 *Id.* at 16. *See also* Martha R. Mahoney, *Exit: Power and the Idea of Leaving in Love, Work, and the Confirmation Hearings*, 65 S. CAL. L. R. 1283, 1300（1992）（この「陳腐な質問」が，暴力を振るう側の非道な行為から，その犠牲者側の反応のほうへ人々の注意をそらす効果を発揮してきたことを指摘している）．

36) *See* Sarah M. Buel, *Fifty Obstacles to Leaving, A. K. A., Why Abuse Victims Stay*, 29 COLO. LAW. 19（1999）（暴力を振るう夫の脅かしを信じる，家族のために我慢する，報復に対する恐怖，子どもを失うことへの恐怖，社会的落語者になり，家を出て行った後ホームレスになることへの恐怖等などの理由が挙げられている）．*See also* Cheryl Hanna, *The Paradox of Hope: The Crime and Punishment of Domestic Violence*, WM. & MARY L. REV. 1505, 1558–59（1998）（「女たちがそこにとどまる理由は数々ある。経済的依存，分かれようとする際に降りかかってくる暴力への恐怖，子どもたちとの関係へのこだわり，低い自己評価，どこにも行くところはないという思い，希望の欠如などである。」）．

37) *See* Mahoney *supra* note 35, at 5–6. *See also* Mahoney, *supra* note 33, at 79（「配偶者間の殺人に関するある研究によれば，夫による妻殺しの事件の半数以上は，両者が別れた後に起きている。……さらに，警察の記録およびそれを補完する記録を詳細に調査すると，別れた前の夫やパートナーによって殺害された女性の数は，警察やFBIが公にしている統計的数字よりも多数にのぼっていることがわかった。……著者のひとりは，暴力的関係から抜け出し，別れた後も，つきまとい，嫌がらせ，さらなる攻撃を受ける女性は，その半分以上にのぼると推計している。」）．

38) 合衆国議会上院が公にした報告書は，次のように述べている。「親しい関係にあった男性から受ける暴力的攻撃は，今日，アメリカ人女性の健康を脅かす諸種の危険の首位を占めている。今日のアメリカ合衆国では，女性は15秒ごとに1人の割合で暴力を振るわれ，6分ごとに1人の割合でレイプされている。昨年についていえば，夫に暴力を振るわれた女性の数は，この1年に結婚した女性の数より多かった。1990年の警察に届けられたレイプ被害数は過去最高を記録した。わが国の家庭内殺人の割合は，他国，たとえばデンマークやドイツなどの，全殺人の人口比よりも高い。」（United States Senate Report 102–197（102nd Cong. 1991））．アメリカ合衆国で，しばしば新聞を賑わすこうした殺人事件について *see, e.g.*, Michael Cooper, *Man Kills His Wife and Then Himself*, N. Y. Times, June 14, 1999, at B5（裁判所からの接近禁止命令が出ていたにもかかわらず，夫が別れた妻の頭部を銃による一撃で殺した事件について詳しく報じている。）; Dore Carroll & Sue Epstein, *Estranged Husband Facing Murder Charge—Police Say He Stabbed Wife to Death and Then Claimed She Killed Herself*, THE STAR-LEDGER（Newark, NJ）, Mar. 5, 2002; Mike Kataoko, *Husband Convicted of Killing His Wife; VERDICT; A Jury Find the Riverside Man Guilty of Second-degree Murder in Jealous Rage*, THE PRESS-ENTERPRISE（Riverside, CA）, Feb. 21, 2002.

39) *See* Linda Gordon, HEROES OF THEIR OWN LIVES: THE POLITICS AND HISTORY OF FAM-

ILY VIOLENCE 286 (1988)(「妻を殴るという行動は，単に妻の隷従からのみ生じるのではない。むしろこれに対する抵抗からも生じるのである。もし妻が，つねに隷属的地位に甘んじていたとしたら，そして夫がその優越的地位を脅かされるということがなかったとしたら，夫婦間の暴力はもっと少なかったのかもしれない。」).

40) *See* Katharine Baker, *Sex, Rape, and Shame*, 79 B. U. L. REV. 663, 679 (1999)(デート・レイプを犯罪として扱うことを困難とする要素として，「セクシュアリティと性的規範の動機的連関」，「デート・レイプがどれほど悪いことかについての文化的アンビバレンス」，「何がデート・レイプであるかについての文化的混乱」などを挙げている。); Christina E. Wells & Erin Elliot Motley, *Reinforcing the Myth of the Crazed Rapist : A Feminist Critique of Recent Rape Legislation*, 81 B. U. L. REV. 127, 130 (2001)(「レイプ犯人は「ノーマルな」男性と対置される狂った色情狂であるというイメージの強化は，知人によるレイプはレイプであって，深刻で癒しがたい被害をもたらすものであることの理解を人々に得ようとするフェミニストたちの努力を損なう」ものであると論じる。). *But see* KATIE ROIPHE, THE MORNING AFTER : SEX, FEAR, AND FEMINISM ON CAMPUS 5 (1993)(デート・レイプの被害者の若い女の子たちの軽はずみさを非難し，フェミニストたちは，デート・レイプその他の性的抑圧について勝手な思い込みをしていると批判する。). *Compare with* Linda J. Lacey, *We Have Nothing To Fear But Gender Stereotypes : Of Katie and Amy and "Babe Feminism"*, 80 CORNELL L. REV. 612 (1995) (Roiphe, *supra* の書評)(Roipheの議論を批判している。); Kathryn Abrams, *Songs of Innocence and Experience : Dominance Feminism in the University*, 103 YALE L. J. 1533, 1534 (1994)(Roiphe, *supra* の書評)(同じくRoipheの著書を批判し，「そこで示唆されている，セクシュアルであるという衣をまとった抑圧があるという主張は，主として女性側の頭の中の問題，一方的な理解の問題にすぎないというRoipheの議論を，Roipheが描写するような雰囲気はほとんど現実にはありえないのであって，それを考えると馬鹿げた主張であるし，仮に，そうした稀な状況がたとえあったとしたら，そもそもそうした議論をする意味はなくなるはずである」と論じている。).

41) レイプは暴力の問題であって，セックスの問題ではないという主張の論者として広く知られる人の一人，Susan Brownmillerは，レイプは，女性の隷属メカニズムの中心的存在であるとする。「レイプは男性の特権であるだけではなく，女性に対する基本的な男性の力の武器であり，男性の意思と女性の恐怖を原初的に媒介するものなのである。……レイプは，全ての男性が全ての女性を恐怖させる意識的"おどかし"のプロセス以上のものでも以下でもない。」(SUSAN BROWNMILLER, AGAINST OUR WILL : MEN, WOMEN AND RAPE 14-15 (1976).) *See also* Morrison Torrey, *Feminist Legal Scholarship on Rape : A Maturing Look At One Form of Violence Against Women*, 2 WM. & MARY J. WOMEN & L. 35, 38-39 (1995)(レイプをセックスではなく暴力であると性格づけるリベラル・フェミニストの傾向について。).

42) *See* Patricia Searles & Ronald J. Berger, *The Current Status of Rape Reform Legislation : An Examination of State Statutes*, 10 WOMEN'S RTS. REP. 25 (1987); Ronald J. Berger et al., *Rape-Law Reform : Its Nature, Origins, and Impact*, in RAPE AND SOC-

IETY: READINGS ON THE PROBLEM OF SEXUAL ASSAULT 223 (Patricia Searles & Ronald J. Berger eds., 1995); Christina E. Wells & Erin Elliot Motley, *Reinforcing the Myth of the Crazed Rapist: A Feminist Critique of Recent Rape Legislation*, 81 B. U. L. REV. 127 (2001). *But see* United States Senate Report 102-97 (102nd Cong. 1991)（たとえ法が変化したとしても，法制度の中にあって法がどのように実現されるかに大きな影響力を及ぼす，裁判官その他の人びとの法の認識を変えることはそう簡単ではないことを指摘して，以下のように述べている。：何十年にもわたる法改革の積み重ねにもかかわらず，我々は，こうした偏見に今でも日常的にお目にかかる。たとえば，州裁判所におけるジェンダー・バイヤスに関するレポートには以下のような事例が挙げられている。ジョージア州では，ある裁判官が，同僚の裁判官が，常習的なドメスティック・ヴァイオレンスの事件において，被害者を「からかい」「侮辱し」「馬鹿にし」，この被害者女性が法廷を後にするときには法廷中が笑い声で満たされるという状況を作り出すに至ったと報じている。そしてこの被害者女性は，この後別れた夫に殺されてしまうに至っている。ヴァーモント州では，被害者が「あばずれ」だという証言を聴いたため，保護観察官が，9歳の少女が「本当に被害者」であるかを問いただしている。また，キャリフォーニア州では，ある裁判官が，公聴会で，ドメスティック・ヴァイオレンスの被害者は「多分ぶたれる必要があったんではないか」とコメントしている。また，コネティカット州のある検察官は，15歳の少女に対して「ネェ，チョット。そうなんだろう？　君はただ，君のボーイフレンドのせいで妊娠しちゃったんじゃないかって心配してるだけなんだろう？　だから，彼がレイプしたなんて言ってんじゃないか？」と証言を誘導するような発言をしている。フロリダ州では，自白したレイプ犯に対して刑を宣告する際に，被害者が余りに「救いようのない（pathetic）」女だったとして被告人に同情を表明した裁判官がいた。ジョージア州の刑事は，14歳の少女被害者の母親に対して，彼女が「ノー」と言ったのが一度だけだったからレイプとは認められないかもしれないと発言している。メリランド州では，ある裁判官が，虐待を受けた被害者の訴えていることは何も信じられない，「なぜなら，そんなことが私に起きるなんてことは考えられないから」と発言している。）

43) Gone with the Wind (Metro-Goldywn-Mayer 1939).
44) レイプの被害者は，しばしば恥辱に苦しめられる。ある社会では，被害者は自害するか，これについて沈黙を守るべきであるとされている。女性運動の再活性化がもたらした果実の一つは，レイプ被害を受けた女性たちが，その経験について語る勇気を与えられたことである。そしてそのことによって社会のレイプについての理解も，被害者の立場から見た見方へと変化しはじめた。このことによって，いくつかの変化が現れた。たとえば，レイプの「被害者」という言い方が，スティグマを与えるような響きを持つことから，「レイプ・サヴァイバー（レイプを生き延びた人）」という表現が，実際にレイプを経験した人や，その支援者たちによって用いられ始めた。
45) ある保守派の合衆国議会上院議員は次のように発言している。「"女性に対する暴力"の問題は，女性だけの問題，あるいはフェミニストだけの問題だといった誤解があるのではないかということを憂慮しております。私は，そうした性格付けは誤ったものであると信じます。この問題は，税金の問題や経済の問題についてそうすることが不適切であるの

と同じように，一部の人びとの問題，単に女性たちだけの問題とすることは誤りであります。ドメスティック・ヴァイオレンスや性暴力の問題は，もちろん，第一には女性たちの問題です。なんとなれば，ほとんどの場合その被害者だからです。しかしこの問題は，そうした暴力と虐待の環境のなかで育つ子どもたちの問題でもあります。これは，家族の問題であり，そして，我われ社会の基本的価値と品格と自尊の問題なのです。」(Prepared Statement of Senator Orrin Hatch Before the Sen. Comm. On the Judiciary on Combating Violence Against Women, Federal News Service, May 15, 1996.)

46) *See* Edward Greer, *The Truth Behind Legal Dominance Feminism's "Two Percent False Rape Claim" Figure*, 33 LOY. L. A. L. REV. 947, 948 (2000)（性的不法行為の訴えにおいて，立証責任を，これについて訴えている女性から，その相手方である男性に転換することは，無実の男性が有罪であるとされてしまう誤審を増やすことになるから，「無分別なやり方であり危険である」と論じている。）; Lynn Hecht Schafran, *Is the Law Male?* 69 CHI. -KENT L. REV. 397, 401 (1993)（「レイプ法は，虚偽の告発に対する男たちの恐怖を法典化したもの」であると指摘する。）. *See also* David P. Bryden & Sonja Lengnick, *Rape in the Criminal Justice System*, 87 J. CRIM. L. & CRIMINOLOGY 1194, 1199, 1206–1207 (1997)（「司法制度のレイプ事件の扱い方については一定の改善がみられたものの，法改革は，レイプ事件の結果について，あるいは，起訴され有罪判決が下されるレイプ犯の割合に，少しの変化しか，あるいは全くといってよいほど変化をもたらしはしなかった。……これはどのように説明されるのか。一つの考え方は，男性のものの見方・思い込みが刑事司法制度全体に広く行きわたっていることがその原因であるという説明である。この理解によれば，この制度を支配している社会的にちゃんとした男性たち，すなわち，警察官，検察官，陪審，裁判官たちは，ストレンジャー・レイプ（被害者の知人ではない人によるレイプ），ナイフや銃が使われるレイプを心から嫌悪し，怖れている。……これに対し，社会的にちゃんとした男性たちは，デートしていた女性からレイプされたと告発された男性に対しては同情してしまう。デートの事例の場合は，こうした男性たちは，つい男性側のほうに自己を同一化する傾向があり，女性側がレイプされたと嘘の主張をする場合や，「ふしだらな女」についついその気にさせられてしまう展開というものを容易に想像できてしまうのである。その結果として，「通常の範囲内の」攻撃的な男性のセクシュアリティは法によって保護されることを望んでしまう」。）.

47) *See* Kathleen Daly & Amy Chasteen, *Crime News, Crime Fear, and Women's Everyday Lives, in* FEMINISM, MEDIA, AND THE LAW 235, 244 (Martha A. Fineman & Martha T. McCluskey eds., 1997).

48) *See, e.g.,* Lynne Henderson, *Getting to Know: Honoring Women in Law and Fact*, 2 TEX. J. WOMEN & L. 41, 67 (1993)（現行の「男性には罪はなく，女性側が悪い，誘導した，あるいは身を任せたという神話」に代えて，「男性側に，相手側が同意していたことを積極的に証明する責任」を負わせる基準を採用することを唱えている。）.

49) *See* Patricia Kazan, *Sexual Assault and the Problem of Consent, in* VIOLENCE AGAINST WOMEN 27 (Stanley G. French et al. eds., 1998). *See also e.g.,* Susan Estrich, *Rape*, 95 YALE L. J. 1087, 1095, 1121–1132 (1986)（レイプについてのどのような論理も，

「同意」についての議論に始まり，そしてそれに終わることを指摘。）；Lynne Henderson, *Rape and Responsibility*, 11 L. & PHIL. 127, 151 (1992)（法が「男性の非合理で無責任なセクシュアリティのモデルを保護し，女性に，男性の性的攻撃に対し自己を防衛する手段をほとんど提供しない」ことを許している「同意」の解釈について論じている。）．

50) *See* Sheri B. Ross, *Yes or No to Consent? Conforming Rule 404 (b) To Society's New Understanding Of Acquaintance Rape*, 48 U. MIAMI L. REV. 343, 344 (1993).

51) *See* Brian Kenna, *Evolutionary Biology and Strict Liability for Rape*, 22 LAW & PSCYHOL. REV. 131, 173-75（レイプについての厳格責任を支持する議論を列挙している。）. *See also*, Lynne Henderson, *Getting to Know: Honoring Women in Law and Fact*, 2 TEX. J. WOMEN & L. 41, 68 (1993)（「女性が「ノー」と言った場合や性的行為に及びたくないことを示した場合，それだけで法が厳格責任を負わせる」ことを提案している。）；Beverly Balos & Mary Louise Fellows, *Guilty of the Crime of Trust: Nonstranger Rape*, 75 MINN. L. REV. 599, 606, 609 (1991)（「被告人と知り合いであるということは，女性側の警戒心をその分弱めるのであるから」，このことを理由として「たとえ被告人が同意があったと信じたことが合理的であったりそれが善意の解釈であったとしても，現実に被害者の同意を得ていなかった場合には有罪と判断されても仕方ないだけのより高度の責任」が発生するとして，デート・レイプの責任を厳格責任とすることを提案する。）．

52) *See, e.g.*, State v. Ritola 63 Wash. App. 252, 817 P. 2d 1390 (1991)（ワォッシントン州法が規定する「力による強制（forcible compulsion）」とは，「性交渉や性的接触を達成するために通常用いられる以上の力が用いられたことを要求している」のであって，そうした意味での「力による強制」が存在しない場合，性交渉に障害のない成人との性的接触は，たとえ同意なしに行われたものであっても，性犯罪として法律が処罰対象としている性犯罪には該当しないと判示。), State v. McKnight 54 Wn. App. 521, 774 P. 2d 532, (1980)（「力による強制」は，諸種の性的接触に本来的に伴う力とは異なる，むしろ，女性の抵抗を妨げたり，それを圧倒したりするために，実際にもしくは脅迫のために用いられた力をいう，と判示。）, これらの判例で問題となったワシントン州の法律の規定の文言は次のようなものである。：「(6)「力による強制（Forcible compulsion）」とは，抵抗を圧倒する，または明示的黙示的脅迫としての物理的力の行使であって，人をして，自身または他の人の生命，身体に対し危険の恐れを抱かせる，もしくは自身または他の人が誘拐される恐れを抱かせるものをいう」(Wash. Rev. Code Ann. § 9A. 44. 010 (6) (2002)). *See also* Estrich, *supra* note 49, at 1123 n.11（「被害者の抵抗を犯罪の構成要件として規定していないいくつかの州においても，抵抗がなされなかったことは，同意の有無の判定にあたって考慮されるべき要素であると定められている。たとえばヴァージニア州においては，1981年まで，合理的な範囲の抵抗を構成要件としていた。その後の改革立法ではその要件は削除されたが，抵抗の有無は，被害を受けたと主張する者の「意志に反して」性交が行われたかの判断に関係するとして次のように定めている。：本条が定める犯罪について有罪判定をするために，州側（the Commonwealth）は，被害者であると主張する証人が，大声で助けを求めたもしくは被告人に対して物理的な抵抗をしたことを示す必要はないが，申し立てられている当該行為が被害者としての証人の意志に反するものでな

かったことを証明するために関連性が認められる場合には，そうした抵抗が存在しなかったことを考慮することは認められる。」)。

53) *See* Rickie Solinger, *Pregnancy and Power Before Roe v. Wade, 1950-1970*, 15, 16, *in* ABORTION WARS: A HALF CENTURY OF STRUGGLE, 1950-2000 (Rickie Solinger ed., 1998). *See also* ROSALIND POLLACK PETCHESKY, ABORTION AND WOMAN'S CHOICE 128 (Rev. ed., 1990) (中絶が再び合法化されるまでの 1969 年から 73 年までの 4 年間活動を続け，1 万 1000 千件の低費用の中絶手術を行ったシカゴの有名な "Jane" を含め，非合法な中絶施術の地下組織について描かれている。); Laura Kaplan, *Beyond Safe and Legal: The Lessons of Jane*, *in* ABORTION WARS: A HALF CENTURY OF STRUGGLE, 1950-2000, 33-41 (Rickie Solinger ed., 1998) (女性のエンパワーメントを目指した保健教育を含め，Jane の中絶機会の提供活動について詳述している。)。

54) *See* Faye Ginsburg, *Rescuing the Nation: Operation Rescue and the Rise of the Anti-Abortion Militance in* ABORTION WARS 227-50, *supra* note 53 (「もしあなたが中絶が殺人であると考えるのなら，そのように行動しよう！」とのスローガンを掲げた Randall Terry の "Operation Rescue" 運動の興隆と，その運動が中絶手術を行うクリニックへの放火と，医師等の施術者の殺人事件や殺人未遂事件へとエスカレートしていった過程を年代記的に追っている)。Warren Hern 医師の，彼自身および同僚の医師やその他の関係者が実際に体験した「最前線におかれた日々」や「反中絶運動に従事した人びとが取りつかれた暴力性とテロリズムのレベル」についての回顧録として，*see* Warren Hern, *Life on the Front Lines in* ABORTION WARS 307-19, *supra* note 53。

55) *See* Vicki Schultz, *Life's Work*, 100 COLUM. L. REV. 1881, 1945 (2000) (「市場経済制度の下では，自分がなすことに対して賃金を支払われる人の方が，それが支払われることのない人よりも，他の人々からより多く尊敬され，他者との人間関係形成においてもより多くの交渉力を持ち，また，世間における自分の価値とその居場所についてより強い自己肯定感を持っている」ことを指摘している。); Laura M. Padilla, *Gendered Shades of Property: A Status Check On Gender, Race & Property*, 5 J. GENDER RACE & JUST. 361, 393 (アメリカ合衆国においては，「女性たちは，労賃の払われる仕事においてよりそうでない仕事に，より多くの生産的活動の時間を費やしており，賃金の支払われない労働の経済価値を信頼のおける数字を元に試算すると，その数字はアメリカ合衆国の GDP の 24% から 60% にものぼる」とする。); Martha Chamallas, *Women and Part-Time Work: The Case for Pay Equity and Equal Access*, 64 N. C. L. REV 709 (730) (社会が家事や育児に対し低い価値しか認めないこと，そしてそれらは伝統的に女性たちによって担われてきたことについて論じている。). *See also* Dorothy E. Roberts, Spiritual & Menial Housework, 9 YALE J. L. & FEMINISM 51 (1997) (女性の賃金不払い労働にみられる人種化された構造と，家事労働にみられる人種的分化について探求している。); Katherine Silbaugh, *Turning Labor into Love: Housework and the Law*, 91 NW. U. L. REV. 1 (1996) (法の多くの分野にみられる諸種の法理が，女性の仕事を，価値創出的労働ではないと扱い，家事労働を愛情の表現形態としてのみ観念していると結論づけている。)。

56) *See* Robert M. Hardaway, *Environmental Malthusianism: Integrating Population*

and Environmental Policy, 27 ENVTL. L. 1209, 1231 (1997) (Hardawayは、次のように記している。人工妊娠中絶の禁止がもたらしてきたものは、「ほとんど想像を絶するほどの規模で人々に苦難を強いてきたという意味で悲劇的である。WHOの調査によれば、毎年20万人以上の女性が、非合法な妊娠中絶の失敗からその命を落としている。ケニアでは、一つの病院だけで、違法な中絶手術のために、死にそうになったり、苦しんだりしている患者が、毎日40人から60人担ぎ込まれてくる。たとえ人工妊娠中絶が合法化された国においてさえも、たとえばバングラディッシュでは、アメリカ合衆国の資金で支えられていた家族計画クリニックの閉鎖によって、中絶を原因とする若い女性の死亡数が急増している」。); Sandra Coliver, *The Right to Information Necessary for Reproductive Health and Choice Under International Law*, 44 AM. U. L. REV. 1279, 1297 (1995) (「1991年の推計によれば、違法に行われている中絶の件数は、毎年約1500万件にのぼっている。安全ではない中絶手術のために死亡する女性の数は、毎年6万人から20万人にのぼり、永続的な後遺症に悩まされる状態に至る女性の数は、100万人以上にのぼると推計される。」); Donald P. Judges, *Taking Care Seriously: Relational Feminism, Sexual Difference, and Abortion*, 73 N. C. L. REV 1323, 1406 n.284 (「厳しい中絶禁止法を持つ国における、非合法の中絶手術を原因とする死亡率は衝撃的なほど高い率にのぼっている。たとえば「ラテンアメリカ諸国においては、非合法な中絶手術を原因とする合併症は、15歳から39歳の女性の死亡の主原因と考えられている」。」); S. Talcott Camp, *Why Have You Been Silent? The Church and the Abortion Ban in South Africa*, 4 COLUM. J. GENDER & L. 143, 156 (非合法な中絶手術による死亡から免れた者も、合併症、永続的不妊症、子宮頸部壊疽、子宮摘出、その他の健康被害に苦しめられている。).

[第5講へのコメント]
性に関する権利は法の世界でどのように扱われてきたか
—— 日本の状況と今後の課題

角田由紀子

1 はじめに

　日本では，1947年に公布された日本国憲法によって，女性ははじめて基本的人権を保障された。しかし，女性の抑圧の根源に性的自由など性に関する権利の否定があることと，それらの権利は憲法上の基本的人権に含まれるという認識が広く女性たちに共有されはじめたのは，1980年代後半以降であった。女性運動のなかから生まれたこの認識は，学者も実務家も含めて，いまなお，8割以上男性によって占められている法律の世界[1]では，いまだに十分に受け入れられているとはいいがたい。女子学生が法律を学ぶとき，多くは男性教師から学ぶ。実務についても多くは男性の指導を受けることになる。そのため，女性の性的権利や性的自由はテーマとして取り上げられにくい実態がある。

　それにもかかわらず，1980年代後半以降この問題について，日本では大きな進展があったことをまず指摘しておきたい。いくつかの法律の制定・改正[2]がなされたが，それらをもたらした基本的な力は女性たちの運動であった。セクシュアル・ハラスメント裁判に典型的に見られるように，女性たちは，法の不備を指摘しつつも，現行法の枠内での可能性を追求して裁判の内外で闘った。男女雇用機会均等法の中にセクシュアル・ハラスメント条項が取り入れられたことなどに見られるように，その成果としての法律の変化は，社会の認識の変化を迫り，それを助けている。しかし，変化はまだ社会の表層で起きはじめたばかりである。

　なお，このコメントでは，生殖に関する権利については，紙幅の関係もあり，触れていない。日本では，アメリカと違い，母体保護法が人工妊娠中絶を実質的に合法化しており，刑法に堕胎罪が温存されているとはいえ，中絶の権利はアメリカのような深刻な議論にならない。「権利」という認識それ自体も一般化しているわけではない。しかし，法は政治であることを考えれば，少子化対策が声高に叫ばれる現状は，性教育への強い反発の動き[3]にもみられるよう

に，中絶の権利への新たな議論を呼び起こすかもしれない。

2 女性に対する「暴力」の「発見」

　刑法の強姦罪の保護法益をどのように理解するかについて，私の知る限り，刑法学者のあいだでは，女性たちが強姦を告発する運動のなかで繰り広げてきたような真剣な議論は展開されてこなかったようである。1907年に男性だけの議会で成立した刑法での貞操保護に偏った「理解」は，憲法の平等権保護の宣言にもかかわらず，残念ながら大きく変化はしなかった。それでも，時代の変化とともに表面的には，「性的自由」を保護法益とする説が一般的になってきた。しかし，この変化は，それを受け入れた学者や司法関係者の本音での理解にまでは，至ってはいない。強姦罪を裁く法廷ではいまだに被害者の「貞操観念」が重視され，被害者の証言の信用性判断に影響を及ぼしつづけている[4]。

　このような状況に異議を唱えつづけて被害者を支援してきたのは，1983年に設立された女性たちの小さなグループ「東京・強姦救援センター」などが中心になった運動に携わった人びとであった。「東京・強姦救援センター」は，強姦を次のように定義して，誤った保護法益論と闘った。「強姦は，女性に対する支配・征服が性行為という形をとった暴力である。強姦は女性が望まないすべての性行為である。」

　強姦救援センターの運動そのものが，アメリカのそれをモデルにしていたので，強姦を性行為ではなく，暴力とみる考え方は日本にもこのような形でもたらされた。暴力の側面に力点を置くことで，「性行為である＝正常な行為であり，犯罪行為ではない」という加害者および社会の言い分を否定・打破しようとした。しかし，この議論は，暴力か性行為かの二分論的思考にとらえられ，「暴力だ」という指摘を「性行為だ」と反論することを許すものであり，強姦行為の実態が「暴力的におこなわれる性行為である」という全体像を見えなくしてしまう難点を抱えていた。もっとも，暴力であるか否かの議論が，法律家によって行われたわけではなく，多くの法律家は無関心であった。

　しかし，強姦行為における暴力の側面の強調は，性犯罪が女性に対する暴力，したがって人権侵害であり，性差別の一形態である，という新しい認識を女性たちが獲得することを助け，被害の本質をとらえやすくした。また，それは，

非難されるべきは，被害者ではなく，加害者であるという当たりまえのことへの社会の理解を進めるきっかけになっていった。

　セクシュアル・ハラスメントが法律問題として理解されていく過程でも，それが女性に対する暴力のひとつであると認識されることで，その暴力を生み出す社会構造へ人びとが目をやることを助けた。性別役割分業などで強制された男女の社会的位置・力関係の違いこそが，暴力の基盤にあるという発見であった。

　1990年代初めから始まった旧日本軍の性奴隷制に対する日本国の責任を問う裁判の提起は，過去の性暴力が現在の性暴力の問題と連続していることを示した。

　これらのいくつもの動きが交差し合流しながら，日本社会で女性に対する差別・抑圧を「暴力」として可視化し，法的対応を促したことはまちがいない。国連など国際的な場での女性に対する暴力根絶の動きが日本にも大きな影響を及ぼしたが，日本の女性たちは，積極的に国際的な動きに呼応し，これを国内での運動に活用した。いまでは，政府の男女共同参画政策の重要な項目に，女性に対する暴力への対策が位置づけられている。しかし，政府レベルの課題になったことは，必ずしも，その課題がより深く，法律の世界で理解されてきていることを示すわけではない。男女共同参画政策で取り上げられる女性に対する暴力は，いわば，だれからもそれは暴力だと認識されているものであり，そこから抜け落ちている重要なテーマはそのまま放置されている。「暴力」という言葉が両刃の剣のように，ここでは限定的な理解をもたらしている。

　たとえば，犯罪としての強姦行為の理解は，あくまでも刑法の強姦罪の枠内にとどまり，いわゆるデート・レイプや，知りあいによる強姦行為が性暴力として扱われているわけではない[5]。女性たちの現実の体験とはうらはらに，警察等の統計では，加害者は圧倒的に見しらぬ人とされている。夫から妻に対する強姦行為についても同様に強姦として扱われることはまれである。近年，「配偶者からの暴力の防止と被害者の保護に関する法律」（以下「DV防止法」という）による保護命令が出ている事案については，強姦罪が認められているが，これは以下の判例の考え方の延長線上にあるにすぎない。判例は，婚姻関係が外形的にも破綻していると認められる例外的な事案について，強姦罪の適用を認めたが，法律婚では「夫婦は互いに性交を要求する権利がある」という

前提に立って，当該事案では，その権利を正当化する婚姻関係が破綻しているという論理をとっている[6]。これについては，近年になって刑法学者のあいだでも批判的な見解が述べられるようになってきているが[7]，婚姻関係における強姦について，婚姻制度そのものに内在する問題との認識が共有されるに至っているとはいいがたい[8]。このことは，ドメスティック・バイオレンス（DV）における深刻な問題である。DVという認識が社会的に受け入れられるようになり，被害者保護の責任が社会にあることにも合意が形成されつつあるが，その文脈で多くの人が合意しているのは，身体的暴力であり，よくて精神的暴力までである。性的暴力を言語化することに当事者は大きな抵抗がある。性暴力被害に対する社会の対応を被害者たちはよく知っており，より深く人間の尊厳を踏みにじるというこの暴力の特質が，DVにおける性暴力を表に出すことを妨げていると思われる。

3　性暴力を合法化する「合意」（同意の抗弁）の問題

強姦罪で告発された男性のもっとも有効な防御方法として，「合意」（同意の抗弁）の主張がある。刑事裁判であれば，「合意」の存在を主張するために，被害者の過去の性的関係や貞操観念のなさをあげつらい，「だれとでも寝る女だから，自分ともセックスすることに合意したのだ」という。先にあげた1994年の東京地裁判決，注4）参照）は，裁判所がこれを受け入れた典型的な例である。加害者と被害者は事件のときはじめて出会ったにもかかわらず，初対面の何の関係もない女性と「合意」することの不自然さは，加害者については問題とされていない。女性については，貞操観念の薄い女性であるからということで，「合意」の不自然さは「自然さ」に転化されている。

「合意」とはそもそも，いかなる関係の当事者間に成立するものであるか，これを正面から問うことは，刑事事件ではなく，セクシュアル・ハラスメントの被害者が提起した損害賠償裁判で起きた[9]。東北大学事件では，加害者の助教授の大学院生に対する行為が，両者の置かれた位置・力関係の絶大な違いに着目することで，法的に「合意」には値しないことが認められた。セクシュアル・ハラスメントは，そもそもこの力関係の差を悪用して行われるという特質を持っているので，このような判断をしやすかったものと思われる。もっとも，裁判官がそのことを認識できればであるが。

ところが，刑事事件の場合，両者にそのような力関係の分かりやすい差があるとは限らない。社会における男女間に自明のごとく付与されている位置の差は，力関係の差として，裁判官の目には入らない。被害者と加害者は，イエスでもノーでも自由にいえる関係であると前提されてしまう。さらに，女性がノーであることを示すのに，高度の身体的な抵抗の存在が構成要件的に要求されている実態が「合意」を容易に認定させてしまう。強姦行為が社会的な男女の力関係の差から生み出されるものであること，ジェンダーの問題であることの理解が，ほとんどされない状況では，「合意」とは何かが問われることがないままである。対等な当事者間ではじめて成立する「合意」が，非対等な当事者間の非対等性を捨象することで認定されてしまっている。不思議なことに，女性は強姦行為の被害者になると，突然に加害者と対等な地位に引き上げられるのである。

4 ドメスティック・バイオレンスをめぐる問題

1992年にはじめて「ドメスティック・バイオレンス」という言葉が日本に紹介されて十年たらずでこれに関する法律（「DV防止法」）が制定されたことは，女性の人権に関する法律制定の一般的状況からは，目を見はる進展である。しかし，法律ができたことの効果——少なくとも，それは犯罪行為であるという社会的了解ができたこと——を評価しながらも，根本的な問題解決にはほど遠いといわざるをえない。

DV防止法が被害者に提供する司法的救済は「保護命令」に限定されており，しかも，対象となる暴力は，身体的暴力と生命等に対する脅迫に限定されている[10]。性的暴力は身体的暴力に含まれるが，前述のようにそれを明らかにする事は難しいし，身体的暴力が診断書などによってとりあえず証明されれば，性的暴力にまで言及する必要はない。そのことからDVにおける性的暴力が表面化しない結果になっていると思われる。保護命令を得るには，被害者はそれまでに配偶者から身体的暴力を受けていなければならない。さらに申立の前に「配偶者暴力相談支援センター」または警察に相談をしていなければならないし，申請から命令の発布までには12.6日（平均）を要する[11]。アメリカでの保護命令制度とは大きく異なる制度である。

司法関係者がDVについてどこまで正確な理解をしているかについては，

心もとないかぎりというのが，多くの体験者の感想である。大学の法学部ないし法科大学院で，この問題が取り上げられている例は非常に少ない。最近は司法試験に出ないという理由で，強姦罪すら学生にきちんと講義されない例があるという。性暴力と DV は，婚姻における強姦にみられるように深く関連しているが，これらについて初歩的な知識すら持たずに法律家が育っていっている。まして，彼らにジェンダーの視点からの現状への批判的な目を養うことなど望むべくもないといっても過言ではあるまい。

　DV こそ，性に関する権利，生殖に関する権利，性暴力からの自由の問題が凝縮した場面であるが，法律家のこの問題への関心は低いといわざるを得ない。ジェンダーの視点から法律を再検討することも，司法試験の圧倒的重圧下にある法科大学院では，重要視されてはいない。男性中心の日本の法律家の世界が，これらの問題を重要な人権課題として取り組むようになるために，フェミニスト法律家および真の人権感覚をもった法律家が引き受けねばならない任務は山積している。

1) 2008 年時点で，法曹三者の女性割合は，裁判官 15.4%，弁護士 14.4% および検察官 12.2% である。『平成 21 年版　男女共同参画白書』58 頁。
2) たとえば，1997 年の「男女雇用機会均等法」第 21 条が，セクシュアル・ハラスメントに関する規定を設けたこと（その後，2006 年に改正され 11 条となる）や，2000 年の刑事訴訟法改正で強姦罪や強制わいせつ罪の 6 ヶ月の告訴期間が廃止されたこと，性犯罪の被害者の証言に際して付き添い人をつけることやビデオリンク方式が採用されたこと，2001 年「配偶者からの暴力の防止と被害者保護に関する法律」の制定（2004 年，および 2007 年改正），2004 年の刑法改正で強姦罪などの法定刑の引き上げとともに集団強姦罪が新設されたことなど。
3) 2003 年 7 月，東京都立七生養護学校の性教育実践に対して，3 名の都議会議員，産経新聞および東京都教育委員会が一体となって介入した事件がその典型例。教員と保護者が三者に対して損害賠償を求める裁判を提起し，東京地裁は，2009 年 3 月 21 日，都議らと東京都に損害賠償を命じる判決をした。
4) このような判断で無罪を言い渡したものとしては，東京地裁平成 6 年 12 月 16 日判決，判例時報 1562 号 141 頁，東京地裁平成 14 年 3 月 27 日判決，判例時報 1791 号 152 頁がある。谷田川知恵はこの問題を鋭く批判している。「強姦罪の暴行と同意」『比較判例ジェンダー法』不磨書房，2007 年，18 頁以下。
5) 2008 年に実施された内閣府男女共同参画局の「男女間における暴力に関する調査」は「異性から無理やり性交された経験」（女性のみ）を聞いている。被害経験のある人は全体で 7.3%，30 代では 12.1% であった。過去 5 年間に被害を経験したという女性は，21.1%

である。
6) 広島高裁松江支部昭和62年6月18日判決，判例時報1234号154頁。
7) 村井敏邦『罪と罰のクロスロード』大蔵省印刷局，2000年，195頁など。
8) 角田由紀子『性差別と暴力』有斐閣，2001年，42頁以下。
9) 仙台地裁平成11年5月24日判決，判例時報1705号135頁。
10) 同法10条。2001年制定時には，対象となる暴力は基本的に身体的暴力に限定されていた。
11) 『平成21年版 男女共同参画白書』91頁。

［連続講義に寄せて］
法学とジェンダー研究の邂逅

舘かおる

　オルセン教授が最初にお茶の水女子大学ジェンダー研究センター（当時は女性文化研究センター）を訪れたのは，1995年9月に国連の第4回世界女性会議が北京で開催された時のことだった。北京女性会議に出席する前に日本に立ち寄り，会議を終えたあと再度日本に来て，9月18日にセンターの研究会で「アメリカのフェミニスト法理論の現在」というテーマで報告頂いた。日本から北京女性会議に参加する人も多く，村山富市社会党委員長が内閣総理大臣に就任し，日本社会の政治的変革を感じさせる動きの中にいた。オルセン教授は，日本の女性運動に積極的に関わり，8月26日から27日の住民票続柄裁判交流会合宿で「アメリカ女性差別の過去と現在」を講演し，9月21日にはNGOの北京女性会議報告集会でも講演した。アメリカのフェミニスト法学の理論家が，日本の女性運動にこのようなコミットをすることに私たちは本当に感激したが，何よりもオルセン教授の講演におけるフェミニスト法学の素晴らしい論理展開に魅せられた。

　1996年5月にお茶の水女子大学女性文化研究センターがジェンダー研究センターに改組され，外国人客員教授のポストが定員化された時，原ひろ子ジェンダー研究センター教授と私は，オルセン教授を招聘して，本格的な講義をして頂くことを計画した。東京大学退官後にお茶の水女子大に移られていた，法学者の利谷信義先生が初代ジェンダー研究センター長に就任し，私たちの計画に大賛成してくださったことも幸運だった。北京女性会議後は，日本でも性差別是正に関わる法律の制定の準備が待ち望まれていた。そして1999年には，日本でも男女共同参画社会基本法が制定され，2000年には男女共同参画基本計画が策定され，政策の施行を進めていくことになる。

　このような日本の状況下に行われたオルセン教授の講義は，多くの人の期待のもとに開催された。オルセン教授は，1997年5月から8月末まで外国人客員教授として滞在し，6月から7月にかけて5回の夜間セミナーでの講義を行

い，7月24日と25日の終日，セクシュアルハラスメントに関する夏期ワークショップを実施した。

　この夜間セミナーは，「How Legal Studies can Contribute to Gender Studies: Toward a Broader Understanding of Law（法学研究はどのようにジェンダー研究に貢献できるか：法についてのより広い理解に向けて）」と題し，本書の第Ⅱ部にあるように，5回に分けて，公私二分論，労働，家族，人権，性に関わってのテーマを演題とした。日本の女性差別，ジェンダー不平等の是正のために，法学からどのような貢献ができるかと設定し，オルセン教授の講義のあとに，コメンテーターが日本の状況を解説し，論題を示し，法・政策を推進するための議論の場とすることを意図した。果たして，オルセン教授は，その期待に十全に応え，私がオルセン法学と称する，特色ある講義を展開してくださった。そして，それに十分応えうる日本の優れた法学者の方々が，非常に適切なコメンテーターになってくださったことも，大変有り難いことであった。中山道子，浅倉むつ子，棚村政行，神長百合子，角田由紀子の諸氏に改めて感謝する次第である。

　オルセン教授は，第Ⅰ部で記されているように，近代の法は，性を2つに分別し，階層化・序列化し，思考体系も男性中心に性別化されたものであったと捉え，その具体相を個別事例を挙げながら，理論的分析を行う。「女性の人権」を提起する際に，「権利」そのものの概念や「平等と差異」の省察がなされる。「家族法」や「家庭内労働」を考察する際には，「家族」「労働」という概念の組み直し，「性」「生殖」に関わる暴力には，「性」や「生殖」という概念そのものを理論的に詰めていく。私はオルセン法学の圧巻は，社会の思考体系とシステムを枠づけている，法学という学問の専門知に対する疑義を，フェミニズムやジェンダー視点からの「知の組み換え」を行って見せたことであると思う。ジェンダー研究は，様々な学問分野の「知」を，ジェンダー視点により脱構築してきている。社会現象やシステムを捉える社会学や文化人類学が先行して取り組み始め，個人の意識やアイデンティティーを明らかにする文学や心理学がその意識構造の構築過程を分析するようになり，歴史学，経済学や政治学など様々な学問分野にそれが波及していった。しかしながら，これまで強固に形成され，「則することが当然」と見なされてきた「法」を変革する「知」の地殻変動は，かなり困難であり，様々な学問分野やその場に生きている人々が互い

に連動してこそ初めて可能となる。オルセン法学は，まぎれもなくそのような地殻変動を呼び起こす，力強い存在として，難度の高い論題を回避せずに果敢に挑み，明晰に説得力を持って示し得る質の高さ，深さを有している。

次にオルセン教授の夏期ワークショップ「アカデミック・セクシュアルハラスメント：学問研究機関における性的搾取との闘い」が日本に与えた影響力につき紹介しておこう。このワークショップの1日目は，理論的アプローチ，2日目は実践的アプローチと分け，コメンテーターも日本のセクシュアルハラスメントに取り組んできた故渡辺和子，戒能民江，武田万里子などの諸氏が務め，集中して取り組んだ。このワークショップには，当時この問題に取り組んでいた，大学教員や実務家，新聞記者，出版社の方などが参加し，キャンパスセクハラの特殊性やガイドライン作りにつき，熱心な討議が行われた。ワークショップで用いられた文献は，Michele A. Paludi の *Sexual Harassment on College Campuses: Abusing the Ivory Power* とともに，矢野事件の被害者を支援する会刊行の機関誌や日本のキャンパスセクハラの本以外に，UCLAやケント大学，オランダの社会科学研究所，高知大学など各国の大学のガイドラインを参照して，意見がたたかわされた。その状況を報道した新聞には，「いま注目を浴びる"アカハラ"，研究職場での性差別，多い被害者の泣き寝入り，世界各地のガイドラインで情報を蓄積しよう」（『女性ニューズ』1997年8月10日号）と，ワークショップでの様子が紹介されている。ここでは，寺尾美子教授が，10時から17時までというスケジュールの中，かなりの時間の通訳を担当し，しかも疲労のために通訳を間違えることなどなかったことも鮮やかな記憶として残っている。この時の理論と実践のインターアクションは，オルセン教授の力と参加者の熱意とが成立させたものであった。

オルセン教授が，飾らず無骨にみえる位の風貌で語る「真面目なユーモア」は，実に魅力的であった。残虐な事件や卑劣な犯行，それ故の強い処罰を論じながらも，追いつめられ，苦しくはならない。それは，法が，人を縛り規制し，罰するための力と同時に，人を支援する力強さを示す両義性を常に忘れない底力のためだと思う。あれも講義して欲しい，この問題も深めて欲しいと，次々に要求する原ひろ子先生と私を，彼女は Slave Driver と呼んでからかった。

最後に，オルセン教授が信頼する寺尾美子教授について，一言感謝をこめて記しておきたい。当時行っていたセンターの研究プロジェクト「大学教育とジ

ェンダー」では，大学における女性教員比率を調査していた。ある大学の工学部の女性教授が，教授会に座っているときに，100名余の人々の中で，女という性別に属する者が唯1名ということは，どれほどの緊張感と疎外感を感じるものか想像して欲しいと述べた事がある。当時，東京大学法学部唯一の女性教授であった寺尾先生にその事を話した事があった。寺尾先生は，東京大学法学部で唯一の女性教員であることに慣れた私は，それほど特殊なことと感じずにその中にいた，しかし，東大からハーヴァード大に行き，帰国後，教授会の席に座った時，思いがけず苦しさを感じた，という。いわば，いままで「鎧」を着てそこに座っていたことがわかった，一度鎧を脱いだ感覚を知った時，私は「鎧を着ていることが常態」として自分の感覚を麻痺させていたのだと知った，と語った。

　寺尾先生がこの本を刊行することを成し遂げられたのも，このようなことが日本の法学研究の中にもいまだに強く存在することを痛感することが多々あり，オルセン法学を通じて，日本の法学，ジェンダー研究に自由な風と斬新な研究が生まれることを願った故だと私には思われた。

　時々，思わぬ場でオルセン教授のセミナーでの講義について感謝の意を伝えられることがある。日本でのオルセン教授のファンは結構いるのだ。この本の読者が，オルセン教授の思考実践のスタイルを身につけ，これからの社会の法体系の構築に大きな力を与えてくれることを願っている。

編訳者あとがき

寺尾美子

　本書の著者フランシス・オルセンは，フェミニズム法学もしくはジェンダー法学における公私二元論批判の泰斗である。本書は，同教授の主要論文の要約的論考を中心とした第Ⅰ部と，お茶の水女子大学ジェンダー研究センターで行われた5回の連続講義を，日本側研究者からのコメントと合わせ収録した第2部を通じて，そのようなオルセン法学の粋に迫ろうとする書である。

＊

　人種差別廃止運動，ベトナム反戦運動……，これまでのアメリカ社会のあり方を見直し，改革へ向かって行動を起こす，そうした社会改革の時代の中で，1960年代の後半から女性の平等を求める動きも活発化し，社会運動，そして政治運動へと展開していった。19世紀終わりから20世紀初めにかけて展開した婦人参政権運動に次ぐ，全国規模のこうした動きは，第2波フェミニズム運動と呼ばれる（こうした動きが，フェミニズム法学，あるいはジェンダー法学を生み出していったプロセスについては，第Ⅰ部第3章に詳しい）。

　日本においても，正確には「日本においては」と言うべきかもしれないが，この15年余りの間に，女性の職場における機会の均等，セクシャル・ハラスメントやドメスティック・ヴァイオレンスに対する取り組み……と，多くの分野で，女性の平等を推進する方向での社会的，制度的変化がみられた。これらの変化は，女性の平等，あるいは男女にとってのより公平な社会の実現という意味において，大変大きな変化であった。たとえば，「セクハラ」という言葉は，今や小学生でも知っている言葉になった。しかし，15年前はそうではなかった。もちろん，15年前にも，現在「セクハラ」という言葉で呼ばれているでき事は現実に沢山存在していた。しかし，これをそう呼ぶ言葉，当該行為を「あってはいけないこと」「してはいけないこと」という非難を込めて呼べる言葉は存在していなかったのである。この言葉が存在する世界と，しない世界の違いを想い描くとき，その変化の大きさに改めて思い至ることができる。日本において起こった，これらの大きな変化と，アメリカにおける第2波フェ

ミニズム運動との間には，深いつながりがある。

「個人的なことは政治的である（The personal is political）」というスローガンは，第2波フェミニズム運動の大きな推進力となった。私自身，夫，元夫，またはパートナーに殺されているアメリカ人女性の数の多さ，あるいは女性殺人被害者全体に占めるそうした女性の割合の高さ，あるいは（元）夫やパートナーから暴力を振るわれている女性の数の多さを初めに知った時の衝撃は忘れられない。それまで，アメリカのそうした女性達は，彼女の日々の生活，そしてその人生に極めて深刻な影響を及ぼすこの問題について，ほとんどの人が，親友にも，親族にも語ることはなかった。意識昂揚運動（consciousness raising; CR）を通じて，女性が，女性であることが自分を苦しめているさまざまな事柄について語り合い始めた時，この人生における深刻な困難に苦しめられているのは，自分1人ではなかったことに気がついていった。「えッ，あなたも！」「え〜ッ，あなたもなの！」……と。それまで，夫が妻に対して振るう暴力は，「個人的なこと」，自分に個人的に訪れた不幸だとされてきた。個人のレベルで悩み，苦しみ，そのレベルで解決への道を模索するしかない事柄，出口の見えない暗闇の中に置かれた個人的不幸として扱われていたのである。自分を苦しめてきた問題が，「個人的な」事柄ではなく，普遍的な現象であることを発見した女性たちは，それを「個人的なこと」にすぎないとしてきた社会のあり方のからくりに気付くことになった。それを「個人的なこと」にすぎないとしてきたのは「政治」であることに。「なぜ，男が家の外で，人を殴って怪我をさせたら犯罪として罪を問われるのに，家の中で妻を殴っても何のお咎めもないの？」「それは，当たり前のことではなくて，社会や国家がそのように決めてきただけじゃない」，それなら「そうした社会を変えよう」と。

「公の領域」と「私の領域」を分けて捉える認識は，日米をとわず，多くの国々の人々の思考様式に見出すことができる。そういう私たちは，「政治的なこと」は「公の領域」に，「個人的なこと」は「私の領域」に属すると認識している。フェミニストたちが取り組んだことは，「公の領域」と「私の領域」を隔てている高くそびえる険しい壁を超えて，これまで「個人的なこと」とされてきた事柄を，「政治的なこと」として，政治の領域へ，公の領域へと持ち出し，その解決を迫ることであった。当然のことながら，これに反対する人々は，これを「個人的なこと」として，私の領域に押し込め，そこにとどめよう

とする。「個人的なことは政治的である」というスローガンが発揮した力の大きさは，思想的，そして原理的に，公私二元論批判が，第2波フェミニズム運動の核心に存在していたことを何よりも雄弁に物語っている。

ドメスティック・ヴァイオレンスは，意識昂揚運動を通じて発見された課題の1つに過ぎないが，この課題に象徴されるように，こうして発見された女性たちが抱える諸種の課題を解決するためには，法の変革が必要であった。なぜなら，人が人に加える物理的力の合法性・違法性を決定しているのは，そもそも法なのである。さらに，フェミニストたちがチャレンジしなければならなかった，「公の領域」と「私の領域」という社会秩序，国家秩序の基底は，そもそも法によって構築されている。

一流の法律雑誌に主要論文としてフェミニズム法学の論考が登場した最初の例が，1983年に『ハーヴァード・ロー・レビュー』に掲載されたオルセン論文「家族と市場——思想と法改革の研究 (The Family and the Market: A Study of Ideology and Legal Reform)」であったことは，色々な意味で象徴的である。このオルセン論文は，法学研究として，フェミニズムの立場から公私二元論批判を，理論的，本格的に展開した最初の論考であった。しかし，この論考が『ハーヴァード・ロー・レビュー』に掲載されたのは，これが最初の論考であったからではなく，その研究自体の質の高さによるものであった。そこで扱われたテーマの大きさはもとより，膨大な文献の渉猟と緻密な理論的分析の積み重ねの上に，展開された分析と論述のダイナミックさが相まって，圧倒的な説得力をもって，法学の世界に住む人々に，その世界の再認識を迫ったのである。この論文が，まもなく，フェミニズム法学以外の分野の研究論文においても頻繁に引用される論文となった（本書73頁）ことは，なによりそのことを雄弁に物語っている。なお，第Ⅰ部第1章や3章で触れられているように，オルセン教授は，その分析枠組みや分析手法につき，批判法学 (Critical Legal Studies) から多くの影響を受けている。

法は，一般市民には理解できない，独自の言葉や概念，論理，論法からなる，一種の特殊言語である。オルセン教授も本書の第Ⅱ部第1講冒頭で指摘しているように，法には，「変化を支援する媒体としての法」と，「変化を押し戻そうとする媒体としての法」という，2つの顔がある。たとえ女性解放運動が，政治運動となり，議会を動かし，改革実現のための立法を実現したとしても，法

の執行に当たるのは,法律家たちである。法内在的批判なくしては,「変化を押し戻そうとする媒体としての法」を乗り越えることは難しい。また,逆に,アメリカでは,たとえ政治過程を動かすことができなくとも,裁判所が,社会的マイノリティーに人権や平等を実現するための回路として働く例も少なくない。たとえば,1970年代から80年代にかけて裁判所が,セクシャル・ハラスメントに関する判例法理を発展させたように。このような意味において,オルセン論文が,未だ法曹人口の圧倒的多数が男性であった時代に,この特殊言語をマスターし,これを駆使して,法内在的に公私二元論批判を展開したことの意義は,極めて大きかった。

*

第Ⅰ部に収められた第2章「家族と市場——公私区分の二元論的理解」は,本書のために書き下ろされた論文であり,上記オルセン論文の概要をよく伝えている。第Ⅰ部第1章に収められた,本書の題名ともなった「法の性別(The Sex of Law)」と題する論考は,批判法学派の論考を集めた論文集 *The Politics of Law: A Progressive Critique* (David Kairys, ed., 3d ed., 1998.) に収められている(なお本書第1版の抄訳として『政治としての法:批判的法学入門』(D. ケアリズ編,松浦好治=松井茂記編訳,1991)があるが,本論考は収録されていない)。自身の学問も含め,フェミニズム法学を理論的,図式的にわかりやすく整理しているこの論文は,「法に性別があるとしたら,それは男ではないのか?」という問いかけのインパクトと相まって,本書の導入部分をなしている。また,第Ⅰ部第3章「アメリカ法の変容とフェミニズム法学」は,東京大学で行われた講演をもとに『ジュリスト』1118号,1119号(1997)に掲載された論考で,アメリカにおけるフェミニズム法学・ジェンダー法学誕生の背景とその発展を論じており,時系列的整理の中で,自身の研究の位置づけも行われている。

5回にわたる連続講義を収めた本書の第Ⅱ部は,第1講が,オルセン教授の公私二元論批判のいわば総論部分を,そして第2講以降がいわばその各論部分を構成する流れとなっており,近代法の柱を構成する公私二元論を批判的に考察する,教授の理論と分析の奥行きの深さと広がりを窺わせてくれる。特に,様々なレベルと次元の,性に関わる暴力の問題を扱った最後の第5講の議論は,広義狭義の性暴力の問題が,女性にとって如何に公私を貫く問題であるかを改

めて実感させて圧巻である。

*

　本書は，フェミニズム法学について造詣を深めるという以外にも，色々な読み方，楽しみ方ができる。まず第1に指摘されるべきは，本書が，法という，人間と人間社会の営みについて与えてくれる，一方で複眼的な，他方においては時空間超越的な深い理解を挙げることができよう。頻出する「フェミニズム」の語に象徴されるように，明確な方向性，目的意識をもって行われてきた研究であるにも拘わらず，否，（少なくとも彼女の場合は）逆にそうであるからこそ，その考察は，女性の地位という主題を通して，法とは何かについての深い洞察と新たな理解を与えてくれる研究となっている。

　第2のそれとして挙げておきたいのは，アメリカ法の比較法的研究に携わってきた訳者が発見した比較法研究の題材としてのそれである。本書では，通例に従って，"public"を「公」と，"private"を「私」と訳した。しかし，"public/private"と「公私」は，意味的に重なり合う部分はあるものの，かなり重要な点において異なった概念的対である（たとえば，渡辺浩「「おほやけ」「わたくし」の語義：「公」「私」"Public" "Private"との比較において」『公共哲学Ⅰ：公と私の思想史』153頁以下（金泰昌・佐々木毅編, 2001）参照）。私自身は，フェミニズム的関心ではない理由で，アメリカの"public"と日本の「公」，アメリカの"private"と日本の「私」の違いに興味を持ち，それをモチーフとした研究を展開してきた。オルセン教授の公私二元論批判は，アメリカにおいて"public" "private"とされることの意味を，具体的な形で浮かび上がらせてくれる点でも大変興味深い（なお，本書では，文中の「公」「私」が日本語のそれとは異なる"public" "private"であることを印象づけるため，部分的にルビをふったり，あるいは「　」で括ったりした。場所によって扱いを違えることとなったが，見やすさや審美的考慮からの扱いの違いにすぎず，それ以上の含意はない）。

*

　オルセン教授が1997年にお茶の水女子大学ジェンダー研究センターに外国人客員教授として招聘され，6月から7月にかけて「法学研究はどのようにジェンダー研究に貢献できるか：法についてのより広い理解に向けて」と題する連続講義を開講し，これに出席したことが本書誕生の機縁となった。オルセン

教授の帰国後間もなく，当時のセンター長の原ひろ子先生と，本書にこの連続講義を総括する文章をお寄せ下さった舘かおる先生が大学の研究室に訪ねてみえ，オルセン教授の連続講義をぜひ活字にしたいが，専門が法律学なので，編集・翻訳を引き受けて欲しいというご依頼を頂いた。オルセン教授の連続講義の内容の高さを承知していた私は，それをお引き受けさせていただくこととした。オルセン教授の一連の著作は，理論的学術的レベルの極めて高い研究であることもあり，原文でその読破にチャレンジすることには多くの困難を伴う。公私二元論批判の理論を大きな柱に，長年にわたって蓄積されてきた彼女の研究成果の粋が，5回の講義という形でコンパクトに，しかも法学を専門とはしない聴衆を対象としたということもあって，比較的平易な形で提示された講義をわが国に紹介することは，とても魅力的な提案だと感じたからである。

編集に当たっては，講義原稿に新たに脚注を付すことを依頼した。一般聴衆向け講義であるゆえに，平易な議論，比較的単純化された議論が展開されているが，そこでの考察や分析が，本格的な学術的研究を基礎になされていることを示すとともに，書誌情報を提供する意味も大きいと考えたからである。また，出版に際して，より一般的読者を想定しつつ，編者として，説明を補ったり，議論を補足したり，また，読み易さを考えて見出しを付けてもらうなどの作業をお願いした。このような作業の結果，でき上がったものは，講義録と論文の中間のような作品になった。このため，「です，ます」調ではなく，論述調の表現を用いることとした。

お引き受けしてから，10年余りの時が経過してしまった。本書の出版に際しては，この場を借りてお詫びしなければならない人々が多くおられる。まずは，お引き受けしておきながら，これほどの月日を費やしてしまったことにつき，原，舘両先生に心からお詫びしたい。上記作業を進めるために，幾度もオルセン教授と原稿の交換を行うこととなった。日本とアメリカの大学のカレンダーが異なっているため，一方が作業時間を割ける時期と，他方のそれが食い違っており，そのことが作業の進行を遅らせる大きな要因となった。第Ⅱ部の連続講義につき，コメントをご寄稿頂いた先生方は，実際の講義の場でも，コメンテイターとしてご登壇頂いた方々であったが，2002年に原稿をご依頼した段階で新たにご執筆下さった方が少なくなかった。それにもかかわらず，ご原稿を頂戴してからゲラが出るまで，長い年月が過ぎてしまい，その間に状況

が大きく変化したこともあって，再度の全面的書き直しを余儀なくされた方が少なくなかった。この場を借りてお詫び申し上げたい。

　お引き受けした当初は，「監訳」という形式を考えていた。オルセン教授の来日の機会を捉えて，東京大学大学院法学政治学研究科でも「法とフェミニズム」と題する演習を開講していただいた。その演習に出席した大学院生（当時），佐藤義明（第1講），会澤恒（第2講，第3講），荻野零児（第4講），関口すみ子（第5講）の各氏に，当初の講義原稿の翻訳をお願いしたのであった。しかしその後，出版をお引き受け頂いた東京大学出版会の編集方針として，一人の者が通して全部の翻訳を行うことがのぞましいことが示され，「監修」方式は採用できないこととなった。また，上述したような作業によって各講の原稿自体も大幅に動いていったため，上記各氏がなされたお仕事を参照することなく，一から翻訳作業を行うこととした（但し，これには例外がある。このことが決定された段階で，第2講については，原文が最初に確定原稿に近い状態となっており，これを翻訳した会澤氏の完成度の高い原稿も存在したため，私の責任において，同氏の原稿を多く参照させていただいた）。せっかく作業をしていただいたにも拘わらず，それらを生かすことができなかったことについて，これらの方々には衷心より深くお詫び申し上げたい。

　この12年あまりの間，時折，原先生にお目にかかる機会があった。その度に，「遅々として，進んでおります」とご報告するのが常であった。最後になってしまったが，そうした亀の歩みのような私たちを見放すことなく，辛抱強くお付き合い頂いた東京大学出版会の後藤健介氏に，心より御礼を申し上げたい。

＊

　"The personal is political" を地で行くことをお許し頂ければ……。私が"フラン"と出会ったのは，ハーヴァード・ロー・スクールの寮であった。私たちは，1979年から80年にかけて，同じ寮で暮らしていた。先進国からの留学生に占める女性の割合によってだけでなく，発展途上国からの留学生におけるそれによっても，男女の平等という点について，日本がいかに後進国であるかを実感させられていた私は，時々廊下ですれ違う少しファニーな"フラン"が，「泰斗」になることなど，夢にも想像しなかった。

　本稿冒頭，私はフランを「アメリカのフェミニズム法学……の泰斗である」

とは紹介しなかった。彼女は世界的に知られた学者である。アメリカ国内はもとより，これまで，講演やワークショップなどを除くフルコースの授業だけでも，イギリス（オックスフォード大学，ケンブリッジ大学），ドイツ（フランクフルト大学，ベルリン大学），フランス，イタリア，イスラエル，チリ，エチオピアと，日本を含め8つのアメリカ以外の国の14の大学で教鞭をとってきた。第Ⅱ部第4講は，彼女のこうした豊かな国際的経験の素地の上に語られたのである。

"Y(our) Book" と題するメイルを，数えることができないほど交換した。電話で話したことも，何度もあった。彼女が幾度か来日して直接会ったことも。この10余年の間に日本の状況は大きく変化した。しかし，変化していないこともある。第3講の初めに登場する綱引きの話は，当時も政治的に争われていた夫婦別姓制度の導入をめぐる日本の状況を念頭に置いた喩え話であった。その後，女性に対する暴力に関しては，DV法の制定など，大きな変化が見られたものの，周知のように，夫婦別姓制度の実現には至っていない。ある会合で，マスコミ関係の方が「カワイソ系とタカビー系って言うんです。暴力を振るわれている弱い可哀想な女性の話は書けるけど，別姓は，基本的に，プロフェッショナル・ウーマン，キャリア・ウーマン，つまり「翔んでる女」のため，っていう話ですよね。これはなかなか難しい」と発言をされた。このことをフランに伝えると，"That's interesting ..." という返事が返ってきた。アメリカでは逆だというである。DVの被害者には，アメリカ社会は，「なぜそんな男といるんだ」と，とても冷たく，DVへの公的介入を引き出すことはとても大変だったと。日米間の「公私」をめぐる文化的社会的比較として大変興味深かった。こうしたやり取りによっても，多くを学んだことに感謝して，筆を擱くことにしたい。

索　引

あ　行

アイゼンシュタート判決　219, 220
アブ＝オデ, レマ　195, 196, 197
育児介護休業法　140, 142, 143
育児休業　45, 161
稲本洋之助　110, 111, 112, 113
ヴァイツマン, レノア　164, 173, 179
ヴェール　195, 196, 197
ウォーレン・コート　65

か　行

カースト, ケニス　59
階層化　4, 8, 9, 10, 19, 20
家事労働（家庭内労働）　50, 154, 159, 252
家族改革　98
家族の解放　38, 155
家長個人主義　112
合衆国憲法第14条修正　87
家父長制　14, 19, 20, 111
　　──家族　151, 152
川島武宜　111
監護権　49, 153, 166, 169
間接強制　183
ギリガン, キャロル　58, 59, 70
ギルマン, シャーロット・パーキン　9
ギンズバーグ, ルース・ベイダー　58, 68, 73, 78
グリスウォルド判決　219, 220, 221
クレンショウ, キンバリ　59, 74
経済的自由放任主義　→レッセ・フェール
形式的平等　11, 17, 68, 69, 98, 101, 135, 177
契約法　91, 93
権利論　128, 136, 195
強姦　→レイプ
公私の区別　27, 30, 86, 88, 102, 189, 224

コーネル, ドゥルシーラ　74
個人主義　19, 30, 42, 43, 44, 45, 47, 97, 99, 101, 102, 112, 116, 117, 123, 167, 177
「個人的なことは政治的である」　108, 110, 156
国家／市民社会　90
婚姻女性財産法　40, 48, 99, 130
婚外子　178, 179

さ　行

財産法　91
ジェンダー化　215
ジェンダーによる分断　215
子宮羨望　218, 241, 242
私事化　151, 156, 163
市場／家族　90
次世代育成費用負担　163
実質的平等　11, 17, 69
支配フェミニズム　69
市民権法第7編　127
市民的権利に関する法律　87
宗教右派勢力　221
自由主義　3, 86
　　──的家族法改革　149, 150, 157, 168
住所　40, →ドミサイル
州の行為　87, 88, 89
少子化対策　144
女性解放運動　10, 66
女性器切除（FGM）　198
女性器縫合　198, 199, 200
「女性と法」　62, 71, 79, 86, 114
女性の権利　191, 192, 193
女性保護規定　140, 141
人工妊娠中絶　218, 220, 221, 222, 223, 236, 237, 238, 239, 240, 252, 253
性革命　67, 69

性差別禁止(憲法)修正案(ERA) 124, 134, 135
生殖に関する権利 215, 216, 240, 254
性的虐待 217
性的搾取 217
性に関する権利 215, 216, 240, 254
性別化 3, 6
性別特定的労働保護立法 117, 118, 119, 121, 122, 124, 129
セクシャル・ハラスメント 62, 68, 69, 197, 254, 256, 257, 259
——法 67
セクシュアリティ 67, 69, 216, 239, 240, 250
積極的差別是正措置 7, 8, 75, 125, 137

た 行

脱植民地主義 60
男女雇用機会均等法 139, 140, 143, 145
チャールズワース、ヒラリー 189, 192
直接適用 183
テイラー、ハリエット 58
デート・レイプ 227, 229, 231, 232, 235, 248, 251, 256
天皇制 109
ドイツ 72, 79, 83
同等価値原理 13
道徳的改革運動 8
特別取扱 11, 12, 124, 125, 126, 127
ドミサイル 40, 153, 155
ドメスティック・ヴァイオレンス(DV) 62, 70, 94, 223, 224, 225, 226, 245, 246, 249, 250, 257, 258

な 行

日本 51, 60, 83, 85, 107, 138, 147, 148, 150, 178, 182, 183, 184, 185, 198, 254, 256
二元主義 3, 4, 5, 6, 7, 8, 9, 10, 11, 14, 18, 19, 20
妊娠 17, 18, 126, 127, 131, 135, 142

は 行

配偶者間レイプ 231
バトラー、ジューディス 74
ハリス、アンジェラ 59
反本質主義 69
樋口陽一 112, 113
非政治化 156
批判人種法理論 76, 195
批判法学運動(CLS) 15, 19, 20, 21, 73, 74, 88, 195
非法化 42
平等取扱 11, 124, 125, 126, 127, 135
平等保護条項 183, →法の平等な保護
夫婦共有財産制度 100
夫婦別姓選択制 178
フェミニズム法学 21, 57, 58, 62, 68, 69, 72, 73, 80, 157, 179
福祉国家 36, 37, 46, 47
不法行為法 91, 92
扶養義務年限 16
プライヴァシー 90, 95, 96, 157, 191, 192, 219, 220, 221, 222, 223, 224, 242, 244, 245
ブラウン判決 63, 64, 65, 70, 74, 77
ブラッドウェル、マイラ 122
フルーグ、メアリ・ジョー 74
プロ・ライフ 238
文化帝国主義 193, 194, 198, 208
ペイトマン、キャロル 58
法化 42
法形式主義者 91, 92
法定レイプ 16
法の平等な保護 87, →平等保護条項
暴力 34, 50, 216, 236, 247, 248, 255, 258
ボーボワール、シモーヌ・ド 59, 66
ポーラン、ダイアン 15
ポスト・コロニアリズム 57, 60
ポストモダニズム 20, 57, 60
母性保護規定 138, 140, 141
ボビット事件 84
ポルノグラフィー 69

本質主義　70
本質主義批判　193

ま行

マッキノン，キャサリン　14, 58, 69, 70, 73, 137, 145
ミソジニー　221, 238, 242, 243
ミュラー判決　122, 123, 124, 131
ミル，ジョン・スチュワート　58, 109
ミル，ハリエット・テーラー　6, 7
村上淳一　112

や行

約束的禁反言　19

ら行

リアリズム法学　61, 88, 90, 92, 93, 94, 95, 105
リーチ，ウイリアム　10
離婚　54, 164, 165, 166, 172
利他主義　19, 31, 42, 43, 44, 46, 97, 98, 99, 101, 102, 154
リフキン，ジャネット　14, 15
リベラル・フェミニズム　58
両性具有論　10, 19, 21
レイシィ，ニコル　58, 108
レイプ　16, 21, 77, 84, 226, 227, 228, 229, 230, 231, 232, 233, 234, 235, 236, 237, 247, 248, 250, 251, 255, 256, 257
　→デート・レイプ
　→配偶者間レイプ
　→法定レイプ
レッセ・フェール（経済的自由放任主義）　28, 29, 30, 33, 34, 36, 37, 41, 44, 48, 90, 91, 94, 117, 130, 157
労働基準法　138, 141, 143
労働保護立法　116, 117, 118, 119, 120, 122, 123, 124, 125, 129
ロー判決　221, 243, 244
ロールズ，ジョン　57
ロックナ判決　93, 122

執筆者紹介

フランシス・オルセン（Frances Elisabeth Olsen）カリフォルニア大学ロサンジェルス校（UCLA）法学部教授．主要編著書に，*Feminist Legal Theory I: Foundations and Outlooks* and *II: Positioning Feminist Theory Within the Law*（1995），*Cases and Materials on Family Law: Legal Concepts and Changing Human Relationships*（共編，1994），ほか．

寺尾美子（てらお・よしこ）東京大学大学院法学政治学系研究科教授．主要著書に『英米法辞典』（共編著，東京大学出版会，1991年），『外から見た日本法』（分担執筆，東京大学出版会，1995年），『個人と国家のあいだ「家族・団体・運動」』（シリーズアメリカ研究の越境第4巻，分担執筆，ミネルヴァ書房，2007年），ほか．

中山道子（なかやま・みちこ）主要著書に『近代個人主義と憲法学』（東京大学出版会，2000年），ほか．

浅倉むつ子（あさくら・むつこ）早稲田大学大学院法務研究科教授．主要著書に『男女雇用平等法論』（ドメス出版，1991年），『均等法の新世界』（有斐閣，1999年），『労働法とジェンダー』（勁草書房，2004年），ほか．

棚村政行（たなむら・まさゆき）早稲田大学法学学術院教授．主要著書・論文に『結婚の法律学（第2版）』（有斐閣，2006年），「嫡出子と非嫡出子の平等化」『ジュリスト』（1336号，2007年），「性同一性障害をめぐる法的状況」『ジュリスト』（1364号，2008年），ほか．

神長百合子（かみなが・ゆりこ）専修大学法学部教授．主要著書に『法の象徴的機能と社会変革』（勁草書房，1996年），「フェミニズムから見た法の象徴的機能論」（日本法社会学会編『法社会学の新地平』所収，有斐閣，1998年），ほか．

角田由紀子（つのだ・ゆきこ）弁護士，明治大学法科大学院教授．主要著書に『性の法律学』（有斐閣，1991年），『ドメスティック・バイオレンス』（分担執筆，有斐閣，1998年），『性差別と暴力』（有斐閣，2001年），ほか．

舘かおる（たち・かおる）お茶の水女子大学大学院人間文化創成科学研究科，ジェンダー研究センター教授．主要著書に，『ジェンダー学と出会う』（分担執筆，勁草書房，2007年），『フランスから見た日本ジェンダー史』（分担執筆，新曜社，2007年），『テクノ／バイオ・ポリティクス（ジェンダー研究のフロンティア，4）』（編著，作品社，2008年），ほか．

法の性別
近代法公私二元論を超えて

2009年9月30日　初　版

［検印廃止］

著　者　フランシス・オルセン
編訳者　寺尾美子
発行所　財団法人　東京大学出版会
　　　　代表者　長谷川寿一
　　　　113-8654 東京都文京区本郷 7-3-1 東大構内
　　　　電話 03-3811-8814　Fax 03-3812-6958
　　　　振替 00160-6-59964
印刷所　株式会社理想社
製本所　牧製本印刷株式会社

©2009 Frances E. Olsen
edited and translated by YOSHIKO TERAO
ISBN 978-4-13-031182-3　Printed in Japan

R〈日本複写権センター委託出版物〉
本書の全部または一部を無断で複写複製（コピー）することは、著作権法上での例外を除き、禁じられています。本書からの複写を希望される場合は、日本複写権センター（03-3401-2382）にご連絡ください。

井上達夫 嶋津　格編 松浦好治	法の臨界［全3巻］	各巻 A5　3200円
田中英夫編集代表	英米法辞典	菊　15000円
大村敦志著	20世紀フランス民法学から 学術としての民法Ⅰ	A5　7500円
大村敦志著	他者とともに生きる 民法から見た外国人法	A5　2800円
大村敦志著	生活民法入門 暮らしを支える法	A5　3200円
五十嵐武士 油井大三郎編	アメリカ研究入門［第3版］	A5　2800円
中山道子著	近代個人主義と憲法学 公私二元論の限界	A5　5200円
大村敦志著	新しい日本の民法学へ 学術としての民法Ⅱ	A5　8500円

ここに表示された価格は本体価格です．御購入の
際には消費税が加算されますので御了承下さい．